読むだけですっきりわかる戦国史

後藤武士

宝島SUGOI文庫

宝島社

まえがき

読むだけですっきりわかるシリーズ第一作の『読むだけですっきりわかる日本史』の刊行から六年目を迎えた。これまで世に出たのが十四冊。著者にはその実感はまるでないのだが、長寿シリーズとなりご愛顧いただいていることに感謝したい。十五冊目となった今回は戦国史。執筆者泣かせのテーマである。日本史でも屈指の人気を誇る時代だが、特定の武将や地域に関心が偏る傾向もあって、全体像を俯瞰《ふかん》する機会は少ない。しかし、全体がわかれば部分をより楽しむことができる。流れが把握できれば戦国という時代の特殊性と意義もより深く感じられる。そのあたりに留意しつつ執筆を心がけた。

今回苦心したのは二点。まずは応仁《おうにん》の乱《らん》から大坂夏の陣まで、もっとも広義の戦国時代を網羅すること。年代にすればわずか百五十年間だが、逸話が豊富で人物や組織の関係も複雑、たいていは二冊にわたってまとめられているこの時代を一冊にまとめることができるのか。その難題に挑んでみた。次に極力、年代順の表記にすること。これがまた至難の業。なにせ戦国時代というのは地方分権ならぬ地方独権の時代である。同盟や合戦でリンクする部分はあるが、それ以外は一本の時間軸にまとめきれない。故にこの時代を扱う場合、列伝や紀伝体、テーマ箇条書き形式での筆記になりがちなのだが、敢えてできる限り一つの流れに収束させるよう心がけた。歴史の理解において障害となるのは時間軸の逆行だからである。さりとて「その頃○○では……」「同じ頃△△の地においては……」が繰り返されるのも芸がない。年表を作成、リンクさせるべき箇所を検討、共通点を探し比較対照すべき相手を見つけ、章立て、段落立て、執筆に臨んだ。果たしてその成果は如何に。

　第一章では応仁の乱を取り上げた。この難解な乱の経緯と展開に注目してほしい。第二章では幕府の権威瓦解の過程を細川・三好両政権を軸に描いた。地味だが重要な過渡期である。第三章から第五章までは関東に端を発した群雄割拠《ぐんゆうかっきょ》期を記した。記述の構成と順番にもっとも苦労した章でもある。繋がりをうまく伝えられることを願うばかりだ。第六章から第九章まではいわゆる三英傑と呼ばれ「ホトトギス」の歌にも詠われる信長・秀吉・家康を軸に織豊《しょくほう》時代（安土桃山時代）から江戸時代初期、元和偃武《げんなえんぶ》までを取り上げた。戦国終焉に向けてのクライマックスを楽しんでいただければ幸いである。

　偶然にも来年は大坂夏の陣から四百年にあたる。ということは戦国時代の終焉から四世紀のメモリアルということになる。この本も家康のように天寿を全うしてくれることを祈りつつ、読者諸氏の出陣を見送りたい。

　頃良いに御座る。各々方、いざ出陣召され。

後藤武士

目次

まえがき…02

第一章 乱世到来 応仁の乱…11

誤解だらけの室町時代…12 義尋還俗…18
文正の政変…22 応仁の乱…26 戦乱の拡大…30
義視、西軍へ…33 相次ぐ主役退場…36
戦乱、なお続く…41

第二章 幕府瓦解 細川政権と三好政権…45

山城国一揆…46 将軍義尚、儚き栄光…47
加賀の一向一揆…51 十代将軍、足利義材…54
明応の政変…56 魔法使いになりたくて…61
大内義興上洛す…64 流れ公方死す…69
細川晴元の台頭…71 三好長慶登場…75

第三章 戦国の先駆け 関東騒乱

第三章 戦国の先駆け 関東騒乱…79
騒乱前夜…80 享徳の乱勃発…84
両公方、両上杉の激突…88
無念の太田道灌…90 北条早雲の登場…92
出世の端緒…94 堀越公方の滅亡…97
早雲、小田原城攻略…98 永正の乱…101

第四章 群雄割拠 東…109
奥州の状況…110 武田信虎登場…111
海道一の弓取り、今川義元…113
有能な二代目、北条氏綱…116 信玄登場…118
美濃の蝮、道三…123 鉄砲伝来…124 河越夜戦…125
幼年家康、少年信長との出会い…127
武田晴信、北信へ…128 義の男、長尾景虎…130
三河の「シオニズム」…133 キリスト教伝来…134
砥石崩れ…136 関東管領、越後へ…137

両雄対決、川中島の戦い始まる…138　景虎出家…142
次代の予感…143　関東管領、上杉政虎誕生…145
壮絶・死闘、第四次川中島…147　その後の武田家…153
その後の北条家…155　その後の今川家…157
その後の上杉家…158

第五章　群雄割拠　西…163

九州の戦乱…164　龍造寺台頭…166　島津登場…168
長宗我部の四国統一…169
中国の覇者、毛利元就…172　謀聖、尼子経久…175
元就対経久…176　決戦、月山富田城…179
毛利の両川…181　陶隆房の謀反…184　死闘厳島…186
防長経略…191　三子教訓状…192　元就、中国制覇…194
謀将、この世を去る…195

第六章　信長の天下布武…199

偉大な父、信秀…200　織田家統一へ…203

風雲、桶狭間…208　美濃攻略…212　天下布武…216
奇貨舞い込む…218　三好三人衆対松永久秀…221
信長上洛…223　相次ぐ危機と苦難…226　信長包囲網…231
信長、東へ…233　信長の逆襲…236　蘭奢待の切り取り…239
伊勢長島一向一揆の鎮圧…241　長篠の戦い…243
女城主の悲劇…246　平安楽土、安土…247　謀反相次ぐ…250
そして頂天へ…252　武田家滅亡…255　三職推任…257
人間五十年、本能寺の変…259

第七章　天下一統の継承
史上最大の出世　豊臣秀吉…265

光秀の勝算と誤算…266　奇跡、中国大返し…269
This is 天王山、山崎の戦い…270
奇策的中、清洲会議…273　賤ヶ岳の戦い、勝家の最期…277
小牧・長久手の戦い、秀吉生涯唯一の黒星…280
そして関白に…284　四国平定と越中討伐…286
天敵懐柔…290　天下人、豊臣秀吉…294
九州平定…295　京の復興、内政の充実…297

小田原征伐…300　奥州仕置、完全なる全国統一…305
天下人の孤独…307　朝鮮出兵…310
戦線、苦境へ…315　秀次の不幸…317
難波のことも夢のまた夢…320

第八章　天下分け目の合戦

家康　五十五年の雌伏より目覚める…325

忠の人、前田利家…326　七将、三成襲撃…331
家康、大坂入城…333　加賀、屈する…335
義の人、会津中納言景勝…337　直江状…339
上杉討伐軍出陣…342　奇妙な戦…343　三成、友と立つ…345
西軍諸将集う…346　西軍の実態…349　毛利輝元、大坂入城…350
悲劇の人、ガラシャ…352　西軍失態、戦力分散…354
運命の軍議、小山評定…356　上杉の策、実らず…358
三成動かず…359　西軍諸将、美濃に集結…362　家康到着…364
いざ決戦の地へ…367　金吾中納言寝返る…370
官兵衛の無念…372　まつりのあと…374

第九章　兵どもが夢の跡　大坂の陣　元和偃武…377

家康最期の敵…378　天下普請…381
老将と青年君主、対面実現…382
豊臣恩顧の諸将、相次いで世を去る…384
国家安泰、君臣豊楽…385　浪人衆、大坂に集う…388
圧巻の幕府軍…390　大坂方最大の武器…391
真田丸、大坂方の奮戦…393
奮戦虚し和議締結…397　再びの難癖…398
大坂・夏の陣…400　大坂城落城…405

あとがき…410

カバー&帯デザイン：藤牧朝子
カバーイラスト：山田タクヒロ
本文デザイン&DTP、イラスト：㈱ユニオンワークス
編集協力：前田直子

本書は、書き下ろしです。

第一章

乱世到来
応仁の乱

●誤解だらけの室町時代

「なくよ、うぐいす、平安京」や「いい国つくろう　鎌倉幕府」とともに、「人の世虚しく」とか「意思も虚しく」という語呂の良さも手伝って、日本史上の年号として広く周知されている１４６７年、**応仁の乱**。しかし、その圧倒的な知名度に比して、内容を理解できている人は極めて少ない。

曰く、将軍義政の後継者争い

曰く、山名宗全率いる西軍と細川勝元率いる東軍の争い

曰く、戦乱は十一年続き、京を焼け野原にした

曰く、これを契機に戦国時代が到来した

すべて間違ってはいない。日本史の全体像と流れの把握という点において、これらは応仁の乱に対する極めて的確な要約と言える。

だが歴史に対する関心が強くなって、もう少し掘り下げようとすると、途端にあれほどわかりやすい出来事だった応仁の乱は難解な出来事に変わる。南北朝の騒乱や幕末とともに、人間関係が複雑で単純な対立構造に収束できないのが応仁の乱なのだ。とは言え、人が起こす出来事にはたいてい原因と結果がある。一人一人の行動にはその理由がある。それらを組み合わせたものが歴史の事象ならば、複雑に入り組んだ糸の如き人間関係をほど

いてやることで必ずその正体は掴める。戦国史を読み解くことの始まりにあたり、まずはそのきっかけとなった応仁の乱に挑んでみたい。

応仁の乱を知るためにはまず**室町時代**を知らねばならない。狭義の室町時代は、安土桃山時代と呼ばれる**織豊《しょくほう》時代**や、その直前の上杉謙信や武田信玄が活躍する狭義の戦国時代と比べ非常に人気がない。その理由の一つはわかりにくさにあり、さらに今一つは見た目の地味さにある。だがその印象は表面的なものでしかない。一度きっかけを掴むと、室町時代というのは実に面白く興味深くハマりやすい年代でもある。まずはそこから紐解いてみよう。

そもそもの間違いは室町幕府が弱体であるという誤解にある。とんでもない話だ。室町幕府は弱体ではない。京の朝廷と鎌倉の幕府のいわば二元体制だった鎌倉幕府に比べ、幕府自体が京に存在し、朝廷や公家《くげ》をも直接監視下においた室町幕府は、極めて強い権力機関だった。ただし幕府が京にあったことから、将軍や幕臣・守護らは、朝廷や公家の影響を色濃く受け半公家半武士化していた。ここが政治的センスに乏しく、それゆえ弓矢の道に長《た》けていながら、北条氏の思うがままに滅亡させられ操られた鎌倉御家人《ごけにん》たちと室町時代の武士との決定的な違いである。半ば公家化しているということで、今川義元あたりをイメージする人も多いことだろう。しかし、ここでいう半ば公家化した武士というのはそのイメージの全く逆。いわば政治的センスと交渉力を兼ね備えた武士、武装し戦闘も可能な公家という恐るべき存在なのだ。

ただそれ故にその強さが伝わりにくい。さっさと戦えばよいものを彼らはそうはしない。公家の特徴である大義名分や前例・形式の踏襲を重んじる。ロビー活動を繰り広げ、人事権者に働きかけ、自分に有利なポストを得るための政治活動に勤《いそ》しむ。その上でどうにもならぬところまで追い詰められた時、武力による威喝《いかつ》が有効と判断した時、初めて武力を行使する。これが室町時代の武士の姿（特に畿内）である。まずは半公家という特色を理解すると、これまでわかりにくかった室町時代が、憑《つ》き物が取れたようにすうっと理解できるようになるだろう。

次に彼らが拘《こだわ》った形式とはそもそもどんなシステムだったかを学びたい。幕府の最高権力者であり人事の権限を把握するのは武家の棟梁《とうりょう》たる征夷《せいい》大将軍である。この征夷大将軍には幕府の開祖たる**足利尊氏**《あしかがたかうじ》の血を引く足利氏の本家筋の人間が選ばれ就任する。イメージではその力が極めて弱いとされた足利将軍だが、決してそんなことはない。初代尊氏、三代**義満**《よしみつ》、四代**義持**《よしもち》、六代**義教**《よしのり》と親政を行っており、義満と義教以外は有力家臣の影響力は弱くなかったものの、合議制という言葉から受ける印象のような弱々しさはなく、あくまでも将軍親政の状態は維持されている。ただし、直属の軍事力ということになると決して大きくはない。奉公衆《ほうこうしゅう》という近衛兵のような存在があり、概《おおむ》ね五千から一万の動員力はあったので、単独の武将としては大きいのだが、他の諸将が合同した時にそれを封じ込められるだけの兵力には至らない。また家臣の中には将軍以上の動員力を持つ者もいる。ということで、幕府自体は強く将軍も言われるほど弱くはないのだが、君側の諸将も、将軍の意を左右させ政治や人事に影響力を与えるだけの軍事力は持っていたというのが室町幕府の姿である。また京という地で生まれ育ったために、代々の足利将軍には数寄者《すきもの》も少なくない。数寄者であり風流人であるということは、政治はともかく軍事に関しては率先して関わろうとはしないということでもある。したがって積極的に隠退・隠居したがる傾向もある。このあたりが弱々しさとして映っているものの正体の一つである。

将軍を補佐する役職、朝廷における摂政関白《せっしょうかんぱく》や鎌倉幕府における執権と似た役職として**管領《かんれい》**がある。管領は足利氏および源氏の血を引く一族の中から選出される。原則として管領に就任できるのは**細川氏**、**斯波《しば》氏**、**畠山氏**。これらを**三管領**と称する。次に**侍所所《さむらいどころしょ》司《し》**という重要な役職に就くことができる家系として、**山名**、**一色《いっしき》**、**京極**、**赤松**の四氏。主に幕府創設に貢献のあった諸氏である。彼らを**四職《ししき》**という。三管領と合わせて三管領四職とか三管四職と称する。これに侍所所司にやはり就任可能な美濃源氏の名門土岐《とき》氏、さらに将軍の秘書的役割を果たした政所《まんどころ》執事を歴任した伊勢平氏の流れをくむ伊勢氏らが加わり、いわゆる幕政が行われる。将軍が幕政に積極的であったり壮齢で元気な折は将軍親政が、そうでない時には管領や宿老達が権力を握る。これが室町時代の施政の実態だった。

幕府の本拠地が京にあった室町幕府、かつての武家の本拠地であった鎌倉を含む東国は距離的にも遠く、それゆえ鎌倉幕府が京に六波羅探題《ろくはらたんだい》を置いたのとは逆に鎌倉に出張所を置く。それが鎌倉府。そしてそのトップは**鎌倉公方**《くぼう》と呼ばれ、**足利家**から選出される。これを補佐するのが**上杉氏**が代々務める**関東管領**。ところが、公家の影響が濃い京と異なり、鎌倉を含む関東は武家の本場。当然その気風も荒々しいものとなる。当初は室町幕府の一機関でしかなく出張所であった鎌倉府は荒々しい武士たちを統括するために力をつけ、次第に独立性を持つようになる。さらには鎌倉公方と関東管領の武力対立も勃発。関東はいち早く戦国時代に突入し、鎌倉府は室町幕府にとって厄介な敵となり別勢力の様相を呈する。

一般的な地方には**守護**が置かれた。守護は国ごとが原則だが、大きな国の場合は半国だけの守護や、一部の郡《こおり》のみの守護が認められる場合もあった。一つ注意しておきたいのはここでいう国の意味である。これは山城《やましろ》国とか播磨国《はりまのくに》というような行政区分のことで、概ね現在の都道府県にあたるものと捉えてもらえばよい。鎌倉幕府の守護との違いは、鎌倉幕府における守護は朝廷の役人である国司《こくし》と並立しており、徴税や警察など一部の権利を持つだけのものであったが、室町時代になると朝廷や公家の力の弱体化とともに、国司の権限は形骸化し、守護は幕府の威の下にその領国における強大な権限を得るようになる。さらに守護は幕府による公的な人事とは別に、個人や家単位で、有力な領国内の土着豪族である土豪や**国人**《こくじん》と呼ばれる者を、あるときは屈服させ、あるときは契約のもと被官化さ

室町幕府のシステム

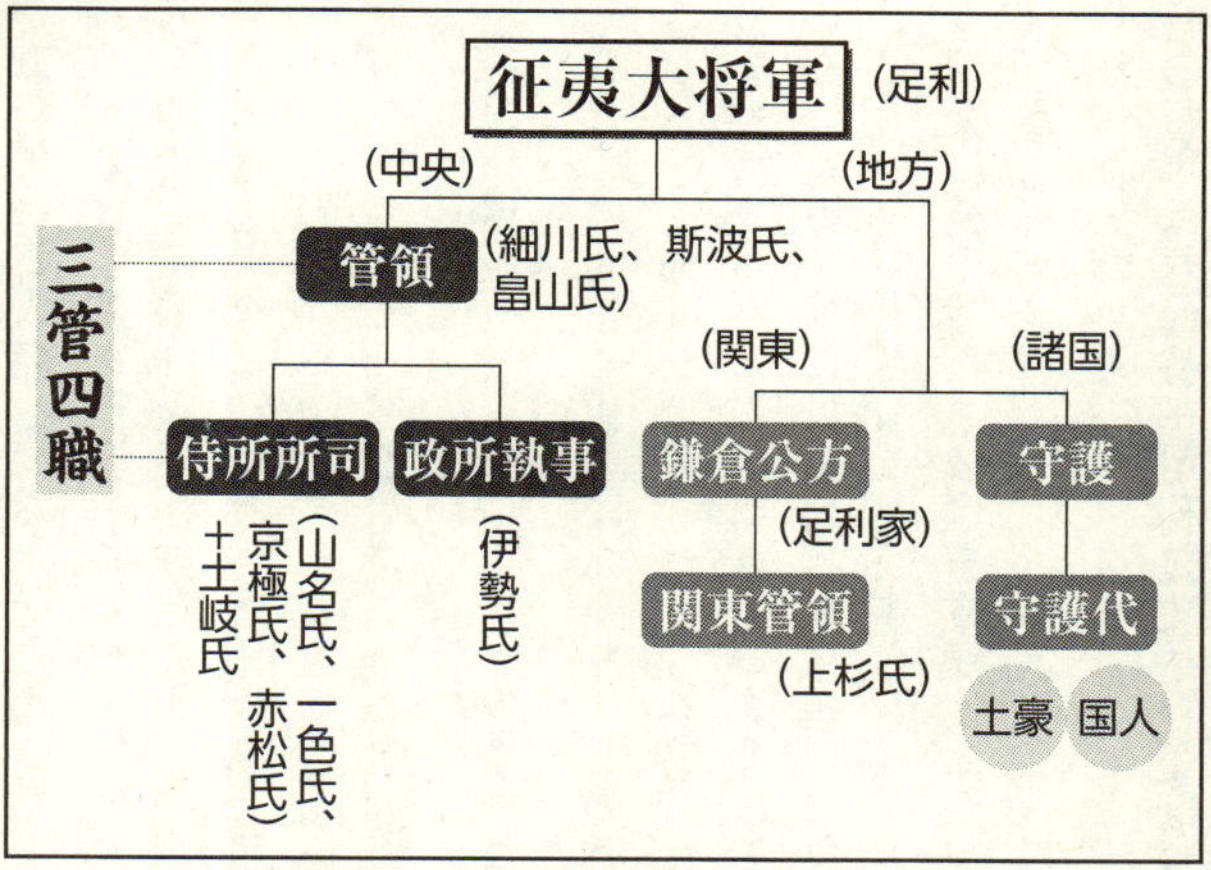

せて独自の主従関係を結ぶ。これにより守護の権限と力は強大化し、守護は守護大名と呼ばれるようになっていった。

守護大名と似て非なる者に**守護代**という存在がいる。これは守護の現地における代官のこと。守護の人事権は幕府が握っており、半公家半武士であった室町幕府の将軍や重臣らが武力による戦いは最後の手段としていた以上、守護にとって戦力を整えること以上に重要だったのは京におけるロビー活動だった。献金、接待、賦役《ふやく》、女性の斡旋と様々な働きかけをして将軍に気に入られ、守護の地位を維持してもらわねばならない。実力で国を治めていたもう少し後の戦国大名と異なり、この時代の守護による国の領有はまずは人事によるものであって、別の者が守護に任命されれば自分は弾き出される。また複数の国の守護を兼ねている大名もいた。そんな事情もあって、守護の多くは自ら領国に移住して政務を執り行わず、現地の代官を指名し、その一族に現地支配を委託したのだ。これが守護代なるものである。守護代が独自に土豪や国人の被官を促し、家中を形成すれば、守護を凌《りょう》駕《が》できる勢力となる。これも戦国大名登場の一形態となる。ここまでのことを頭に入れておけば、この後、お話しする複雑怪奇な応仁の乱の経緯も容易に理解できるだろう。前提の説明を終えたところで、いよいよ応仁の乱の時代に目を向けることとしよう。

●義尋還俗《ぎじんげんぞく》

そもそもの問題は相続にあった。この時代の家督の相続は一子《いっし》相続、ただし必ずしも相続者が長子である必要はない。江戸時代には長子による相続が確立されるが、それは太平の世を維持するために無駄な争いを避ける処置だった。裏を返せば、長子相続が定められていない室町時代には家督相続権争いは常に戦の火種として存在していたということになる。兄弟の争いもさることながら、叔父と甥の争い、さらに一族や重臣、宗家《そうけ》と分家の争いも頻繁に発生した。一国を支配するか、部屋住《へやず》みとなって、家督相続者に気を遣いつつ居候《いそうろう》となるかの差は大きい。相続をかけての争いが戦国の世を生むきっかけとなったのも自然のことだった。

時の将軍は八代将軍**足利義政**。管領は青年管領**細川勝元《かつもと》**である。相続争いの中心となったのは足利将軍家であった。この義政、超一流の趣味人。昨今「超」は大安売りされているが義政のそれは本物。なにせ日本家屋の特徴である床の間や障子戸、違い棚など、これら禅の様式が一般人の家屋に普及したのは義政のおかげと言っても過言ではない。文化の保護者、パトロンとしても超一流。クールジャパンなどともてはやされる前から日本に美学を学びに来ていた欧米キリスト教圏の学生は決して少なくなかったのだが、彼らに言わせるとこの室町時代の様式美こそ美学のベースとのこと。人気もなく目立たぬ室町時代だが文化的な後世への影響力は大きかったということだろう。

　超一流の趣味人であった義政だが、本職に関しては最悪の部類に属する将軍だった。無能なわけではない。無気力なのだ。ならば管領や宿老などに、人事など任せてしまえばよいのだが、人の好き嫌いはある。ゆえに在任中は案外頑固に意思表示をする。しかも病弱の多い足利将軍にしては異例の健康体。まったくもって始末に悪い。彼がもっともしたいことは隠居。さっさと征夷大将軍の座から下りて趣味の世界にどっぷりと浸りたい。義政が願いを叶えるためにもっとも必要な物は何か。それは後継者である。後継者さえいれば引退できる。ところが義政には後継者がいなかった。正室はいた。三代義満以降慣習となっていた「将軍の正室は日野家から迎える」という前例に基いて、日野家から迎えた**富子**《とみこ》。一度は嫡子《ちゃくし》も生まれた。１４５５（康正元）年に義政の元へ嫁いできた富子は四年後に第一子の男児を生む。しかしこの男児は生誕の日にそのまま帰らぬ人となってしまう。富子は、その後も続けて出産するが女児ばかり。一刻も早く趣味に没頭したい義政はついにとんでもない決断をする。

義政には、仏門に入り、京の五山の送り火、大文字焼きで有名な浄土院《じょうどいん》の門跡《もんぜき》をしている義尋《ぎじん》という腹違いの弟がいた。僧侶とはいえ浄土院は皇室との関わりも深い由緒ある寺であり、門跡ということはその住職であったわけで、決して生活に対する不自由はない。義尋はそんな環境で仏に帰依《きえ》し穏やかな生活を送っていた。そこへ兄の義政が現れる。何を言うかと思えば、還俗《げんぞく》して自分に代わって将軍位を継げと。義尋は馬鹿ではない。この当時、富子はまだ二十代前半。当時の女性としては決して若いわけではないが、それでも十分に出産に耐えうる年齢である。年増好みの義政には年下で気が強い富子は好みのタイプではなかったようだが、夫婦の間柄は当人たちにしかわからない。いつまた男児が生まれるかもしれぬ。そうなると自分は邪魔者になる。最悪の場合、後継者争いの禍根を絶つために消されることまで考えられる。何もこの穏やかな生活を犠牲にしてまで引き受ける話ではない。義尋は義政からの誘いを断った。しかし義政は諦めない。断るところがまた静謐《せいひつ》でいい。義政の周りは権力に取り憑かれた者ばかり。それに比べ征夷大将軍の座に心が動かぬ我が弟のなんと清々しいことか。こういう男こそ武門の棟梁に相応《ふさわ》しい。何より、この男が首を縦に振らぬ限り自分の夢である隠居は叶わない。一度や二度断られたからといって諦めきれるものではない。不安ならば自分に男児が生まれても仏門に入れると約束しよう。それでも案ずるならば、この約束の立会人として義尋に後見人をつけよう。実力者が後見人となれば義尋も安心してこの話を受けられる。後見人には幕府最高の権力者である管領細川勝元がよかろう。度重なる義政の説得についに義尋は折れた。兄がそこまで言うのであれば、征夷大将軍がそこまで約束してくれるのであれば、そしてその約定を管領が担保してくれるのであれば、さすがに違《たが》えられることはないだろうと。しかし、これほどまでに保険をかけた約束も違えられることになる。

１４６４（寛正五）年十一月、義尋は還俗、翌月には武家風に名を**足利義視**《よしみ》と改めた。今出川《いまでがわ》の屋敷に居住したので今出川殿、今出川義視とも呼ばれる。還俗したため妻帯もし、正室には富子の妹である良子を迎えた。従五位下《じゅごいげ》左馬頭《さまのかみ》、従四位下、参議、左近衛中将《さこのえちゅうじょう》と昇進も順調かつ迅速。このあたりは、さすがに将軍の義政と管領細川勝元に推されているだけのことはあった。彼らも当初は約束を守ったのだ。

が、良い時ばかりは続かない。危惧していたあの出来事が起こってしまったのである。富子の男児出産だった。１４６５（寛正六）年十一月二十三日に生誕したこの男児こそ後の九代将軍**足利義尚**《よしひさ》である。ただし、この時点で義政が即座に約束を反故《ほご》にしたわけではない。なにせまだ生まれたばかり。縁起でもない話だが成人するかどうかもわからない。さすがに即座に仏門に入れることはなかったが、義政の義視への信頼も厚遇もこの時点では揺るがなかった。

●文正の政変

その証拠となるのが元号改まった翌1466（文正元）年に起こった文正の政変なる出来事。この出来事を振り返る前にこの時点での幕府の実力者を整理したい。まず言うまでもなく将軍足利義政、そしてその側近として政所執事であり義政の養育係だった**伊勢貞親**《さだちか》とブレーンである僧侶**季瓊真蘂**《きけいしんずい》が力を握っていた。義政はこの二人を相談役に親政を試みていたのである。これとは別の勢力として義政の正室である富子とその生家日野家、さらに管領細川勝元が有力者として互いに牽制《けんせい》し合っていた。また守護大名の実力者として細川勝元の義父でもある**山名宗全**《やまなそうぜん》がいた。この山名宗全こそ後に応仁の乱の西軍の総大将となる男である。

四職の家柄であった山名宗全、元は山名持豊《もちきよ》といった。但馬《たじま》（現兵庫県）・備後《びんご》（現岡山県の一部）・安芸《あき》（現広島県）・伊賀（現三重県の一部）を領する有力大名だったが、さらにその権勢を強大化する出来事があった。1441（嘉吉《かきつ》元）年、義政の父であり万人恐怖の大王として専制独裁政治を行っていた六代将軍足利義教の誅殺《ちゅうさつ》である。犯人は家臣の**赤松満祐**《みつすけ》。これを**嘉吉**《かきつ》**の変**《へん》と呼ぶ。このとき、赤松満祐を討伐し、その所領であった播《はり》磨《ま》（現兵庫県）をそっくりそのまま手に入れてしまったのが山名持豊だった。しかもどさくさに紛れて周辺の切り取りも行い、一族で備前《びぜん》、美作《みまさか》、伯耆《ほうき》（ここまで現岡山県）、石《いわ》見《み》（現島根県の一部）の守護の地位も得て、入道し、宗全と号した山名宗全は、細川氏に並ぶ有力者にのし上がった。この山名宗全と細川勝元が守護大名側の二大勢力である。さらに畠山氏、斯波《しば》氏、さらにお家の復興を目論む赤松氏がこれに加わる。しかし、それぞれ名家だが、畠山氏と斯波氏は家督争いの真っ最中、赤松氏は南朝の末裔《まつえい》（後南朝と呼ぶ）に盗まれた神器を奪還した褒美で御家の再興は認められたものの、山名宗全に睨まれており、細川・山名には数歩譲った状態だった。

さておおまかなところを確認した上で政変に戻る。きっかけは義視の謀反《むほん》の噂だった。この噂は義視に政権が渡ることで、義政近習としての自分たちの権力が危うくなると考えた伊勢貞親と季瓊真蘂の企てだったと言われている。噂を耳にした義視の行動は素早かった。細川勝元の元を訪れ、自分に謀反の意思はこれっぽっちもないことを告げる。勝元は御所に馳せ参じ、それを義政に報告。結局逆に、伊勢貞親と季瓊真蘂の方が失脚した。義政は弟義視を信じたのである。

将軍家に発生した家督争いの火種は細川家にも同じような形で発生していた。管領細川勝元はその妻に自らと並ぶ有力者山名宗全の養女を迎え、宗全の末子である豊久を養子に迎えていた。だが、**文正《ぶんしょう》の政変**と同じ年に実子が生まれる。すると、勝元は養子の豊久を廃嫡《はいちゃく》し仏門に入れた。実子も山名の血を引く子ではあったのだが、養子に与えた実子を廃嫡された宗全は怒り、勝元と宗全の関係は急激に悪化する。勝元が現在は自分の領国である播磨の奪還を目指す赤松氏の当主、赤松政則《まさのり》を積極的に支持したことも宗全には腹立たしかった。ちなみに勝元に廃嫡された豊久はその後僧侶として大徳寺、妙心寺といった名《めい》刹《さつ》のトップに立ち天寿を全うする。当時としてはかなり高齢である七十まで生きる。還俗させられ乱世に対峙させられる者もいれば、出家させられ天寿を全うする者もいる。乱世の人生は様々だ。

幕府の二大実力者、細川勝元と山名宗全の対立は日増しに大きくなっていった。そんな折、1467（文正二、応仁元）年、直接対決を引き起こす出来事が発生する。事の起こりは畠山氏の相続争いだった。

またかと思われる向きもあるだろうが、今度は畠山氏の相続争いに焦点を当てる。そもそもの始まりは畠山氏の当主である**畠山持国**に嫡子がいなかったことだった。まさに「またか」である。全ては一子相続が原因なのだ。ちなみに畠山持国にも山名宗全こと持豊にも「持」の字がついているが、これは偶然ではない。偏諱《へんき》と言って、主君から元服の際にその名の一文字を賜るという当時の武家の慣習である。二人に共通する「持」の字は四代将軍足利義持から賜ったもの。偏諱を知っていると、主君が誰か、誰の時代に元服したかが推測できる。同じような名が増えてややこしい向きはあるが、ここは利点を活かす方向で覚えておきたい。

さて嫡子がいなかった畠山持国はあれをやってしまう。弟を後継者に迎えてしまうのだ。

名は**持富**。ところがそうなると、これまで自分にゴマをすっていた臣下の者達も持富の機嫌を伺うようになる。隠居の準備に入っているとはいえ、持国にはこれはどうにも気に食わない。そこで持国は、自分の影響力を復活させるため、庶子《しょし》すなわち身分の低い女に産ませた実子を引っ張り出してきた。持富を後継者から退け、この庶子を**義就**《よしなり》として改めて後継者に任じたのだ。こんなことをやれば混乱するのはアタリマエのこと。持富はしばらくして亡くなったが、持富派だった家臣らは黙ってはいない。彼の遺児である政久を担ぎ上げ、名門畠山氏は真っ二つに割れ、御家騒動が勃発した。

　当初は義就が優勢だったが、この頃はまだ仲の良かった細川勝元と山名宗全はともに畠山氏の弱体化を図り政久に味方する。義就は領地を追われるも義政の手引で上洛。義政に家督継承を認められ近習に加えられた。せっかく義就を追い出したにもかかわらず家督の継承に失敗した政久は悔いを残して死亡。だが、これでも家督争いは終わらない。今度は政久の弟である**政長**が担ぎ出される。当然、細川・山名両氏は政長を支持。今度は義就が河内《かわち》に逃げ延び、細川勝元の庇護めでたい政長は彼から管領を引き継ぐ。もはや政長の家督継承で揺るぎないかと思われたが、ここで政長と細川勝元の急接近に危機感を覚え、細川勝元による自らの実子の廃嫡に怒った山名宗全が宗旨替えをする。宗全は政長の対抗勢力として畠山義就を京に呼び戻したのだった。

●応仁の乱

将軍義政は終始一貫して畠山義就びいきだった。それをいいことに山名宗全は一芝居打つ。文正二年正月二日、慣例により、この日は将軍が管領宅を訪問するはずだった。時の管領は細川勝元からその座を譲り受けた畠山政長である。ところが、待てど暮らせど将軍義政はやってこない。なんと義政は、宗全の手引で御所を訪れた義就と対面し酒を酌み交わしていたのである。さらに五日には義政は宗全の屋敷を訪問。ここで義政を饗応したのは畠山義就だった。こうして畠山氏の家督は義就の元へ。自分の知らぬところで家督を失っていた政長は同時に管領の地位も失った。

正月早々一転してすべてを失った政長は、怒り心頭に発し、とんでもない行動に出る。自らの屋敷に火を放ち、手勢を率いて上御霊《かみごりょう》神社に陣を構えたのだ。文正二年は三月に応仁と元号を改める。これが十一年の長きにわたる無益な争い、以後百五十年にわたる戦国の世を招いた応仁の乱こと応仁・文明の乱の始まりだった。

京を舞台とする戦の勃発に、**後花園上皇**、**後土御門《ごつちみかど》天皇**は室町御所に避難させられ、将軍義政は諸将に「合戦に際し中立を維持すること」を命じ、「畠山氏の私戦へ諸将が参加すること」を禁ずる。細川勝元はこれを遵守するが、山名宗全は義就に加勢。政長は勝元に見捨てられた形となり、退却を余儀なくされた。

実は応仁の乱には何度となく終戦の好機が訪れている。これはその一回目。このとき、義就・宗全軍が政長を徹底追撃していれば、応仁の乱は応仁の乱にならず文正の乱で終わっていただろう。ところが宗全はそうはしなかった。政長を葬っても喜ぶのは義就だけ。宗全には如何程のことでもない。宗全の狙いはあくまで勝元。勝元が挑発に応じ政長を救うために挙兵すればそれを叩くことができる。ところが勝元は挑発に乗らなかった。ここで宗全が武力で政長を鎮圧したところで、政治的には将軍の命を守った勝元が勝利する。それでは意味がない。半公家半武士であるがゆえの武力と政治力の併用が戦をさらに大きくする。

勝元も決してただ手をこまねいているだけではなかった。「武門の誉、弓矢の道に背いた」と噂され罵られても、勝元は動じない。政長を匿《かくま》いつつ、粛々と逆転の機会を窺い、諸将へ結集を呼びかけた。一方、宗全もまた兵を集める。こうして各陣営に多くの武将が集った。この段階での両陣営の戦力を確認しておこう。

細川勝元方　足利義政　足利義視（日野富子）（足利義尚）　畠山政長　**斯波義敏**

山名宗全方　畠山義就　**斯波義廉**《よしかど》　朝倉孝景　（日野富子）（足利義尚）

まず気がつくのは大義名分の上では細川方は圧倒的に有利だという点である。これが故に宗全も安易に軍事行動を継続することができなかった。ここには記していないが、上皇・天皇も花の御所に滞在である以上、義政の側に立つのが自然である。宗全にとって後の世で言う錦の御旗、大義名分を得ることが何より優先されることとなった。次に（ ）で記した事情を述べる。まず足利義尚だが、彼はこの時点で幼児であり明確な意志を持たない。ただし旗印としては大きな存在なので（ ）で表現した。次に日野富子だが、彼女は建前の上では御所で将軍と共に座しているので細川方になる。ただ彼女の本音は息子義尚の将軍就任にある。とすれば対立候補である足利義視およびその後見人である細川勝元は政敵となるわけで、心情的には宗全推し。故にこのような表記とした。ここからさらに気がつくことは応仁の乱の要約でよくある将軍家の跡継ぎ争い云々というのは、当たってないわけではないのだが、乱の直接の契機ではなく、少なくとも表向きは初期の応仁の乱は義視を支持する勢力と義尚を支持する勢力との争いではないことがわかる。

そして後継者争いといえば、畠山家、将軍家の他に斯波家の争いもあった。ここで斯波家の事情についても触れねばなるまい。斯波家の御家騒動は、将軍家や細川家、畠山家とはちょっとタイプが違う。そもそもの当主は斯波義敏。越前（現福井県）、尾張《おわり》（現愛知県北部）、遠江《とおとうみ》（現静岡県西部）の守護であり、三管領の一つに数えられる名家の当主は、分家から本家に入った男だった。斯波氏では当主の夭逝《ようせい》が相次いでいたのだ。斯波一族とは言え分家出身の義敏に対して、義敏の父ともいがみ合っていた重臣の**甲斐常治《かいじょうち》**が反発。ついには**長禄《ちょうろく》合戦**と呼ばれる私戦に発展する。これが将軍義政の怒りを買ってしまう。義敏は隠居を命ぜられ嫡子に家督を譲ったのだが、将軍義政はさらに家督を足利一門の渋川

応仁の乱、初期から中期の関係図

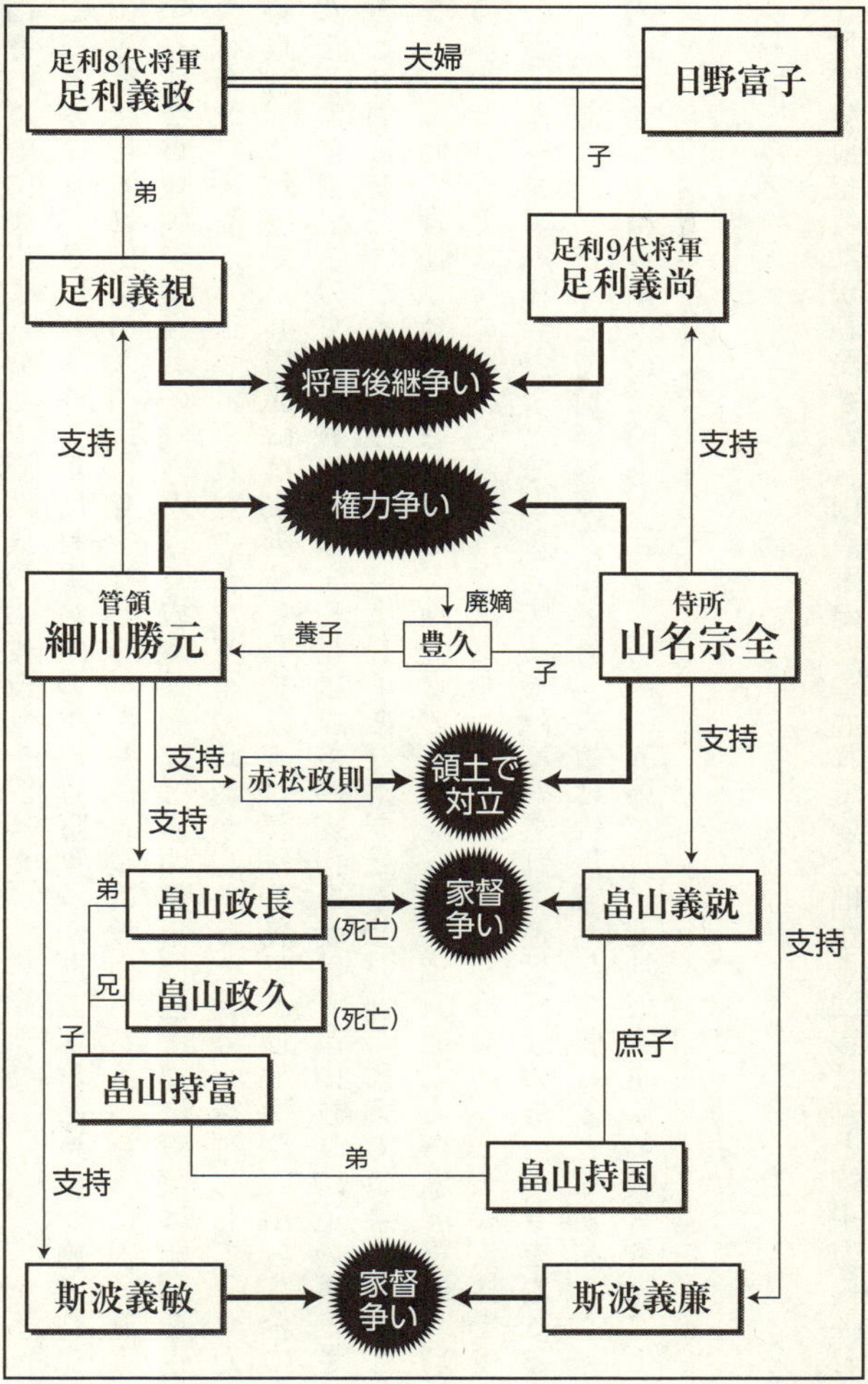

足利8代将軍
足利義政
夫婦
日野富子
子
弟
足利義視
足利9代将軍
足利義尚
将軍後継争い
支持
支持
権力争い
管領
細川勝元
廃嫡
養子
豊久
子
侍所
山名宗全
支持
赤松政則
領土で対立
支持
支持
弟
畠山政長
(死亡)
家督争い
畠山義就
支持
兄
畠山政久
(死亡)
子
畠山持富
庶子
弟
畠山持国
支持
斯波義敏
家督争い
斯波義廉

氏出身の義廉に譲るよう命じ、斯波氏の乗っ取りを謀《はか》った。

ところが１４６３（寛正四）年に将軍義政の生母日野重子が逝去すると恩赦が施され、畠山義就とともに山口の大内氏に身を寄せていた斯波義敏は赦免される。さらに義政側近だった伊勢貞親・季瓊真蘂の働きかけで義敏は義政との関係を修復、逆に義廉は領国を返上させられ、幕府から遠ざけられた。だが文正の政変が起きると自分を後押ししてくれた伊勢貞親、季瓊真蘂と共に義敏は失脚してしまう。守護には義廉が返り咲き。山名宗全の養女を正室に貰い受けていた義廉は宗全や畠山義就の支援を受け、畠山政長が追い落とされると管領に就任。嫡子がいなかったゆえ養子を迎えて云々というこれまでの家督争いと異なり、今回の責任は斯波義敏にはなく斯波氏の家督を政治の道具とした義政にある。将軍の都合と気分で家督を左右されては守護たちもたまったものではない。宗全の支援を受ける義廉が管領に就任したことで、対立する義敏に残された道は勝元のもとへ身を寄せることだけだった。かくして斯波義廉は山名方へ義敏は細川方へ与《くみ》することとなる。なお、この際、かつては義敏の臣下であったが、その後義廉に従った斯波家重臣の朝倉敏景こと朝倉孝景も山名方の将として参陣した。

●戦乱の拡大

五月、各地で戦乱が勃発する。山名宗全に奪われていた旧領を回復せんと細川方に与した赤松政則が播磨へ侵入、同じく旧領回復を狙う斯波義敏は越前に攻め入った。

　京ではそれまで骨皮道賢《ほねかわどうけん》らの足軽に命じて山名方の荷を襲わせるなど、自身は表には出なかった細川勝元がついに表立った行動を開始。叔父である**京極持清**《きょうごくもちきよ》や赤松政則らと警護の名目で御所を占拠する。そこに畠山政長も合流。総大将には戦火を逃れて今出川亭を抜け出して来ていた足利義視を迎えて大義名分も整えた。

　一方、山名宗全は現在西陣織で名を知られる西陣と称される京の北部に陣を敷く。これ以降、細川方を東軍、山名方を西軍と呼ぶ。余談ながら西陣の名の由来は西軍の陣があったことによる。この段階では東軍が圧倒的に有利だった。総攻撃をかければまず東軍の勝利は間違いなかったろう。これもまた応仁の乱の早期終結の好機だった。ところが、勝元は形に拘る。義政のいる御所を本陣とし義視を擁立してはいるものの、まだ足りぬと。このあたりが半公家たる所以《ゆえん》である。勝元が手に入れたのは牙旗《がき》だった。後の錦の御旗にあたるこの旗は将軍の在籍する場所に立てる旗。つまりこの旗を掲げている方が官軍となる。当初は中立の維持を謳いながら、結局将軍義政は勝元に屈し戦に巻き込まれてしまった。牙旗という半公家に対しては強力な武器となる道具を手に入れた勝元。しかし、そのために費やした時間の意味は大きかった。対する宗全はもっと実用的で強大な武器を手に入れつつあったのである。

　山名宗全が手に入れつつあったという武器。それは周防《すおう》・長門（ともに現山口県）・豊《ぶ》

応仁の乱、東軍（細川勝元）陣と西軍（山名宗全）陣

現北区役所
現堀川北大路
上御霊神社
賀茂川
現烏丸通
現上京区役所
相国寺
室町第
山名宗全屋敷
現烏丸今出川
西軍の陣
東軍の陣
現今出川通
現堀川通
現京都御所

前《ぜん》・筑前（現福岡県および大分県の一部）を領する西国の大大名大内政弘の上洛だった。山口に拠点を持つ**大内政弘**は瀬戸内海に覇権を有する細川勝元とは明《みん》との**勘合《かんごう》貿易**の利害において対立した。故に大内政弘は西軍に味方したのだ。八月、大内政弘は伊予水軍を率いる河野通春《こうのみちはる》と共に兵庫へ上陸した。大内政弘の投入で西軍は俄然勢いづく。東軍は圧《お》され、京は焼け野原となり、古今東西の貴重な寺社や仏像、書物などが失われた。特に酷かったのが**相国《しょうこく》寺《じ》の戦い**。この戦いでは双方ともに大きな被害を受け、以後京での戦いは散発の膠着《こうちゃく》状態となり決戦は地方へ波及する。

　この頃、東軍の拠点である御所では

とんでもない動きがあった。なんと足利義視が御所を脱走してしまうのだ。逃げ延びた先は**北畠教具《のりとも》**の守護する伊勢。この時の出奔の理由は明らかではない。富子や義尚のいる御所に共に住むのがいたたまれなかったのか、戦火を恐れて逃亡を図ったのか。義政も義視を放ってはおけない。再三説得し、翌１４６８（応仁二）年の九月になって、ようやく義視は重い腰を上げ御所に戻ってきた。しかし、自分を見捨てた義視を見限ったのか、義視の不在中に父の情愛に目覚めたのか、義政は義尚擁立に翻意したかのような行動を取る。閏《うるう》十月には義視を無実の罪で訴え貶《おとし》めようとして逆に失脚させられていた伊勢貞親を京に呼び戻す始末。これにはさすがに義視も居場所がなくなったことを実感した。そして十一月、義視はまたもや逐電《ちくでん》。今度は比叡山に身を寄せる。

●義視、西軍へ

これに目をつけたのが西軍だった。大内政弘の参加で持ち直し、やや優勢にはなったものの、如何せん御所を抱えている東軍と異なり西軍には大義名分がない。諸将を納得させられる総大将が不在なのだ。西軍はようやくそれにピッタリの人物を見つけた。宗全は比《ひ》叡山《えいざん》に使者を送り、義視を将軍格で迎える旨を伝える。義視は応じ西軍の総大将となった。西軍は東軍における牙旗に代わる義視という錦の御旗を手に入れた。なお、この時義視は西軍内では将軍として命令や人事を発布したため、この頃の西軍を西幕府とも表現する。

しかしまあ、なんということか。そもそも義視を推していたのは義政であり後見人の細川勝元だった。その二人は東軍である。ところが当の神輿《みこし》が西軍の総大将になってしまった。これに匹敵する珍事を日本史上で探すなら、室町幕府の創始者足利尊氏と最初は蜜月の関係でありながら後に不仲になった弟の足利直義が、兄と対立する南朝に帰参した南北朝の騒乱か、島津斉彬《なりあきら》の強い推しで一橋家から将軍後見、さらには将軍にまで担ぎ出され、孝明天皇の厚い信頼を受け、彼の意を叶えるために行動したにもかかわらず、後に島津によって朝敵とされる幕末の徳川最後の将軍慶喜《よしのぶ》をめぐる事態の推移あたりか。例がないわけではないのだが、これぞ大どんでん返し。もっとも応仁の乱を将軍の跡継ぎ争いと見るとこれは大どんでん返しなのだが、二大実力者、細川勝元と山名宗全の対立を軸として見ると、さほど不思議な図にもならない。やはり主役であり責任者はこの二人だったのかもしれない。さらに面白いことには、今回の義視の転向で応仁の乱の図式が教科書的なわかりやすい図式になっている。義尚を推す東軍と義視を推す西軍という図式。もっとも組み合わせは真逆なのだが。

義視の参入もうっとうしいのだが、やはり東軍にとってもっとも厄介な敵は大内政弘だった。そこで細川勝元は一計を案じる。大内政弘を帰らせるため、領国の山口で反乱を引き起こしたのだ。反乱の中心となったのが大内政弘の叔父であった教幸《のりゆき》。「大内、おまえもか」と言いたくなるまたまたの御家騒動勃発。大内教幸の反乱に九州の守護で大内氏に圧されていた名門大友氏の**大友親繁**《ちかしげ》や、元寇《げんこう》で活躍したやはり古来よりの北九州の名門少弐《しょうに》氏の**少弐教頼**《のりより》**・政資**《まさすけ》親子らも加勢がてら失地回復に臨む。少弐教頼は戦死するも政資は一時筑前や豊前を奪還する。しかし大内本領とも言える山口は留守居の重臣で弱冠十五歳の**陶弘護**《すえひろもり》が守り、１４７１（文明三）年十二月には逆に大内教幸を自害に追い込んだ。なお、この陶弘護の父、陶弘房はあの相国寺の戦いで戦死している。

　寝返りは何も大将ばかりではない。大将が鞍替えしてしまうくらいなのだから、家臣も当然寝返る。１４７３（文明五）年五月、大内政弘と並んで西軍で大きな戦果を挙げていた斯波義廉の重臣、**朝倉孝景**が東軍に寝返った。細川勝元が越前守護を餌に自陣に引き入れたのだった。この朝倉孝景こそ戦国大名の嚆矢《こうし》である。だいたい御家である斯波氏が家督争いをしていては忠義も主君もあったものではない。誰が主君か、どこが主筋かはっきりしているからこそ、家臣もまた安心して仕えることができる。そうでなければ命懸けで仕える気になどなれやしない。そこへ来て勝元の誘いである。斯波氏に代わって守護にしてくれるというのだ。これに乗らない手はない。そもそも斯波義廉だって元は他家から来た男ではないか。

　朝倉孝景が参陣した東軍は俄然力を取り戻した。劣勢の西軍はまたもやとんでもない旗印を引っ張り出してくる。南朝の末裔、後南朝の小倉宮《おぐらのみや》の皇子である。ただし自称。信雅王というこの皇子を称する人物を山名宗全は西軍の帝《みかど》として担ぐ。曰く、西陣南帝。しかし、さすがに半公家であり権威を重んじた西軍の諸将も、これには賛同できず、用なしとされた西陣南帝は西軍から追放された。

何度も終戦の機会を逸してきた細川勝元と山名宗全。京は焼け野原となり、家臣は次々に討たれ、将軍後継者問題も今となっては些細なこと。もはや惰性と諸将の私的な都合や意地のみで継続されている戦に、両将もさすがに厭戦の思いを強くした。特に山名宗全は高齢であり、この戦で嫡男教豊を失ったこと、次男是豊が東軍に属していることもあって、余計に終戦への思いは強かった。

●相次ぐ主役退場

１４７２（文明四）年、勝元と宗全の間で和議に向けて交渉が持たれる。両者ともに既に戦いを続ける意志はなく、この和議はすんなり締結されるはずだった。ところが、双方の事実上の総大将が停戦に同意しているにもかかわらず、和議が締結されることはなかった。なぜなのか。

意外に忘れられがちなこと、というより、あまりにも当たり前すぎてあえて考えなどしないことに、そもそもなぜ戦をやるのかという主題がある。その理由は様々なのだが、共通しているのは「ある目的を達するため」ということ。つまり本来「戦とは交渉の最終手段あるいは交渉を有利に運ぶための恐喝手段」であって、それ自体が目的であるわけではない。となれば終戦を了承するケースも以下のようになる。

1　当初の目的を達成した時（戦勝）

2　戦いを維持できなくなった時（敗戦）

3　戦いは継続できるが、それによる危険性と負担が、目的達成と引き合わないと判断された時（停戦　休戦）

考えられる場合は概ねこの三つ。ところが、今回の応仁の乱ではこのいずれにも当てはまらないのだ。まず1だがこれは未達成、というよりもそもそも当初の目的自体がどうでもよくなってしまっている感があるので問題外。次に2だが、こういう言い方は不謹慎だが、「残念なことに」双方まだやろうと思えば戦は続けられる。大量破壊兵器が存在しない時代、籠城戦でもない限り敗者側が負けを認めない限り終わりはない。したがって、今回問題になるのは3なのだが、困ったことにこの3の基準が同じ軍内でも参加諸将によってバラバラなのだ。もっと言うなら表面化はさせなかったものの既に1の部分においても各将でその目的は異なっていた。これでは代表者に精神武力共によほど強い力がない限り戦をやめることはできない。今回の和議で障害になったのは赤松政則だった。彼が東軍に属したのは山名宗全と戦うためである。なぜ山名宗全と戦わねばならなかったかといえば、播磨を奪取せねばならなかったからだ。したがって播磨を奪取しない限り赤松政則は戦いをやめられないのである。政則は和議の締結に徹底して抵抗し話をぶち壊した。こうして勝元と宗全の双方がやめたがっているにもかかわらず、戦は続けられることとなった。

　戦というのは恐ろしい。なぜならそれは多くの人を巻き込むから。そして多くの組織を生み出すから。あらゆる組織は誕生した時から、その組織が本来作られた目的を超える究極の目的を持つ。その目的とは組織の維持継続である。これは現在でもそうで、故に行政機関の合理化など、当人たちには絶対にできない。戦の場合、それ自体が憎しみや恨みを製造する。戦は自己増殖するのである。かろうじてそれを食い止めるのが理念なのだ。理念なき戦が如何に虚しいものか、歴史は証明してくれている。

　和議の締結はならなかったが、もはや勝元にも宗全にも士気は残っていなかった。宗全は和議が不成立に終わると、なんと自害を目論んで家臣に諫《いさ》められるという自殺未遂までしている。これを演技と見る向きもあるが、そうであっても、終戦への強い思いの現れであることには間違いない。

　その宗全は翌１４７３（文明五）年三月十八日、息を引き取った。享年七十。老衰であっても不思議はないが、心労から来たものだろう。自殺未遂の際に作ってしまった刺し傷が化膿したためとも言われる。赤入道《あかにゅうどう》の異名をとった宗全の最期だった。

　宗全の死で東軍が勢いづいたかといえばさにあらず。東軍ではもう一方の当事者、宗全より二十五歳も年下の細川勝元までが後を追うようにこの世を去る。享年四十四。暗殺説もないわけではないが、やはり宗全同様心労から身体を病んだのだろう。自らの手駒として集めた諸将がやがて勝手に動き出し抑えられぬようになり、寺社仏閣を焼きつくす様は、半公家であり京生まれの京育ちであった勝元には耐えられぬものがあったはず。かくして応仁の乱の両軍の総帥《そうすい》が相次いで他界した。普通ならこれで戦は終わる。だが、この乱はもはや生みの親の手を離れてひとり歩きしていた。生みの父母を亡くしても子はまだ歩み続けるのである。

　終戦への何度目かの好機だった。双方の事実上の総大将がこの世を去ってしまった以上、ある人物が「戦をやめよ」と下知《げち》すれば戦は終わる。小競り合いは続くかもしれないが、今よりはずっと小規模なものになる。そのある人物とは将軍義政に他ならない。ところが、この男、戦の最中も相も変わらず趣味三昧。１４６８（応仁二）年には関白を始めとする高位の公家たちが世を儚《はかな》んで相次いで京を後にし、地方に疎開したにもかかわらず、何の手立てもしなかった。そんな男が、遅きに失しているとはいえ、今度こそ決まりだろうという終戦の好機にやったこと、それはかねてから目論んでいた引退だった。もはや呆れるしかない。元を正せばこの大乱も、この男の隠居への執着に端を発しているのである。世の中、こういうことは往々にしてある。周りが酷い目にあったのに当の責任者は無傷、まったくやるせないが、これも歴史の一面なのだから致し方ない。

　１４７３（文明五）年十二月、室町幕府八代将軍、足利義政は家督と将軍位を嫡子義尚に譲り、念願の引退・隠居を果たした。細川勝元が、山名宗全が、失意のうちにあの世へ旅立ったのに対し、大事の張本人はのうのうと本懐を遂げるのである。さらにこの男は権勢にまみれた妻子と共に暮らすのも嫌になったか、翌年三月には花の御所を出る。義政が越したのは小河というところに建てた新居。日野富子と新将軍弱冠九歳の義尚は室町の花の御所に残された。九歳の少年に何がわかり何が決められるでもなく、当然政治の実権は富子が握ることになる。ちなみに義政はよほど富子と義尚が嫌いだったのか、後に室町亭が焼け、二人が義政のいる小河亭に身を寄せてくると、あの修学旅行のおみやげの定番、八ツ橋の有名な製造販売元の一つ、聖護院《しょうごいん》八ツ橋総本舗の名にも冠せられている聖護院に、妻子を捨てて一人で転居してしまう。我儘はさらに続く。後に応仁の乱が終わると、義政は終《つい》の棲家《すみか》であり自身の美意識の集大成を造ろうと思い立つ。おわかりだろう、それこそが後に銀閣と呼ばれるようになる東山山荘である。戦後の貧困と混乱にあえぐ民に躊躇なく彼は賦役と特別課税を課す。最初から最後までとんでもない男だった。

話を応仁の乱に戻そう。１４７４（文明六）年四月、分家の細川政国の後見を受け細川勝元の後を継いだわずか九歳の嫡子**細川政元**（この時はまだ聡明丸）と山名宗全の後を継いだ嫡孫（息子説もあり）の**山名政豊**との間で和解が成る。もはや細川・山名両家には戦いを続ける理由はなくなっていた。特に山名一族には元から宗全の強い意志故に無理に畠山義就を支援させられていた者も多かった。もっともこれで戦が終わるわけではない。山名一族はこの後、東軍に帰参し戦いはなお続くこととなる。

●戦乱、なお続く

地方での戦乱もまた続く。近江では京極家と六角家で共に御家騒動の結果、双方が東軍西軍にそれぞれ分かれて相争う。越前では本来一方の雄であった斯波義敏は中立を決め込み、義廉すらも脇に追いやって、義敏から義廉へと主君を替えて西軍に籍をおいていた甲斐常治の子、**甲斐敏光**が裏切り者の朝倉孝景と壮絶な戦いを繰り広げる。

さらに懲りもしない両畠山。戦の種は尽きない。

ここで新たな思いもかけない人物が登場する。西軍に属していた美濃守護、**土岐《とき》成頼《しげより》**の家臣、**斎藤妙椿《みょうちん》**。彼自身は大名にはなっていないが、朝倉孝景と並んで事実上の戦国大名の嚆矢に数えてもよいほどの活躍を見せる。ちなみに彼は守護代ですらない。甥であるとも弟であるとも言われる斎藤利藤に名ばかりの守護代を務めさせ、自身はこの機とばかりに切り取りに東奔西走する。まずは西軍に味方する美濃の反対勢力をことごとく攻め滅ぼし、近江では**六角高頼**に味方し反対勢力を駆逐する。更に伊勢へも出向き、極めつけは大内政弘と並んで応仁の乱における一大勢力に数えられた朝倉孝景を説得し、甲斐敏光と和睦させてしまうのだ。これにより斯波義廉は弾かれてしまい尾張へ逃亡する。甲斐敏光は遠江守護代を餌に東軍に寝返り。任地に赴任するも隣国駿河（現静岡県中部）の守護今川氏の抵抗に遭い、以後甲斐氏は衰退した。妙椿はさらに飛騨の姉小路氏と三木氏の調停も手がけ、応仁の乱の最後にはある人物を保護する。その人物こそかつての九代将軍候補、西幕府の将軍、足利義視だった。

１４７６（文明八）年九月、ようやく無責任男が仲介に乗り出す。前将軍足利義政が現在の西軍の雄、大内政弘に和睦の勧告書を送る。西幕府将軍足利義視と共にこの勧告を検討した大内政弘はこれに従うことを決める。政弘は守護職を安堵され義政に降《くだ》る。十二月には義視も一切の罪を問われぬことを条件に義政に恭順した。なお、事実上敗北を認める形であるにもかかわらず、このような有利な条件で和解できたのは、日野富子に対し膨大な講和斡旋の賄賂《わいろ》を送ったためであると言われている。自らの息子可愛さが戦争のきっかけであり、自分の我儘で京を真紅から灰色に染め上げたにもかかわらず、富子はちゃっかり両軍の将に戦費を貸付け私腹を肥やしている。もはや悪女とかの言葉で片付けられるものではない。そういう意味では義政とは似たもの夫婦だったといえるだろう。

残るは義政・富子夫妻と並ぶ戦犯というべき両畠山。彼らの戦いは終わらない。いや、終われないのだ。なぜなら終わったところで安堵される所領も地位もないのである。それを得るにはどちらかがどちらかを滅ぼしてしまうしかない。だが、終戦に向けての雰囲気が整えられ、諸将が次々に撤退した京で戦を続けるのは、さすがに無理だった。両畠山は戦場を河内（現大阪府南部）に移す。

１４７７（文明九）年、ようやくその時が来た。九月に畠山義就が河内へ向かうと、十一月には大軍勢を誇った大内政弘が京から領国山口へ撤退を開始。同二十日、幕府は公式に終戦を宣言し、ここに十一年の長きにわたって人々を苦しめてきた無益な戦いが終わった。なお、足利義視は土岐成頼に伴われ美濃に身を寄せる。その手引をしたのは斎藤妙椿だった。

応仁・文明の乱の結果、京は破壊された。京の街が現在のような姿を取り戻すようになるのは、これより百年以上先、豊臣秀吉の都市計画及び整備に端を発する。対照的に公家らが疎開した先では京風の文化が定着し小京都と呼ばれるような街も生まれた。捨てる神あれば拾う神あり。乱に最初は先導され後にはその機に乗じようとして、各地で諸将が私戦を始め版図を得たため、後の下克上《げこくじょう》に連なる流れが発生した。この乱で多用された足軽も戦に必要な戦力として定着し、その中からは下克上の体現者も登場する。信じたくもないし認めたくもないことだが、この戦で一番得をしたのは戦犯そのものである義政・富子の夫婦だった。義政は隠居の希望を叶え、自身の権力を牽制する山名宗全と細川勝元を葬り去ることに成功したのだ。また富子は我が子を将軍に就任させるという思いを遂げ、戦争に乗じて蓄財に励み巨万の富を得た。まさに名は体を表す。朝倉孝景のようにこの乱を契機に大名にのし上がる者もいたが、山名氏や斯波氏のように衰退に向かう一族も多かった。まったくもってなんのための戦だったのか。時代は稀代の烈女、富子の手で更に混沌へと向かうのだった。

第二章

幕府瓦解 細川政権と三好政権

●山城国一揆

悪夢のような応仁の大乱が終わっても、山城の南部では畠山義就《よしなり》と政長という両畠山の争いが継続し建物は焼け田畑は荒れ果てていた。この状況についに南山城の国人《こくじん》衆が立ち上がる。1485（文明十七）年、十円玉にも描かれている宇治平等院で、三十六人衆と呼ばれる六十の壮齢から十五の若者に至る国人衆が寄り合いを持ち、**国中**《くにじゅう》**掟法**《おきて》なる取り決めを結び、両畠山を南山城から立退かせ、今後も入国させないために直接談判に出た。もちろん前代未聞の出来事だった。

この時代、国人と呼ばれた地侍は有力な武装勢力である。守護や守護代に対して国人が劣っていたのは、前者には正当な権力の後ろ盾と、それによる統一があったからなのだが、この両畠山の戦いは私闘扱いされているものであり、朝廷や幕府による天下静謐《せいひつ》の働きかけを拒んだものだったから、そこにおける引け目はなかった。また場所が南山城と限定されており、従来は切り崩され争わされてきた国人達が一味《いちみ》神水《しんすい》の元で結集したとあれば、さすがの両畠山も当面の敵であるもう一方の畠山に加えて国人衆を敵に回す余力はなかった。それでも、幕府という巨大勢力はまだ存在していたから、それがどちらか一方の畠山を正統とし支援すれば国人衆には勝ち目がなかったのだが、幕府は現時点での山城守護である政長に味方するわけでもなく静観を決め込んだ。幕府の狙いは山城の直轄地化にあった。幕府にとって京を含む山城という特殊な地域を畠山政長という一大名に託すことは得策ではなかったのだ。特に細川勝元の後を継いでいた細川政元は、競争相手となりうる畠山政長の力が増すことを喜ばなかった。しかもそんな政元に国人衆はちゃっかり献金していた。

かくして日本史上初めて**惣国**《そうこく》と呼ばれる国人衆を中心とする地元住民による自治が開始される。この出来事を**山城国一揆**《いっき》と呼び、彼らによる自治は八年間継続した。中世イタリアの自治都市には三百年ほど後れを取ったものの、パリ・コミューンより四百年近くも前のことである。この自治は御家騒動と幕府の思惑が絡んだ結果のものであり長くは続かなかったが、将軍のお膝元とも言える山城で、将軍の任ずる守護を追い出したことは幕府体制の揺らぎと新勢力の台頭を如実に示した出来事だった。

●将軍義尚、儚き栄光

もっとも、新将軍義尚《よしひさ》その人は気力に溢れていた。ようやく大乱が終わり、幕府の当主としての腕をふるえる。応仁の乱が十一年も継続したことで、少年だった義尚も二十二歳の青年になっている。その新将軍のもとに届いたのは、「南近江で近江守護の六角高頼が戦後の混乱に乗じて寺社や公家の所領を押領しているのでなんとかしてほしい」という要望だった。山城の国一揆では国人衆と幕府の利害が一致したため放置を決め込んだが、今回はそういうわけにはいかない。六角高頼の行動を放置すれば、黙認したことになってしまう。そうすれば諸国の守護や守護代も同様の行動を開始し、幕府の権威は失墜する。また、半公家《くげ》半武士の集まりである室町幕府にとって、寺社や公家の希望を叶えることは責務でもあった。朝廷や公家、寺社は幕府にとって有力な後援者だったのである。

義尚は諸国に号令を発し、１４８７（長享元）年九月、将軍直属軍である奉公衆《ほうこうしゅう》を引き連れ、六角征伐のために自ら堂々の出陣を果たす。長く見られなかった征夷《せいい》大将軍の本来の姿に朝廷や公家《くげ》はもちろん京の民も大いに期待を寄せた。これが初陣《ういじん》で実戦経験は皆無だった義尚だが、久々の大義名分を背負った戦に諸将の士気も高く、二万を超える軍勢は意気軒昂《いきけんこう》だった。これに対し六角高頼は驚くべき戦法を執る。それは退却。応仁・文明の乱の折に三度にわたって戦いの舞台となり名城と謳われた現在の近江八幡市にあった観音寺城を放棄し、手勢を引き連れて伊賀と並ぶ忍者の里として知られる甲賀に逃げ込む。以降はゲリラ戦を展開した。

義尚が将軍なのだから小癪なゲリラ戦に付き合う必要はなかった。相手が放棄した城に入城した段階で、この戦いに勝利を収めたことになる。あとは留守居の手勢を残して凱旋《がいせん》すればいい。しかし、義尚はそうはしなかった。義尚は悪い意味で生真面目なところがある。手抜きができないのだ。のめり込むと他が見えなくなることも多かった。父親が征夷大将軍の何たるかをまるで顧みない将軍であったせいか、征夷大将軍とはかくなるものと

戦国時代初期の畿内周辺の主な都市と地名

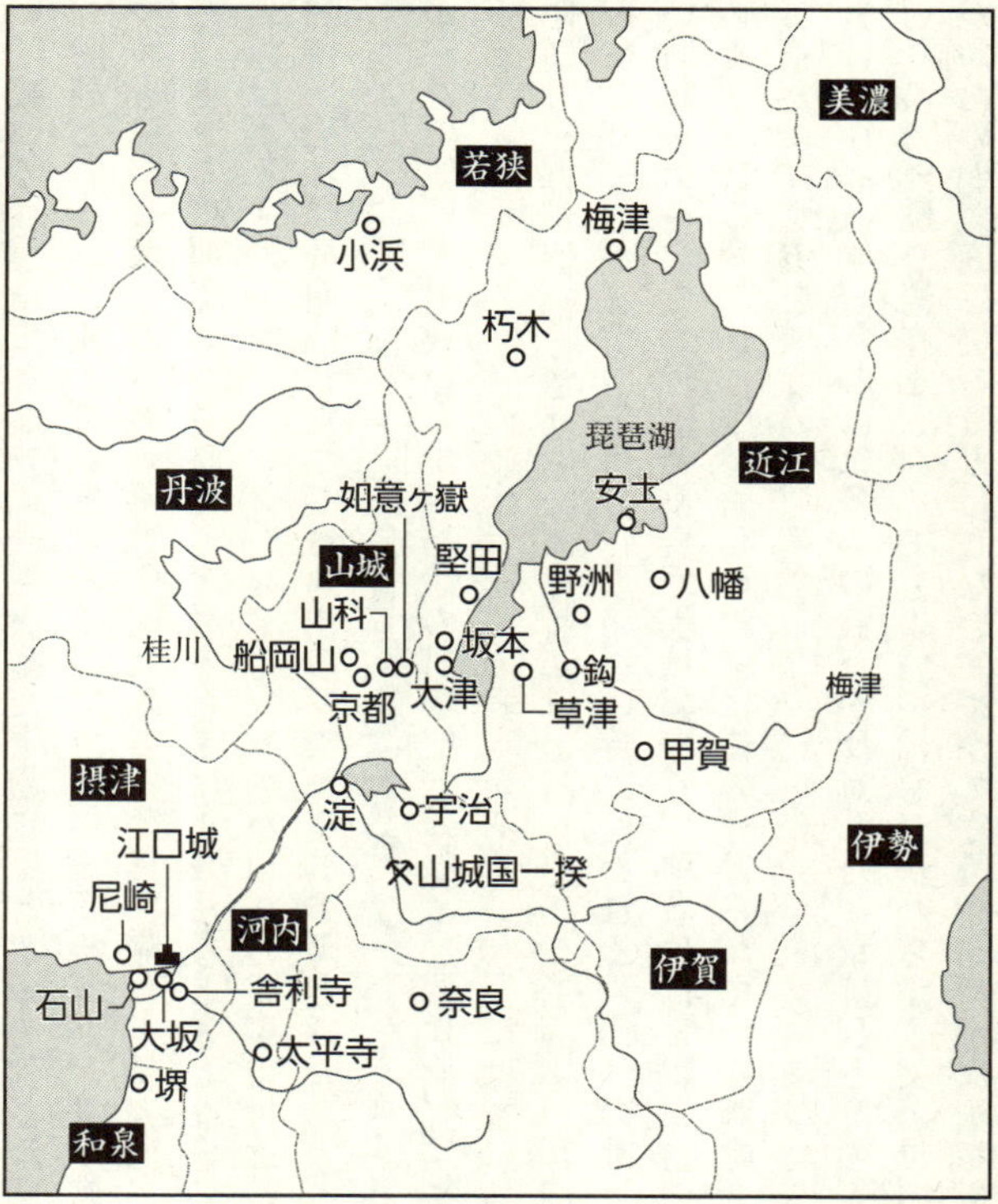

いう姿の体現にこだわったところを見せる。

実は義尚はこともあろうに父と同じ女性を愛し、一時は髷《まげ》を切って抵抗したとも言われている。こんなことを見るにつけてもその悪い意味での生真面目さがよくわかる。そんな義尚ゆえ、父親への反感が父とは正反対の将軍像に繋がったのかもしれない。戦いでも手は抜かない。一度決めた獲物にはとどめを刺さねば気が済まない。だが、戦の勝利というのは相手を殲滅《せんめつ》することではない。正規軍がゲリラ戦を苦手とするのは古今東西を問わない。旧日本陸軍も中国大陸でその罠に陥り、超大国アメリカさえ弱小国だったベトナムに叩きのめされた。ゲリラ相手に正攻法など通じないのだ。

義尚はＪＲＡのトレーニングセンターで有名な現在の栗東《りっとう》市付近の鈎《まがり》というところに陣を敷き、そこに長期にわたって対陣する。これを**鈎の陣**と呼ぶ。

ちなみに「○○の陣」というのは戦が膠着《こうちゃく》状態になったときの長期の在陣を称するのだが、この他に撤退戦を表す「○○の引き口」、暗殺事件に使われる「○○の変」、クーデターで用いられる「○○の政変」などの表現がある。○○には主に地名や年号が入る。この他にも一方が朝敵とされ成敗される時に用いる「○○の役」、元は反乱を意味したのだが、役ほど一方が悪役に定められていない時に使われる「○○の乱」など歴史には色々な言い回しが存在する。戦争と事変も実は異なり、前者には宣戦布告のような正規の手続きが必要とされる。これらは必ずしも厳密に使い分けられているわけでもないのだが、知っておくとより歴史を楽しめる。

鈎に長期滞在することには多くの武将が反対した。京は目と鼻の先にある。なにもこんなところで無駄な滞在をしなくてもよい。にもかかわらず、父と母のいる京には帰りたくなかったのか義尚は戻ろうとはしない。やがて守護や諸将が帰国しても側近を従えた義尚は居座り続け、しまいには政務のために京から公家が足を運んでくるようになった。この頃、義尚は義熙《よしひろ》と改名もしている（混乱を避けて以後も義尚で表記）。他にすることがないせいか、義尚は側近との宴会に明け暮れる。六角高頼から奪い返した所領も元の持ち主には返さず側近たちに与えてしまう始末。せっかく華々しく出陣し、呆気無く勝利し、将軍と幕府の権威を大きく回復させたというのに、これでは元の木阿弥《もくあみ》だった。約一年半、鈎に在陣を続けた義尚はそこで体調を崩す。酒と淫行（男女問わなかった）に耽溺《たんでき》した報いだった。程々を知らぬ者が遊びにハマるとこうなる。かくして義尚は１４８９（長享三）年三月、陣中で没する。享年二十五。京を焼け野原にしてまで即位させた息子は父と母を置き去りにしてあっさりとあの世へ旅立っていった。

●加賀の一向一揆

義尚の六角討伐は思わぬところにも被害を与えている。加賀の守護、**富樫政親**《とがしまさちか》である。六角征伐に従軍した富樫政親が、１４８８（長享二）年に領国加賀（現在の石川県南部）に戻ると、そこには民にとっての極楽浄土、彼にとっての地獄が待っていた。現在の金沢市に存在していた彼の居城高尾城が一向一揆勢・本願寺門徒の襲撃を受けたのである。あの山城の国一揆からわずか三年、義尚の死の一年前の出来事だった。追い詰められた富樫政親は自害、加賀は以降、信長勢の侵攻を受けるまで、およそ百年にわたって門徒衆によって治められる。これを**加賀の一向一揆**と呼んでいる。必ずしも実態を表現した言葉ではないが、巷《ちまた》では「加賀は百姓の持ちたる国」とさえ言われるようになった。なぜこんなことになったのか。

そもそものきっかけは本願寺八世**蓮如**《れんにょ》が越前吉崎に下向したことにある。現在こそ東西に分裂しているとはいえ隆盛している本願寺だが、この時期は不遇だった。本願寺は浄土真宗の開祖親鸞《しんらん》の教えを受け継ぐ教団。親鸞が僧侶でありながら妻帯を許可したことから、八世蓮如は親鸞の血脈も受け継いでいる。延暦寺からの弾圧や応仁の乱で京が焼け野原になってしまったため、蓮如は越前吉崎にいわば避難であり疎開をしたことになる。もっともその疎開先は新たな布教先にもなる。越前吉崎が選ばれたのは、宗派は異なるが彼の師匠であり従兄でもあった**経覚**《きょうがく》の荘園があったから。この頃は乱の影響で越前守護に任ぜられた朝倉孝景による押領《おうりょう》の危機もあり、越前の地も決して安泰ではなく、経覚にも「他人に押領されるくらいなら弟子の蓮如に」という気持ちもあったろう。

乱のまっただ中であった１４７１（文明三）年、無事吉崎の地にたどり着いた蓮如はここに御坊《ごぼう》を築く。御坊とは本願寺の布教の拠点。あの織田信長を苦しめた石山本願寺も本を正せば石山御坊であった。**吉崎御坊**を拠点にして、御文《おふみ》と呼ばれる無学の者にもわかりやすく教義を説いた仮名書の書面を用い、門徒を増やすことに成功した蓮如はこの地に一大勢力を築く。その勢いは越前にとどまらず、加賀、越中にも広がる。加賀の守護、富樫

戦国初期の西日本

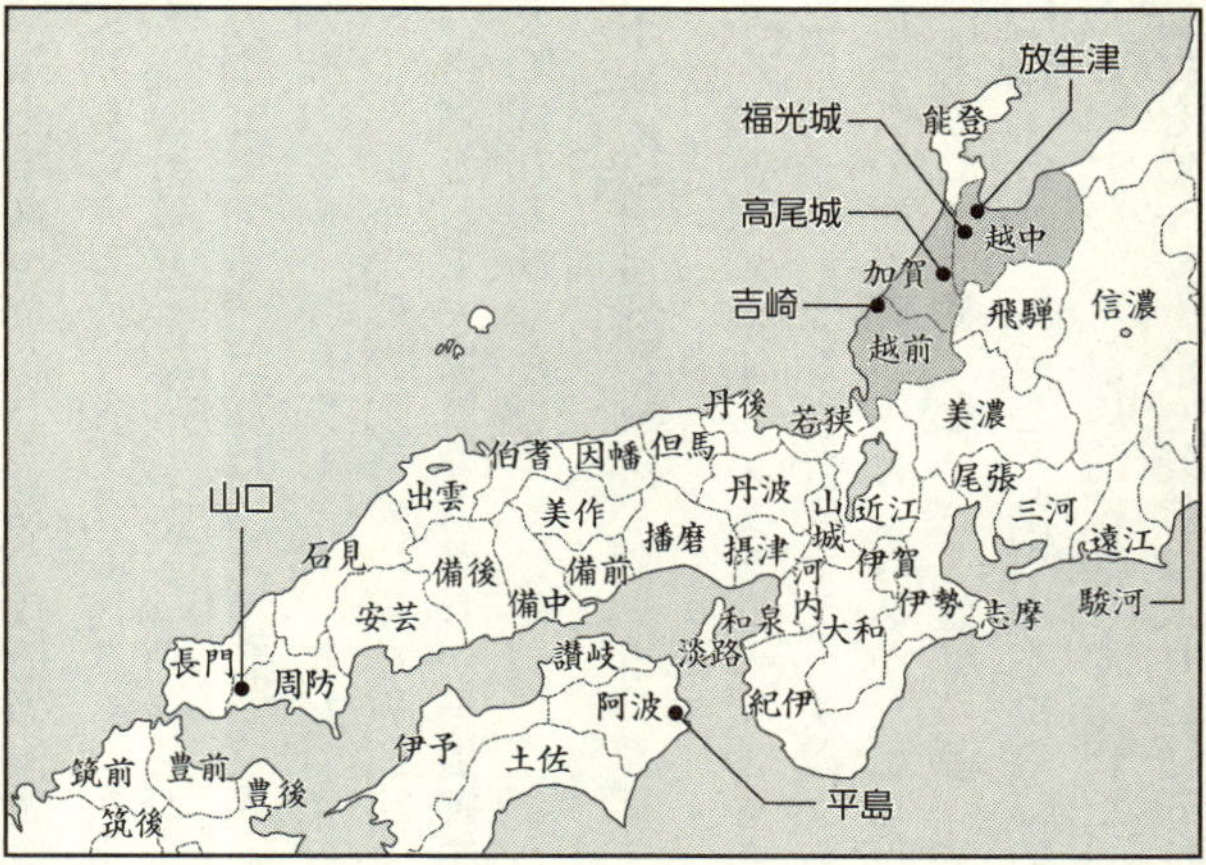

政親は当初は門徒の力を利用しようとしたのだが、実際に利用してみるとその力はあまりに強大で自分自身が飲み込まれそうな勢いであった。そこで政親は一転して本願寺門徒への弾圧を開始する。だが越中に逃れた門徒らは逆に加賀に程近い福光《ふくみつ》城主を討ってしまう。

政親が六角征伐に赴いたのは、復活したように思われた幕府の権威を借りて、加賀から一向衆を追い出すためでもあった。しかし、余計な出兵に伴う戦費負担の拡大は国人層の反感を買った。こうして留守につけ込み一向衆と国人衆は加賀を制圧。そこにのこのこ帰ってきた富樫政親は討ち取られてしまったのだ。

なお、この後、加賀では名目上の守護として同じ富樫氏の**富樫泰高**が擁立され、蓮如の三人の息子らにより政治が行われた。もっとも当の蓮如は親鸞上人《しょうにん》の教えを布教することには熱心であったが、宗教が政治の領域に口を出すこと、まして武力に訴えることなど望んではいなかった。後の信長時代には戦闘的集団の一面も持ち、あらゆる戦国大名を凌駕するほどの戦力を持つ本願寺だが、それは十世**証如**《しょうにょ》、そして十一世**顕如**《けんにょ》の代になってからのことである。蓮如は１４７５（文明七）年には吉崎を退去して河内《かわち》に至っており、この加賀の一向一揆に関しても、軍事行動を戒める文を送っている。このあたりは西洋史のルターとドイツ農民戦争の関係を思い起こさせる。ちなみに河内に赴いた蓮如が新たに布教の拠点として大坂に築いたのが**石山御坊**で、それが後に**石山本願寺**、さらに石山本願寺城と呼ばれる城塞となっている。

●十代将軍、足利義材

話を将軍家に戻す。男女を問わず情愛の対象としていたにもかかわらず、亡くなった義尚には嫡子《ちゃくし》がいなかった。そこへ美濃からあの男が帰ってくる。義尚の叔父で義政の弟、応仁の乱の西幕府の大将でもあった足利義視《あしかがよしみ》。ただし義尚の後を義視が継ぐような世代を逆行する形の世襲は難しい。だが、幸いなことに義視には嫡子がいた。しかも、その母は富子の実の妹であった。ならば義視の嫡子が十代将軍に就任するにあたって富子は障害にならない。むしろ積極的に推してくれた。こうして１４８９（延徳元）年四月に義視は嫡子**義材**《よしき》を伴って上洛。義材は八月に従五位下左馬頭《さまのかみ》に叙任される。１４９０（延徳二）年、正月に義政が死亡。享年五十五。七月には二十五歳に達していた義材が第十代将軍に就任した。義視も将軍の実父として大御所政治の形で幕政の中心に座る。弟に後を継がせようという義政の願いはその死後叶えられたのだった。

だが、この政権も盤石ではなかった。かつての義視の後見人、細川勝元の後継者政元は義材の将軍就任に反対する。政元が推したのは僧侶となっていた**清晃**《せいこう》。その父は義政・義視の異母兄で堀越公方《ほりこしくぼう》に就任していた**足利政知**《まさとも》。義材が将軍宣下を受けると政元はそれに抗議して管領《かんれい》職を辞任する。有力者政元を欠いた政権が長続きするわけもなかった。

義材政権の頼みの綱は富子だった。京の七口と呼ばれる京への入り口に関所を設け、関銭と呼ばれる通過料を徴収し、その名の通り富を蓄えていた富子は、自らの邸宅や荘園まで持つ当代随一の資産家であった。義尚が亡くなり将軍の生母の地位を失っても、この財がある限り富子の発言力は揺るがなかったのだ。まさに烈女。

実は義材を将軍に推したのも他ならぬ富子だった。応仁の乱の頃には考えられない組み合わせだが、富子にとって義材は甥、義材と義視にとって富子は強力な後援者。双方にとって有利な組み合わせではあった。だが、富子に頼るということは富子の発言権を認めるということでもある。せっかく将軍やその父になっても、富子の顔色を窺いながら政務をなさねばならぬ。やがて義視(この頃は再び出家して道存《どうぞん》と名乗っていたが義視で表記)・義材親子は富子を疎《うと》ましく感じ、富子もまた強気になりつつあった義材を見限る。義材を見限った富子が接近したのは、もちろん対立候補者として清晃を推していた細川政元だった。

義材にとって更に不幸は続く。十月には実母が、そして翌年一月には父義視があの世へ旅立ってしまう。特に政治経験の豊富な父の死は義材にとって大きな痛手となった。足利義視、享年五十三。奇しくもその命日となった一月七日は兄義政の命日でもあった。最晩年にようやく叶えた幕政への参画。しかしそれはわずか一年足らずのことだった。僧侶から還俗《げんぞく》し、兄に約束を違《たが》えられ、一方の旗頭に担ぎあげられ、政治的に敗北し美濃に隠遁、そして再び上洛し、大御所となれた矢先の死。穏やかな人生を送るはずの男の生涯は、兄によって翻弄され激動の生涯となった。

●明応の政変

両親を失ってしまった新将軍義材。しかし将軍たる者、父母との離別で長々と落ち込んでいるわけにはいかない。１４９１（延徳三）年、義材は義尚が成し得なかった六角高頼討伐に挑む。義尚に優るとも劣らぬ大軍を引き連れ堂々の出陣。対する六角高頼は奪還していた観音寺城を捨て甲賀山中に逃げ込み、またもやゲリラ戦に賭ける。しかし、義材は義尚の失態を繰り返さなかった。同じ六角一族の高頼と対立している勢力から少年六角虎千代を守護に任じ、文字通り現地の守護を委託する。その上で義材は帰京。義尚が果たせなかった凱旋を果たした。

勢いに乗った義材は１４９３（明応二）年、未だ続いていた畠山氏の内紛に介入する。細川政元に対抗するため義材は畠山政長と手を組んでいたのだ。今回の親征の相手は、あの畠山義就《よしなり》の次男で後継者の**畠山義豊**であった。遠征先は河内。六角征伐に成功している義材は今回も意気揚々と進軍した。しかし、これが罠だったのだ。

　堂々と京を後にした義材。その留守を狙っていたのが、あの二人。日野富子と細川政元だった。義材を失脚させたいという共通の望みを持った二人は、対立候補だった清晃を還《げん》俗《ぞく》させ、**足利義澄**《よしずみ》と名乗らせた上で十一代将軍に擁立する。朝廷や公家への根回しも既に終えていた政元は難なく京を制圧。それを知って義材と従軍していた武士たちも次々に離脱。義材と畠山政長は敵地に取り残されてしまった。義材は幽閉され、政長は自害に追い込まれた。応仁の乱の生き証人がまた一人あの世へ旅立った。

　このクーデターを**明応の政変**と呼ぶ。そしてこの明応の政変こそ戦国時代の本格的な到来を告げる出来事だった。クーデターの主犯格、細川政元は朝倉孝景、斎藤妙椿《みょうちん》、北条早雲らと並んで戦国大名の嚆矢《こうし》の一人に数えてもいいくらいだ。もちろん政元は戦国大名ではない。だが彼は他の三人も成し得なかった中央政権での下克上《げこくじょう》の実践者である。北条早雲はあくまでも地域限定。同時代の他の武士への影響力もまた地域にとどまる。朝倉孝景は戦国大名にふさわしい成り上がりを果たしているが、応仁の乱で自軍を有利にするために東軍から越前守護に任ぜられてのことであり、将軍のお墨付きを受けてのことで、下克上と言い切れぬものがある。斎藤妙椿も形だけは重んじており自らが守護に成り代わるようなことはしていない。将軍と幕府の権威に面と向かって逆らったということで言えば畠山義就と六角高頼だが、両者の反乱の発端は御家騒動であって、初めから将軍打倒を図っていたわけではない。

「応仁の乱においてなぜ主戦場の京に近くない武将らが参加したか」を考えてみると意外な発見に繋がる。それは幕府が二分されている応仁の乱に乗ずれば、武力による切り取りや家督相続が可能だったからだ。一方の幕府に認められなくても、他方の幕府に認めてもらうことができる。幕府の意志が統一されていたらそうはいかない。私闘は幕府の意向に逆らうものとしてお咎《とが》めを受け、最悪の場合は朝敵にされ幕府の命で結集する諸将を敵に戦わねばならなくなる。が、応仁の乱では自分の言い分を認めてくれる側に属しさえすれば、後は武力での自力救済が可能だったのだ。ここから言えることは、応仁の乱の時点では諸将は幕府という権威を認めていたということに他ならない。認めていたからこそ、幕府が二分した千載一遇の好機に自らも乗っかろうとしたのだ。

ところが、今回の政変での細川政元の行動はこれらと全く異なる。武力を以て将軍を追放したのである。敵は当初から将軍その人だったのである。しかもそれをやったのは幕府の身内とも言える管領経験者。こんなことが許されるとなれば、当然他の者も追随する。

「なあんだ、幕府に逆らってもいいのか」「直接将軍を敵として兵を挙げても勝てば許されるのだ」と全国の諸将に悟らせてしまったのである。さらに言えば、幕府がこんな状態なのだから、もはや京に滞在して任官活動なんぞするよりは、現地で領国や領地の経営に励み、国人衆や有力者を囲い込み、武力で周囲を刈り取った方がいい。これこそ戦国時代の特徴に他ならない。そう考えると、この細川政元と日野富子による明応の政変こそ、戦国時代の幕を開いたと言えるのだ。強大な組織は内部から崩すしかないというが、まさに室町幕府も中から崩壊させられたのだった。

　以後は将軍といえども血統だけでは足らず武力による裏付けがなければ君臨できなくなる。裏側から眺めれば、武力さえあれば適当な将軍候補を擁立することで自らが幕政の中心に参画することも可能ということだ。この手法、織田信長のそれがあまりにも有名だが、それ以前にも大内義興《よしおき》や三好長慶《ながよし》らが実行している。また単独犯でないものを加えると浦上村宗《むらむね》や宗淳孝景《そうじゅんたかかげ》こと朝倉孝景（朝倉敏景こと朝倉孝景の曾孫）、六角定頼らもいる。だが、武力によって自らの意のままになる将軍候補者を擁立、自身は背後で実権を握るという手法の元祖は細川政元に他ならない。かくして幕府の実権は細川政元の手に握られる。しかし、このやり方には大きな欠点もある。力さえあれば相手もまたそれを成せるということだ。そして後に政元はそれを思い知らされることになる。

　軟禁されてはいたものの命は取り留めていた義材は家臣の手引で脱走を果たす。逃亡先は先だって自害に追い込まれた畠山政長の領国だった越中。政長の家臣だった**神保長誠**《じんぼうながのぶ》の元へ身を寄せたこの時期の義材を越中公方と呼ぶこともある。実際、現在の富山県射水《いみず》市にあった放生津《ほうじょうづ》の御座所には公家も京から彼を訪ねてきており、臨時の政務所としての役目も果たしていた。幕府が再度二分されたともいえる。京で生まれ美濃へ逃れ、再び上洛し、近江や河内へ親征。河内でクーデタに遭遇し軟禁を経て越中へ逃れる。非常にスケールの大きい流浪ぶりなのだが、彼はこの後も更に流浪を続け名前も二度改名する。ついたあだ名が**流れ公方**。絶妙のネーミングセンスというしかない。五年間越中に滞在した後、名を**義尹**《よしただ》と改名した義材は上洛を目指し挙兵。しかし、以前討伐した六角高頼に道を阻まれる。やむを得ず彼が次にたどり着いたのは周防《すおう》山口。あの西軍最大の戦力を誇った西国の大守護大内政弘の子で六角討伐にも参陣した**大内義興**の領国。この頃の山口は朝鮮貿易の財と、先代政弘が京から持ち帰った文化、政弘を頼り京から落ちてきた公家らの影響もあって、焼け野原となった本家の京以上の賑わいと華やかさを見せる大都市。さぞや義材改め義尹も居心地が良かったことだろう。

明応の政変から三年後、ようやくにして、あの人物が冥土に旅立っている。八代将軍義政正室、九代将軍義尚実母、日野富子。応仁・文明の乱を引き起こした一人であり、戦の最中も蓄財に励んだ女。武士からも民からも銭を巻き上げ、息子に先立たれてからも権力を手放そうとしなかった烈女。日本史上に強い女は決して少なくないのだが、その多くは御家の隆盛、存続、我が子や孫の可愛さゆえに発揮した力だった。しかし富子は違った。当初こそ息子可愛さゆえの専横であったものの、途中からは富と権力自体を目的とした行動に終始している。足利将軍家の衰退は言わずもがな、生家の日野家も、兄、日野勝光こそは富子の力添えもあり家格からは不可能な内大臣就任を果たし、押大臣《おしのおとど》の異名をとったものの、その後は富子を除いて弱体化。それはそうだろう、足利将軍あってこその日野家の権勢だったわけで、その足利将軍家の権威を貶《おとし》めてしまっては、日野家もまた斜陽を迎えるのは道理。享年五十七。一人の女の強欲は結果として中世の権威を打ち破る働きを果たしたのだった。

●魔法使いになりたくて

富子亡き今、もはや細川政元にものを言える者はいない。対抗馬もなく将軍義澄を意のままに動かせる彼は京の人々から半将軍と恐れられた。ところが、この半将軍、またまた困った人物だったのだ。政元の何が人々を困らせたのか、それはかれの奇行である。ダメ将軍義政が造園などの趣味に耽ったように、義尚が母へのコンプレックスの裏返しからか酒と女色そして男色に狂ったように、政元も、とあることに没頭した。政元がハマったのは修験道《しゅげんどう》。なんだ、修行か、それならば良いことではないか、と思ってしまいそうになるのだが、この男がハマったのは現在で言えばカルト宗教、邪教の類のそれである。具体的には愛宕《あたご》信仰と飯綱権現《いづなごんげん》。無論それ自体は邪教ではない。問題は政元が興味を抱き実践に努めたのが、その秘法にあったこと。要はこの人、魔法使い志願者だったのである。天狗の術を会得し空中浮遊術を身につける、政元はそれを目指していたのだ。

明応の政変を成功させたくらいなのだから政治的センスは悪くない。公家《くげ》との折衝も巧みだ。だが、空中浮遊術を会得するために彼にはあることができなかった。それは女犯《にょぼん》。一度でも女と交わってしまったら浮遊術は会得できないとされていたのだ。

通常なら権力者が女にうつつを抜かさないのはむしろよいことだが、彼は細川家の当主だった。細川家が管領家である以上、これは半ば公的な地位でもある。そんな彼が妻も娶《めと》らず、血筋も残そうとせずというのはやはり大問題。御家騒動を引き起こしかねない。あの大宅壮一も『実録・天皇記』で血脈を絶えぬようにするために代々の天皇が如何に苦心したかを説いている。だいたいこれではダメ将軍義政と同じではないか。いや、義政でさえ富子という妻は得ているし、仇になったとはいえ義尚という嫡子も得ている。考え方によっては細川政元は足利義政以下と言える。

おまけにこの人、修行のために政務を放り出して数ヶ月単位でいなくなってしまう。諸国を放浪したり山に籠もったり。これでは政治が立ち行かない。この点でも無理な隠居を図り世間を騒がせたとはいえ、少なくとも隠居するまでは御所から離れなかった義政のほうがまだマシだ。この時代の権力者ときたらどいつもこいつも。

修行中に命を落とされてはたまったものではない。せめて後継者だけでもという周りのたっての希望に従い細川政元は養子をとった。しかし、この養子が細川家の血をまったく引かぬ乳幼児。摂関家の前関白九条政基の末子だった。摂関家とパイプを太くする意図からのこと。政元は、この乳幼児を１４９１（延徳三）年に養子に迎え、１５０２（文亀二）年にはこの子を嫡子と定める。後の名は**細川澄之《すみゆき》**。「澄」の一字はもちろん政元自らが擁立した将軍足利義澄からの偏諱《へんき》。これであとは澄之を後見しつつ術の会得に没頭すればまだよかったのだが、なんと翌年、政元は嫡子としたばかりの澄之を廃嫡してしまう。公家出身で細川の血を引かぬ跡取りに家臣からの反発が根強かったためだった。代わりに連れてきたのが、代々阿波（現徳島県）守護を務めた家柄である阿波細川家の血を引く十五歳の少年。彼を元服させ**澄元**と名乗らせる。元の一字はもちろん細川勝元や政元自身の元。ちなみに細川宗家は代々右京太夫を務めたので、右京太夫の唐名から**京兆《けいちょう》家**と呼ばれる。あまり周りが心配して自由な行動に差し障るので、身分の高い家から養子を迎えてみたが、さすがに反りが合わず、しょうがないので改めて分家から養子を迎えたとでもいうところ。よりにもよって、これだけはやっちゃいけないということを政元もやってしまった。歴史から、それもリアルタイムの歴史から何も学んでない。そもそもあんたが台頭するきっかけとなった応仁の乱はなぜ起こったのか。足利将軍家、斯波《しば》家、畠山家が揃ってこれをやっちゃったからだろう。なぜ、そこから学ばない。さらにとんでもないことに政元は分家の野洲《やす》家から**高国**という猶子《ゆうし》も貰い受けていた。つまり政元の後継者候補は澄之、澄元、高国の三人いるというわけだ。二人でも京が焼け野原になったのに三人って。もはや呆れるしかない。こんなことをすればそれぞれに後押しをする家臣ができ、家中は派閥抗争に包まれる。案の定、政元は１５０７（永正四）年、行水をしていたところを澄之派の家臣らに襲われ暗殺される。これが**永正の錯乱**。享年四十二。
政治的センスも軍事的センスも持ち合わせていた政元だったが、この御家への関心のなさと、常人の感情に思いを及ぼせない点が仇になった。もっとも政元は魂となって空中浮遊を達成し喜んだのかもしれない。

●大内義興上洛す

政元を失った細川京兆家では壮絶な家督争いが勃発する。永正の錯乱の際に澄之一派に狙われていた澄元は甲賀に辛くも脱出し難を免れていた。ここで一度は澄之がリードを奪う。しかし二ヶ月後には高国によって澄之は自害に追い込まれる。さすがに公家出身の澄之にはこの状況は荷が重かったか。これで後継者候補は阿波家出身の澄元と野洲家出身の高国に絞られた。澄之が討たれたことを知ると甲賀に逃れていた澄元は京に戻り、細川京兆家の家督を継いだことを宣言する。しかし、もちろん高国は黙っていない。澄元が家督を継ぐために澄之を討ったのではない。これでは澄元の家督相続をお膳立てしたことになってしまうではないか。翌年になって高国は澄元攻めを挙行する。一方、高国の動きを察知していた澄元は近江へ逃れた。

状況を整理しよう。現在将軍は義澄、京には高国がいる。高国と対立する澄元は近江……。まだ誰かいたような。そう、いたのだ。西の山口に。大大名大内義興に庇護されていた前将軍義材《よしき》改め足利義尹が。父より京風の公家趣味に染まった感のある大内義興だがどうしてどうして武勇も野心も劣ってはいない。異母弟である大内高弘を擁立しようとする謀反の企てを潰し、1497（明応六）年には北九州に出兵、あの元寇《げんこう》の折の国防に活躍した北九州の名族少弐《しょうに》氏の当主だった少弐政資《まさすけ》とその嫡子高経《たかつね》を自害に追い込んでいる。意気盛んな大内義興は細川家の内紛を畿内進出への好機と見た。自分の手元には奇貨である足利義尹がいる。クーデターで追放された前将軍であり現将軍の義澄より正当な血統の持ち主でもある。上洛するのは今しかない。

かくして大内義興は中国・北九州の諸将に号令・動員し、足利義尹を奉じて1507（永正四）年十一月、山口を出陣、翌1508（永世五）年、上洛した。

大内義興の上洛の報を聞き、現将軍義澄は近江へ逃れた。あの六角高頼のところである。まさに敵の敵は味方というところ。一方、細川高国は大内義興と足利義尹を歓待。義尹は将軍に返り咲き。後に名を義稙《よしたね》と改める。管領には細川高国、将軍位復帰に大いなる功績を果たした大内義興には山城守護と管領代の地位が与えられた。

古い言葉にトロイカ体制という言葉がある。三頭立ての馬橇《うまぞり》トロイカから来た言葉。旧ソ連で三頭政治に対して用いられた言葉だが、この時の室町幕府ではそのトロイカ体制こそが望まれる形だった。ところが、そううまくはいかない。将軍義材改め義尹改め義稙（以後は義稙で統一）は自らの権威こそが権力の源であると信じている。細川高国は細川京兆家の当主であり管領である自分が澄元と義澄を追い払ったのだと主張する。大内義興は、自らの強大なる力こそが将軍返り咲きを実現したのだと自負する。対立が表面化するのは時間の問題だった。

だが内憂の前に外患《がいかん》である。京から逃げ出した足利義澄も細川澄元も、そのまま引き下がってなどいない。足利義稙、細川高国側に大内義興という巨大軍事力があるなら、義澄・澄元側にも頼りになる将はいた。**三好之長《ゆきなが》**である。之長は阿波の国人出身。細川澄元の生家である阿波細川家に澄元の祖父であった成之の代に被官し、澄元の代には重臣となっていた。ちなみにこの三好之長が三好氏の畿内進出の発端であり、彼の子孫こそ後に短期ではあるが三好政権を実現する**三好長慶《ながよし》**である。

澄元・之長軍は１５０９（永正六）年には京と近江の境にそびえる如意ヶ嶽に出陣する。が、このときは返り討ちにあってしまった。しかし二年後の１５１１（永正八）年には南の堺から揚陸、今度は高国・義興軍を打ち破り、瞬間的ではあるが、京を奪還した。だが、丹波に逃れ兵を立て直した高国・義興軍は巻き返しを図る。対する澄元側は、応仁の乱の

細川家系図と3人の争い（1510年ごろ）

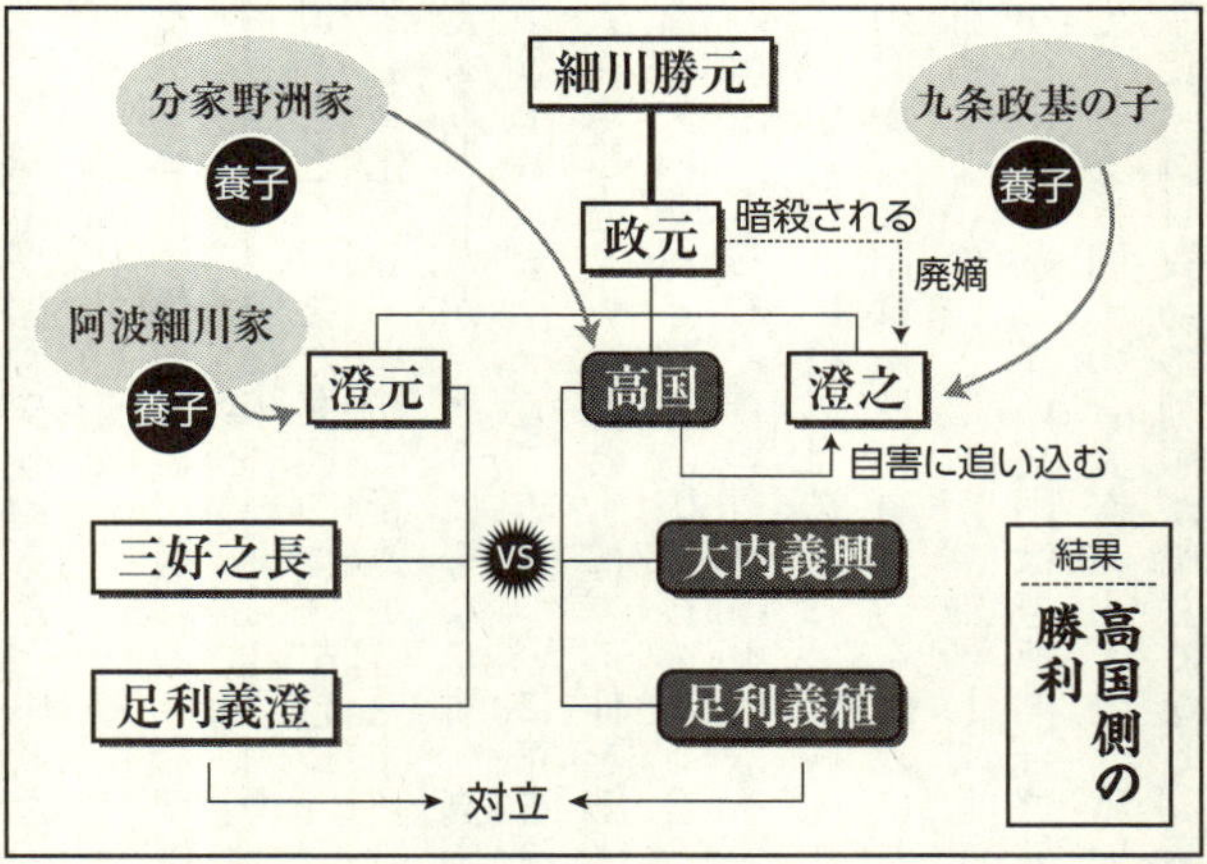

折に西軍が陣を敷いた丘陵地船岡山で、これを迎え撃とうとする。しかし、合戦の直前にあの近江の六角高頼が義稙側に寝返り、さらにまだ三十二歳だった前将軍義澄が放浪生活に疲れたのか急死してしまった。大義名分も士気も失った澄元側は大内軍の夜襲を受け壊滅。澄元は三好之長と共に阿波に逃れ、以後しばらくは義稙トロイカ体制が京を取り仕切った。

　共通の敵がいなくなれば内紛が表面化するのは世の定め。１５１３（永正十）年には、思い通りに執政を行うことができないことに嫌気が差し、将軍義稙は京を出奔、甲賀に籠もってしまう。このあたりは叔父の義政に似た行動なのだが、幼少の期の思い出の地である美濃までは行かず甲賀にとどまったのはよしとすべきなのか。義稙は現地で病を患う。

さすがの細川高国もやり過ぎたと感じたのか、慰労に努め両者は和解。義稙は病の回復後、京に戻り政務に復帰した。

だがトロイカ体制は再び崩れる。今度は大内義興が抜けた。そもそも大内義興の領国は京から遥か彼方の山口を中心とした中国地方西部から北九州。当主の長期滞在は財政的な負担も大きく、また義興の留守を狙って、出雲の守護代尼子《あまご》経久《つねひさ》が勢力を拡大し不穏な動きが活発化する。当初は義興が石見《いわみ》守護に任ぜられることで、幕府の権威を使ってこれを抑えようとしたが、どうにもならず。高国・義稙との関係も思わしくなかったので、義興は１５１８（永正十五）年、ついに京を見限り、周防に帰国してしまった。高国・義稙は膨大な軍事力を失うとともに、不仲を緩衝してくれる人物を失った。

なお大内義興と細川高国は後の１５２３（大永三）年に相争っている。場所はなんと明《みん》国の寧波《ねいは》。もちろん義興、高国両者はその場にはいない。明との勘合《かんごう》貿易の利権をめぐる両者の争いは、応仁の乱の折に大内政弘が細川勝元に対抗するため西軍に与《くみ》したほどだったのだが、高国は義興の軍事力を頼みにしていたので、その間は勘合貿易の利権は大内氏が独占していた。ところが、帰国してしまったので、もはや大内氏に気を遣う必要はない。恩など微塵《みじん》も感じない高国は早速勘合貿易に乗り出し、両者の貿易船が鉢合わせになった現地で日本人同士の合戦が発生した。戦いは一応大内氏が勝利するも、現地での対日感情は悪化、対日貿易の制限が厳しくなり、幕府の許可を得ない密貿易、海賊の台頭を招くことになる。

●流れ公方死す

大内義興が政権から去り、将軍義稙と細川高国の対立が表面化してくると、その機を見逃さず、1519（永正十六）年、阿波に逃れていた細川澄元・三好之長は摂津（現大阪府と兵庫県の一部）に進出。翌年には之長が京を奪還し、高国を比叡山延暦寺の門前町である現滋賀県大津市の近江坂本へ追いやった。このとき、将軍義稙は高国と行動を共にすることを拒否、なんと長年の敵である澄元と手を組んでいる。やってることは応仁の乱と殆ど変わらない。あえて違いを言えば、当時はまだ地方でも幕府の権威は残っており、地方でも東軍か西軍のどちらかに所属し大義名分を確保した上での戦いが繰り広げられたのだが、この時期にはもはやそれもなく、地方では独自の私闘が行われているということ。幕府の権威が完全になくなったわけではないが、もはやそれは実効支配に対する裏付けに過ぎなくなってしまっていた。

自分を蔑《ないがし》ろに扱う高国と縁を切り、勝ち馬となった澄元に乗ろうとした将軍義稙であったが、見切りが早すぎた。細川高国はしぶとかったのだ。六角高頼を始め守護に号令した高国は如意ヶ嶽と船岡山から三好軍を挟撃、さしもの三好之長も自害に追い込まれた。細川澄元は摂津から阿波へ逃れ、当地で失意のうちに病に死す。享年三十二。こうして長く続いた魔法半将軍奇人細川政元の後継者争いにようやく終止符が打たれ、澄之、澄元を排した高国が事実上の天下人となった。

敵のいなくなった高国は内部の粛清に乗り出す。危機を感じた将軍義稙は１５２１（永正十八）年、再び京から逐電《ちくでん》。だが、高国にはもはや義稙という神輿《みこし》は不要だった。時折しも**後柏原《ごかしわばら》天皇**の即位の式典の直前。征夷大将軍が天皇の就任式を放り出して逃げ出したとあっては後柏原天皇の激昂《げきこう》を買うのも当然のこと。義稙の将軍位は剥奪された。義稙は堺から淡路に逃れ、懲りもせず高国と戦うも敵《かな》わず、１５２３（大永三）年、五十八でその生涯を閉じた。京から美濃へ、美濃から京へ、京から越中へ、越中から丹後を経て周防山口へ。さらに京に登ったと思いきや甲賀へ出奔、またまた京に戻るも今度は堺から淡路へと。まさに流れ公方の名に相応《ふさわ》しい旅路だった。人生は旅であると語ったのは松尾芭蕉だが、その芭蕉も羨《うらや》むほどの行程。まあありえないことだが、義稙を題材にした大河ドラマが誕生すればさぞや喜ぶ自治体も多いことだろう。優柔不断の好青年尊氏、皇位簒奪《さんだつ》を目指した義満、父親嫌いの義持、万人恐怖くじびき将軍義教、シスコンの趣味人義政、その義政と女を取り合った義尚、地味に思われる室町幕府だが、このラインナップの実に個性的なこと。これに日野富子だの細川勝元だの魔法半将軍政元だのが加わるのだから、ややこしくなるのもしかたのないこと。もっとも個性的に過ぎる顔ぶれはこの程度で終わらず、まだまだ剣豪将軍だの文通将軍だのが登場するのだが、それはもう少し後のこと。

逃げ出した義稙に代わって即位式を取り仕切ったことで、天皇の信任を得た細川高国。彼が次の将軍に担ぎ出したのは、自らが攻め滅ぼした澄元が擁立していた前将軍義澄の遺児、**亀王丸**であった。この節操のなさこそ戦国時代の所以《ゆえん》。このとき亀王丸は十一歳。亀王丸は元号が大永に改まったその年の末に元服を果たし**義晴**と改名、将軍宣下を受け、第十二代将軍となった。

●細川晴元の台頭

さてこれで少年将軍を擁立した高国の一人勝ちになるかといえば、そうはならないのが戦国時代。今度の騒動の相手は澄元の遺児の**細川晴元**。父澄元の家臣だった三好之長の孫（子という説も）である**三好元長**とともに高国への敵討ちを狙う。まさにモロボシ・ダンいうところの血を吐きながら続ける悲しいマラソン状態。

実はその仇の高国。権力に飽きたのか、家督を嫡子の細川稙国に譲り、自身は出家して道永を号し隠居していたのだが、稙国に先立たれやむなく細川京兆家当主に返り咲いていた。歴史には様々な法則がある。その一つが嫡子に先立たれた権力者はおかしくなるというもの。おそらく張り合いをなくすのだろう。これが権力を掌握していない実力者ならば、権力掌握を励みにできるのだが、既に権力を掌中に握っていてはそれもできない。後継者もいないのになんのための保守なのか、虚しさは募るばかり。

そんなところにつけこまれたのか、高国は忠実な家臣であった香西元盛《こうざいもともり》を誅殺《ちゅうさつ》してしまう。香西元盛の父は波田野秀長といって元は丹波の国人。応仁の乱で東軍に属し、細川勝元や政元に遇された人物。秀長には三人の男子がいた。波田野家を継いだ波田野稙通《たねみち》、おそらく養子に入ったのだろう柳本賢治、そしてこれも香西家に養子に入ったと考えられる香西元盛の三兄弟。三人は揃って高国に仕えていた。仲の悪い兄弟もいれば仲の良い兄弟もいる。将軍家や細川家は比較的前者が多いが、この波田野三兄弟は後者だった。弟が無実の罪で上意討ちにあったとあっては黙ってはいられない。かくして波多野稙通と柳本賢治は丹波で挙兵、高国に讒言《ざんげん》した高国の従兄弟細川尹賢《ただかた》を討ち、高国に謀反を起こす。これを好機とみた細川晴元と三好元長も阿波で挙兵。共通の敵を抱く両軍は連合し、１５２７（大永七）年、ついに京に侵入。高国はこれを京の桂川で迎え撃つも敗退（**桂川の合戦**）。やむなく、高国は将軍義晴を伴って近江坂本に逃れた。

　高国と義晴を追い出した連合軍は義晴の異母兄弟で義稙の養子となっていた**足利義維《よしつな》**を擁立する。だが、高国も越前の朝倉孝景（宗淳孝景）の支援を経てすぐに京を奪還した（もっとも翌年には朝倉勢が帰国し、またもや京を追い出されているが）ので、義維は京には入らず、将軍宣下を受けることはなかった。とはいえ、堺を拠点に義晴不在の幕府の政務を執り、近江を除く畿内の支配を行っていたことから、足利義維を**堺公方**と呼び、その御座所を堺幕府とか堺御所と呼んでいる。

堺公方を擁する勢力と何度となく戦った高国だが、もはや往年の影響力はなく、味方する武将もいなかった。１５３１（享禄四）年、現兵庫県尼崎市の大物《だいもつ》の地で高国は細川晴元・三好元長と対陣。かろうじて摂津守護の赤松晴政を味方に引き入れるも、寝返られ、**大物崩れ**と呼ばれる散々な負けっぷり。どうにか戦地を逃れ身を潜めていたが、追手に発見され自害に追い込まれた。かくして両細川の乱とも呼ばれる細川京兆家当主争いの最後の生き残りもここに死去した。享年四十八。辞世の句は、

絵にうつし 石をつくりし海山を 後の世までも 目かれずや見む

１５３２（享禄五→天文元）年、共通の敵を失った堺幕府は早くも分裂。現将軍を担いだほうが手っ取り早いと考えたのか、細川晴元は、高国という後ろ盾を失って孤立していた足利義晴と和睦した。これに反対した三好元長は細川晴元の手引で蜂起した一向一揆勢に討たれる。居場所を失った堺公方こと足利義維は阿波の平島荘に逃れ、第一線から姿を消した。この時期の義維を**平島公方**と呼ぶ。

かろうじて幕府を牛耳る細川晴元。だが、その地盤はかなり不安定なものだった。三好元長を罠にはめ将軍義晴と和した同じ年、晴元は勢いづいた一向一揆勢に今度は自分が危機に追いやられる。これに対して彼がとった行動は、さらに別の勢力を動かすことだった。その勢力とは法華宗。本来法華宗とは天台法華宗こと天台宗を指したのだが、後に法華経のみを正統な経典であるとした日蓮宗が登場すると、専ら日蓮宗に対して法華宗という言

葉が用いられるようになる。日蓮宗は排他的という特徴を持ち、それゆえに日蓮宗徒にとっては、一向衆は同じ仏教を信仰する者ながら法敵とされた。晴元はこの法華宗徒を動かし**法華一揆**を誘発、一向一揆勢に対抗したのである。

一向衆の拠点となっていた山科本願寺を襲撃、これを焼き払う。以後、本願寺は**石山御坊**に拠点を移し、**石山本願寺**として一大勢力となる。

翌年、その石山本願寺の逆襲を受けると晴元は難を逃れるために京を脱出、淡路に逃れた。さらに戦国の覇者織田信長が産声を上げた翌年の１５３４（天文三）年、一向一揆勢や法華一揆勢らに阻まれ、京に入ることができなかった晴元は近江朽木に逃れていた将軍足利義晴に上洛を依頼。義晴は近江の六角高頼の次男の**六角定頼**とその息子の**六角義賢**の保護を受け上洛。七年ぶりに将軍が京の街に戻った。

将軍の帰京を実現したことで権威を回復した晴元は本願寺と和解すると、今度は法華一揆の弱体化を図った。利用できるものは何でも利用する。ただし賞味期限が過ぎれば棄てる。謀略と戦乱の世に育ったゆえ、仕方のないことではあるもののあまりに頓着のない晴元の振る舞いだった。

１５３６（天文五）年、晴元は法華経勢力から京を奪い返すため、六角定頼や**比叡山延暦寺**に働きかけ、京の法華宗寺院を焼き法華経信者を討つ。延焼した火は応仁の乱を上回るほどの被害を生み出した。これを**天文法華の乱**と呼ぶ。後に比叡山延暦寺は織田信長の手によって焼き討ちにあっているが、そのときは被害者である延暦寺も、その四十年前には加害者として同じようなことをやっている。もっとも比叡山はそれ以前、六代将軍義教《よしのり》と魔法半将軍細川政元の手によっても焼き討ちにあっているので同情の余地はあるが、世間で知られているような一方的な被害者ではない。もちろんそのことが現在の比叡山延暦寺への評価に繋がることもない。寺社仏閣が武装勢力であった時代と現代を同一視してはならない。なお晴元はこのときに細川高国の後継者を自称した細川晴国も自害に追い込んでいる。

●三好長慶登場

京を含む畿内を平定した晴元は管領に就任。細川京兆家の家督も継いだ。こうしてやっとのことで体制を整えたかに見えた晴元だったが、既に次代の覇者は台頭していた。その男は信長・秀吉・家康のいわゆる三英傑の先駆者とも言える三好長慶《ながよし》（改名が多いが長慶で統一）。父の仇でもある晴元の臣下となった長慶は阿波で密かに勢力を拡大していた。そして１５３９（天文八）年、ついに上洛する。十一歳で阿波に逃れ家督を継いだ少年が十八歳になって、二千の大軍を率いて入京したのだった。その目的は亡き父が残した河内の遺領を取り返すこと。奪った相手は同族でありながら父を死に追いやった一人である**三好政長**。これに対し細川晴元は長慶の要求を退け、政長を支持。ここに武力対立が勃発した。小競り合いのさなか、本格的な戦闘に突入するのを避けたかった晴元は将軍義晴に仲介を依頼。義晴はこれを受け入れ、六角定頼らと和解を取り持ち、長慶は一旦、晴元に対して矛を収めることになった。

この頃、晴元に比する力を誇示していた人物がいる。**木沢長政**という。堺公方足利義維を擁立していた頃の細川晴元に近づき、三好長慶の父である三好元長や、三好政長とともにその側近となり、政長と手を組んで元長を死に追いやった人物。1541（天文十）年、木沢長政はついに主君である細川晴元に反旗を翻す。長政は晴元を追いやることに成功するが、翌年には呉越同舟した政長・長慶を擁する晴元に逆襲され、現大阪府柏原市にある河内の太平寺付近で討ち取られた。三好長慶は木沢長政を討ち果たしたことで、晴元政権下における発言力をさらに高めた。だが、共通の敵、長政を失ったことで、三好政長との対立は避けられなくなった。

その二年後、今度は細川高国の養子だった**細川氏綱**が大阪府の南西にあたる和泉で挙兵。すると将軍足利義晴はなんと晴元ではなく氏綱を支持。今度は将軍義晴と管領晴元の対立が表面化した。意外にもこのとき三好長慶は晴元側に就く。将軍義晴の支持を得たとはいえ、この時点での氏綱では晴元に勝てないと見てのことだった。長慶の軍に敗れた氏綱軍は山中に逃れゲリラ戦を展開する。戦いは膠着《こうちゃく》状態に突入した。

反晴元の狼煙《のろし》は他のところからも上がった。1546（天文十五）年には河内守護代の

遊佐長教《ゆさながのり》が氏綱に手を差し伸べる。晴元は長慶や政長を派遣するが連戦連敗。しかし四国や淡路から長慶への援軍が到着し、六角定頼も晴元支援の兵を出動させると晴元軍は徐々に盛り返した。両軍はついに現在の大阪府生野区付近の舎利寺で激突。決着はつかなかったが、長慶隊の活躍で遊佐長教・細川氏綱連合軍は多大な損害を被る。この戦いで畿内に三好長慶の名が響き渡った。また氏綱支援を表明していた将軍足利義晴は近江坂本へ逃れる。そして晴元によって退位させられる前にと、嫡子を元服させ名を義藤《よしふじ》と改めさせて将軍位を譲渡している。この将軍が十三代将軍、剣豪将軍こと**足利義輝**《よしてる》となる。その後義晴は晴元と和睦し京に戻った。

翌１５４７（天文十六）年、長慶はついに念願の政長打倒に乗り出す。もちろん晴元は政長に味方する。だが、長慶は敵だった遊佐長教や細川氏綱と手を組むことに成功。政長を現大阪市東淀川区にあった摂津江口城に追い込む。長慶は弟であり淡路の水軍を束ねる安宅《あたぎ》氏の養子になり家督を継いでいた安宅冬康《ふゆやす》と、やはり弟で讃岐《さぬき》の十河《そごう》氏の家督を継承していた**十河一存**《かずまさ》の協力で川に囲まれた摂津江口城を徹底封鎖。消耗しきった政長軍が渋々攻勢に出ようとするところを撃退し政長を討ち取った。

政長の死で支えを失った晴元は近江へ逃亡。若狭守護の武田氏の支援を受け一時は丹波に挙兵するも、もはや長慶の敵ではない。以後晴元はジリ貧となり、再三にわたって挙兵は試みるもののその試みはことごとく失敗に終わった。足利義晴は将軍であり息子の義輝を伴い、またまた近江坂本に逃れる。立て続く逃亡に疲れ果てたのか、病を得て前将軍足利義晴は坂本の地で他界。享年四十だった。傀儡《かいらい》としての期間が長かった義晴だが、親政を目指して内談衆を設置するなど、消極的なだけの将軍ではなかった。何度も京を追われはしたが、将軍位を退けられることはなかった。その意味では一定の存在感は保った将軍だったといえる。

　将軍も管領も不在になった京に入った三好長慶は事実上の天下人となる。しかし１５５２（天文二十一）年、畿内の安定を図るために新将軍義輝と和睦。細川氏綱を管領に据えることを条件に入京を許す。それでも、三好長慶を親の敵と憎み親政を目指す義輝は晴元と組んで長慶失脚を企て失敗。またもや近江朽木へ逃れる。その後、義輝は六角義賢の支援を受け近江坂本で三好長慶と争うも呆気無く敗退。だが、権威なくしての単独政権の維持に疲れたのか、三好長慶は将軍義輝との和解を提案する六角義賢の求めに応じる。長慶は相伴《しょうばん》衆に列席。形式上は義輝の臣下に降《くだ》ることとなった。

　少年期から戦いに明け暮れ、織豊《しょくほう》時代への端緒を開いた三好長慶だったが、この頃から行動も保守的になり、覇気を失って別人のようになっていく。一方、長慶の右筆《ゆうひつ》だった松永久秀が長慶に代わって三好家の実力者となり、ついには主家を凌駕し、将軍をも抹殺してしまう。三好長慶は戦国の覇者の先駆者ではあったが、自らが政権を担うには至らなかった。既に地方は群雄割拠の様相を呈しており、時代は混沌の中にあった。

第三章

戦国の先駆け 関東騒乱

●騒乱前夜

歴史を俯瞰《ふかん》していて気がついたことがある。それは次代を切り開く英雄や時代を変える勢力は時の辺境の地から台頭するということ。江戸や京が日本の中心だった幕末に維新への道を切り開いたのは薩長土肥の志士達であった。地中海沿岸が賑わっていた時代に世界の王者に台頭したのは北海に面した大英帝国だった。そしてその大英帝国から世界の頂点の座を奪い取ったのは新大陸と称された頃のアメリカ。

何も不思議な話ではない。なぜなら都やその周辺というのは既得権益の保有者の集まりであり、既存のシステムの下で勢力を維持している人が大勢居住している。そういう人達は社会の体系を変えられては困る人達。体制に不満なぞあろうはずはない。あってもせいぜい人事への不遇程度のもの。敢えて血を流しハイリスク・ハイリターンの改革に挑む筈もない。パラダイム・シフトは既得権の受益者や保守層からは生まれないのだ。

だからと言って離れていればいいというわけではない。現体制の影響がまったく届かないような地域ではただ単に独自の文化や風習が発達するのみ。仮に変革が起こっても都への波及は難しい。それでは現体制を変革することはできない。現体制を変革する動力は、遠く離れても現体制と導線で繋がっているところでなければならない。京が都であり政治や文化の中心だった室町時代、それに該当する地域は東海であり関東だった。特に関東は滅亡したとはいえ鎌倉幕府と御家人《ごけにん》達が築き上げた武士の気風が色濃く残る地。そんな関東で全国に先駆け、いち早く戦国時代が到来したのはごく当然のこと。関東は応仁の乱以前から事実上の戦国時代に突入していたのだ。

関東の戦国時代を俯瞰する前に、まず応仁の乱以前の関東の状況にざっと触れておく。まずそもそもこの地には**鎌倉公方《くぼう》**なる存在がいた。初代の鎌倉公方は**足利基氏《あしかがもとうじ》**。幕府を開いた尊氏の息子であり二代将軍義詮《よしあきら》の弟である。形の上で鎌倉幕府は１３３３年に滅亡したとはいえ、残存勢力も強く、鎌倉を中心とする関東は保護観察なくして放置できる地域ではなかった。ちょうど鎌倉幕府が旧勢力である朝廷や公家《くげ》を監視するために京に六波羅《ろくはら》探題《たんだい》を設置したように、京に所在を置く室町幕府は関東に鎌倉府を設置し、その長として鎌倉公方を置いたのである。そして京の幕府において将軍を補佐する管領《かんれい》が置かれたように鎌倉公方にも**関東管領**が補佐であり目付《めつけ》として置かれた。この関東管領を代々世襲したのが上杉氏である。**上杉氏**は鎌倉時代の後期、親王将軍の下向《げこう》に伴って京より降《くだ》ってきた一族であり、足利氏と姻戚関係を結び信頼を得たのだった。

本来、幕府の出張機関であり、幕府の意向を実現するために設置された鎌倉公方と関東管領であったが、通信インフラが何もないこの時代に京から遠く離れていれば、当然独立志向は強くなる。鎌倉公方は二代目に基氏の子である**氏満**、三代目にさらにその子**満兼**と基氏の直系で世襲されるのだが、既に氏満の代には、本来主筋であるはずの京の将軍家との対立が存在していた。その対立がより鮮明になったのが、満兼の子、四代鎌倉公方、**足利持氏**《もちうじ》の代。時の将軍は五代**足利義量**《よしかず》、そしてその父である四代将軍**足利義持**《よしもち》が大御所政治を行っていた。ところが病弱に加えて飲んだくれでもあった義量はわずか十九でこの世を去ってしまう。その三年後、我が子に先立たれたことが堪えたのか（義持には他の嫡子《ちゃくし》もいなかった）、義持は四十三の若さで後を追ってしまう。既に義量の逝去から将軍位は空位となっていたが、前将軍義持が将軍の役目を果たしていた。しかし義持の死で名実ともに将軍位が空位となってしまう。このとき、将軍位を後継しようとしたのが持氏だった。自分も幕府創設者尊氏の血を引いている。将軍継承の資格はあるはずだと。

ところが、重臣の相談により、１４２９（永享元）年、次の将軍には出家して僧侶となっていた義円が選ばれる。やはり出家していた四人の義持の弟（金閣で有名な義満の息子達でもある）から籤《くじ》引きによって新将軍が選出されたのだ。義円は還俗《げんぞく》して義宣《よしのぶ》と改名、さらに「義宣」は「世を忍ぶに通じ縁起が悪い」ということで**義教**《よしのり》と改名する（以後義教と表記）。

持氏は自分が将軍になれなかった悔しさから新将軍義教を籤引き将軍であり還俗将軍であると軽んじた。その一例として、中央で使っていた元号を用いなかったということがある。**正長**《しょうちょう》**の土一揆**《つちいっき》が発生したことから縁起が悪いと、中央では正長から永享《えいきょう》に元号が改元された。しかし、鎌倉府では永享の元号を用いようとせず、頑なに正長という以前の元号を用い続けた。現代の感覚では妙なこだわり程度のことだが、当時は違った。元号というのは天皇が定めるものであり、それを用いることはその威光に従うことを意味する。逆にそれを用いないということは天皇や将軍の臣下とはならないという意思表明のようなものであり、これは決して許されることではなかった。このあたりの持氏の振る舞いは環境も含めて、格下の紀州より成り上がった江戸幕府八代将軍徳川吉宗《よしむね》に対して従順しようとしなかった六代尾張《おわり》藩主徳川宗春《むねはる》にも通じるものがある。ちなみに宗春は隠居謹慎を申し付けられ、藩主の座を奪われたのだが、果たして持氏は如何に。

この持氏を諫《いさ》めたのが関東管領《かんれい》の**上杉憲実《のりざね》**だった。ところが持氏は耳を傾けようともしない。持氏が嫡子、賢王丸の元服にあたって将軍義教の偏諱《へんき》を仰がず、勝手に義久と命名すると、「巻き添えはごめん」とばかりに上杉憲実は関東管領を辞し、鎌倉を出奔し領国である上野国《こうずけのくに》（現群馬県）に引き払ってしまった。

持氏はこれを許さない。すぐに上杉憲実討伐軍を組織し挙兵した。１４３８（永享十）年のことである。これに対し、憲実を救うべく、京では将軍義教が動く。持氏追討の綸旨《りんじ》も得て挙兵。持氏は朝敵となってしまった。朝敵となった持氏に協力する武将は殆どおらず、持氏は孤立しついには自害する。これを**永享の乱**と呼んでいる。鎌倉公方は一時的に消滅。関東も将軍の親政下に置かれることとなった。

だが、関東に戦の種は尽きない。かつて鎌倉幕府が滅亡した時、最後の得宗《とくそう》であった北条高時の遺児である**北条時行**を信濃《しなの》の**諏訪頼重《すわよりしげ》**が担ぎ出し、一時的に鎌倉を制圧したことがあった。**中先代《なかせんだい》の乱**という。時代が代わっても東武士《あずまぶし》の気風は変わらない。現在の千葉県北部を中心とした下総国《しもうさのくに》の武将、**結城氏朝《ゆうきうじとも》**は子息の持朝とともに、１４４０（永享十二）年、持氏の遺児を擁立し幕府に反旗を翻した。これを**結城合戦**と呼んでいる。幕府はこの時も素早く対応し、上杉憲実の弟の上杉清方《きよかた》や駿河《するが》の守護**今川範忠《のりただ》**らを派遣。大軍が結城城を取り囲み、氏朝・持朝親子は討ち死に。持氏の遺児は美濃に送られそこで処刑された。

こうして関東における幕府への反乱はまたもや鎮圧されたが、好事魔多し。結城合戦の勝利の宴の名目で家臣の赤松満祐《みつすけ》の屋敷に招かれた将軍義教はノコノコ出かけて行って、そこで誅殺《ちゅうさつ》される。万人恐怖の大王のあっけない最期だった。享年四十九。命日は誕生日でもあった。この後、赤松討伐軍が組織されるのだが、義教暗殺から赤松討伐までの流れを**嘉吉《かきつ》の乱**と呼んでいる。

●享徳の乱勃発

この後で将軍位に就いたのが幼少の**義勝**。さらに義勝が早世すると弟の義政が将軍となるのだが、義教の死後、関東への干渉力は弱体化する。そして「やはり幕府の出張所がな

関東地方の主な城と場所（1440～1520年ごろ）

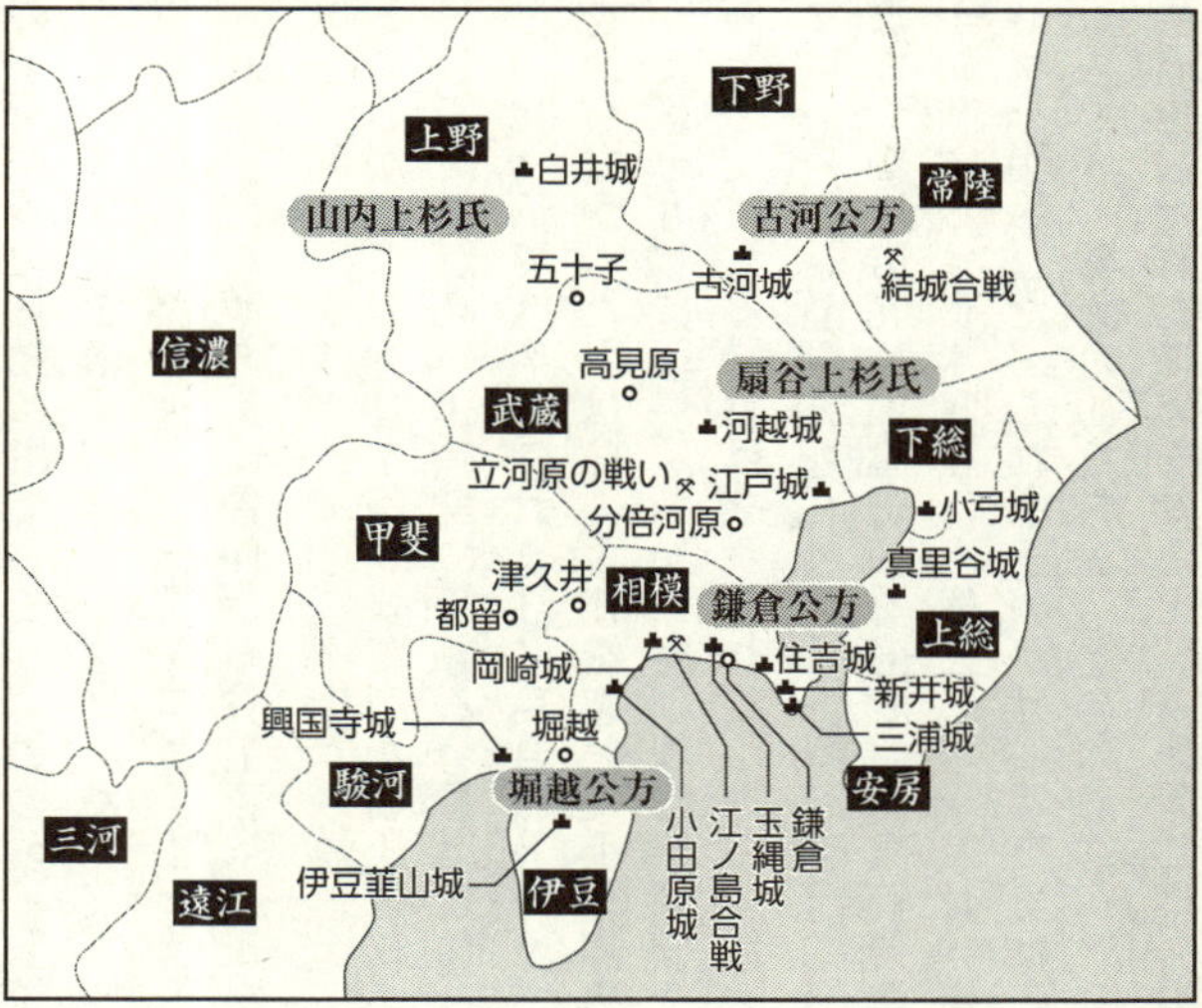

く代官が存在しないと関東が治まらない」という関東諸将の要望を受け、1449（宝徳元）年、他家に保護されていた持氏の別の遺児、**成氏**《しげうじ》が鎌倉に下向。十年の空白期間を経て五代目の鎌倉公方に就任した。その補佐である関東管領には**上杉憲忠**が就任。だが上杉憲忠は上杉憲実の嫡子であり、成氏にしてみれば父を崩壊に導いた仇《かたき》の息子でもあった。成氏は関東管領である憲忠を疎んじ、専ら父に与《くみ》してくれた結城氏を活用する。これに憲忠も面白いはずはなく、両者の対立は深刻化する。

そこへ来て、1450（宝徳二）年、「関東管領を軽視するということは上杉家を軽んじることである」と、上杉家の家臣が実力行動に出てしまう。この頃、上杉家の諸家の中では、かつて鎌倉の山内というところに居を構えていた宗家にあたり代々関東管領職を世襲した**山内上杉家**と、やはり鎌倉の扇谷《おうぎがやつ》に居を構えた**扇谷上杉家**が力を持っていたのだが、山内上杉家の家宰で上《こう》野《ずけ》・武蔵守護だった**長尾景仲**と扇谷上杉家の家宰の**太田資清**《すけきよ》は、主人に無断で「成氏を亡き者にせん」と鎌倉襲撃の兵を挙げた。

ところが、この行動を察知していた成氏は夜半のうちに鎌倉を脱出、現在は観光スポットとして人気が高い江ノ島に籠もる。長尾景仲・太田資清の軍は翌日江ノ島に向かい成氏軍と由比ヶ浜で激突。これを**江ノ島合戦**と呼んでいる。この戦いでは成氏方が勝利し、事情を知らなかったとはいえ責任を感じた上杉憲忠は謹慎した。成氏は鎌倉に戻り、幕府の仲介で憲忠も職に復帰。だが一度縺《もつ》れた糸はそう簡単には解けない。

両者を支持する諸将はそれぞれ相手方の所領を押領《おうりょう》し一触即発の事態となった。そこへ来て、幕府では管領が畠山持国から細川勝元に代わる。比較的成氏に同情的だった持国と異なり、細川勝元は関東管領を通し、関東への幕府の影響力を強めようとした。今度は成氏が先制する。１４５４（享徳三）年十二月、憲忠を呼び出すとこれを誅殺。さらに山内上杉家を襲撃した。これをきっかけに関東では応仁の乱を超える三十年近くにわたる争乱が勃発する。**享徳**《きょうとく》**の乱**である。

主君を討たれたことを知ると、長尾景仲は、翌１４５５（享徳四）年一月には成氏追討の兵を挙げる。迎え撃つ成氏軍と現在の東京都府中市、ＪＲ南武線と京王線が交わる分倍《ぶばい》河原《がわら》で激突。これを**分倍河原の戦い**と呼ぶ。分倍河原は往年、新田義貞が北条鎌倉幕府軍を壊滅させた場所でもあった。分倍河原が二度にわたり関東の主要な合戦場となったのは、この地を鎌倉街道が通っていることによる。昔の地名や街道名というのは安易に変えなければ、歴史を知る宝庫でもあるのだ。この分倍河原の戦いでも成氏軍は景仲軍に圧勝。ところが、これだけの争いを幕府が放置するわけはない。関東の状況にはあまり興味を持たない将軍義政に代わって実権を握っていた管領細川勝元はもちろん上杉方を支持した。駿河守護今川範忠らを成氏討伐に派遣。さらに成氏追討の綸旨《りんじ》も得たので成氏は朝敵になってしまった。

もはや鎌倉に戻ることができなくなった成氏は下総古河に逃れる。ここを臨時の政務拠点としたので、これ以降成氏は**古河公方**《くぼう》と称される。なお、享徳の乱が康正年間の戦いでありながら享徳の乱と称されるのは、これ以降も成氏が享徳の元号を用いたことによる。

１４５８（長禄二）年、ただでさえややこしい状況をさらにややこしくさせる出来事が起こる。混乱した関東を沈静化するため、幕府は新たに義政の異母兄である**政知**《まさとも》を新鎌倉公方として東下させるのだ。政知は執事の**渋川義鏡**《よしかね》を従えて鎌倉に向かったのだが、もはや鎌倉は成氏方と今川範忠軍の戦闘で、応仁の乱の際の京のように焼け野原状態。また当てにしていた斯波《しば》義敏らも参陣せず、成氏討伐はならず、武力を重視する関東の武士たちの協力も得られなかった。これではどうにもならないと政知は鎌倉には入ら（れ）ず伊豆の堀越（現在伊豆の国市）にとどまり、ここに拠点を設けた。これ以降、政知を**堀越公方**と呼ぶ。

なお、この政知の次男こそ後に十一代将軍として細川政元のクーデターに担ぎ出された義澄《よしずみ》である。次男ゆえに京で出家し清晃《せいこう》と名乗っていたのだが、彼が将軍になれたのはこの戦乱の関東を逃れていたことが幸いしてのことだった。もっとも当時は畿内も太平ではなかったのだが、権威や大義名分が多少は通じるだけ関東よりはマシな状況だったと言える。もう一つ付け加えるならば政知の執事の渋川義鏡の子も、前章までに登場した重要人物の一人である。誰かといえば斯波義廉《よしかど》。応仁の乱の原因の一つである斯波家の家督争いの一方の張本人。足利家に連なる名族渋川家から斯波家という他家にわざわざ養子入りしたのは、幕府の目論見ゆえのことであった。幕府は関東を沈静化するために斯波義廉に斯波家の家督を継がせた上で、政知を軍事的に補佐すべく下向させようとしていたのだ。もっともこの目論見は後に斯波義廉の父である渋川義鏡が失脚してしまうことで意味をなさなくなってしまうのだが。

●両公方、両上杉の激突

古河公方と堀越公方を推す両上杉家の争いは長期化し、両者は十八年もの長きにわたり、現在の埼玉県本庄市にあった五十子《いかっこ》の地で対峙する。だが享徳の乱の幕引きは意外なところからもたらされた。謀反である。１４７６（文明八）年、山内上杉家の家宰職を継承できなかった**長尾景春**が主家に反旗を翻したのだ。この出来事を**長尾景春の乱**と呼んでいる。上杉家が諸家に分かれていたように、代々家宰職を務める長尾家もまた諸家に分裂していた。家宰職は家の格式を踏まえた持ち回りで継承されていたのだが、たまたま景春の前は「景仲―景信」と景春の祖父―父が就任していたのだ。歴史にはいくつかの法則性が見られるが、その一つが例外・原則化の法則。例外や緊急避難・時限立法として取られた政策は、いつしか前例となり先例となって原則化してしまうという法則である。そもそも武士そのものが律令内に定めのない令外の官として成長したことからもこの法則の活用頻度の高さが窺える。今回の場合、例外・法則化には至っていなかったのだが、景春は強くそれを信じていた。ゆえに自分のもとに当然転がり込んでくると考えていた家宰職が、以前の原則によって自分以外の者に渡ってしまったことに我慢がならなかったのである。

景春は古河公方の成氏に身を寄せ、膠着《こうちゃく》していた戦況は一気に古河公方有利に傾く。両上杉家と堀越公方は大きな痛手を被った。これを解決に導いたのが江戸城を築いたことで知られる扇谷上杉家の家宰で太田資清の子、**太田道灌**《どうかん》こと太田資長《すけなが》である（以後、道灌で表記）。道灌は景春勢によって落とされた諸城を次々に取り戻し、ついには景春勢を掃討してしまった。文字通りの連戦連勝である。

ようやく景春の反乱を鎮めた両上杉家だったが、もはや古河公方との戦闘継続ができる余力は残ってなかった。また古河公方側も景春が戦線から離脱し、代わって敵方の太田道灌が台頭してきたことは脅威であり、両者は落とし所を探っていた。１４８２（文明十四）年、とうとう両者は和解する。両上杉家は名分の上では幕府の命を受けて戦っていたので、この和解は幕府と古河公方の和解となる。これを**都《と》鄙《ひ》合体**と呼び、幕府は古河公方の実効支配を追認した。一方古河公方も堀越公方による伊豆国支配を認めることとなった。

●無念の太田道灌

享徳の乱、長尾景春の乱の結果、大きく力を伸ばしたのは扇谷上杉家だった。乱の前には山内と扇谷では規模において倍以上の差があったのだが、山内上杉家が古河公方との戦いや景春の謀反で疲弊した一方、扇谷上杉家は太田道灌の活躍により勢力を拡大、道灌に味方する国人《こくじん》も増加し、その力は山内上杉家に迫る勢いとなった。

この状況を最も苦々しく感じていたのが山内上杉家の家督を継いでいた関東管領**上杉顕《あき》定《さだ》**である。この人物は上杉家の庶家で越後守護を務めた越後上杉家からの養子だった。既にこの時代には狭義の戦国時代を賑わせる次代の英雄たちを連想させるキーワードや出来事が頻出するのだが、この越後もその一つ。越後という言葉はもちろんあの人物へ繋がるのだが、彼にはもう少し登場を控えてもらおう。

山内上杉顕定は扇谷上杉の勢いの原因である太田道灌を絶とうとした。そこで彼は一計を案じる。扇谷上杉家の当主であり相模《さがみ》守護でもあった**上杉定正**に讒言《ざんげん》し、太田道灌を失脚させようとしたのだ。この目論見は見事に当たる。扇谷上杉定正に冷静な分析力があれば、現在の扇谷の安泰が太田道灌の手によってもたらされ維持されているものであることくらいすぐにわかるのだが、定正にはそれがわからなかった。道灌の恩恵を一番に受けているにもかかわらず、定正は、「このままでは道灌は主家を滅ぼすのではないか」と謀反を疑ったのだ。家臣でありながら自分以上の声望と人気を集める道灌への嫉妬もあった。かくして、１４８６（文明十八）年、扇谷定正は部下に命じ、道灌を浴室で襲撃させ誅殺してしまう。

日本史には風呂場（脱衣場も含む）での暗殺が実に多い。有名なところでは源頼朝の父、義朝も入浴中の襲撃で命を落としている。彼が最期の時に漏らしたとされる「小太刀の一本なりともあれば」の言葉がその理由を明らかにしてくれている。風呂場に刀を持って入る者はあまりいない。刃が錆びてしまうからだ。さらに全裸もしくは湯浴み着の状態では防御力も皆無に等しい。浴室というのは暗殺には実に合理的な場所なのである。

道灌が討たれたのは入浴後だった。末期《まつご》に道灌が叫んだのは「当方滅亡」の四文字。自分が命を絶たれたことで、当方、即ち扇谷上杉家は滅亡してしまうだろうと。この言葉、恨みを込めた呪いなどではない。予言であり無念の思いの吐露である。彼の予言は的中した。この後、「もはや扇谷恐るるに足らず」と山内上杉家は、１４８８（長享二）年に扇谷上杉家を襲撃する。ここから１５０５（永正二）年まで八年間続く両上杉の対立が**長享の乱**。道灌の死を受けて、道灌の嫡子である太田資康は道灌を慕った多くの国人らと共に山内方に転向。山内には当主顕定の実父である越後守護の**上杉房定**も援軍を送る。さらに本来は関東管領であり堀越公方を補佐するはずの顕定は堀越公方足利政知の頼りなさに、つい先だってまで争っていた古河公方足利成氏・政氏親子にも接近。一方で山内上杉家に謀反を起こし、太田道灌によって鎮圧され、成氏に匿《かくま》われていた長尾景春が扇谷側で参戦。細川家を上杉家に替えればそっくりそのまま関東版応仁の乱とでも言えるような不毛な戦いが繰り広げられた。

　この戦いも意外な形で幕を閉じる。両上杉にとって新たな敵が出現するのだ。そして両上杉はこの敵に対して懸命に抗《あらが》いつつも関東における存在感を喪失し衰退に追い込まれてしまう。その男こそ戦国大名の嚆矢《こうし》の一人、**北条早雲**だった。

●北条早雲の登場

　北条早雲、従来は一代で成り上がった梟雄《きょうゆう》と言われていたが、最近ちょっとばかり夢を壊す研究が進み、どうやらあの政所《まんどころ》執事を務めていた伊勢氏に連なる名門出身だとか。成り上がりがクローズアップされる戦国大名なのだが、実は一代で成り上がった例は非常に少ない。あの美濃の蝮《まむし》、『国盗り物語』の主人公斎藤道三も近年の研究の結果、油売りから一国の主になったわけではなく、二代かけての出世だったことがわかっている。二代と言っても途中に凡夫を挟んだ場合は無効。このあたりはプロ野球選手の年俸や芸能人の格に似通っている。隔年で良い成績を出してもダメで、数年でよいので一定期間は連続して良い成績を残すこと、どうやらそれがポジションを上げる秘訣のようだ。ちなみに一代で成り上がった例としてあまりにも有名なのは豊臣秀吉だが、彼の場合、織田家という組織の功績を引き継いでいるわけで、裏を返せば、一代で成り上がるには既に著名であるか急成長を遂げそうな組織に属し、そこで活躍することが早道とも言える。正真正銘一代で大名に成長した人物には毛利元就《もとなり》がいる。彼の場合はわずか数十人の頭目でしかないところから数国の大名となったわけで、これこそ下克上《げこくじょう》の極みと言えるだろう。そんなわけでいよいよ著名な戦国大名が登場するのだが、皮切りの北条早雲、果たしてどういう人物なのか。

北条早雲、早雲は入道した時の庵号《あんごう》。入道しての名は早雲庵宗瑞《そうずい》。したがって北条早雲というよりは北条宗瑞が適当なのだが北条早雲の呼び名が人口に膾炙《かいしゃ》している。実は彼は生前は北条を名乗ってはいない。北条を名乗ったのは息子の**氏綱**の代からである。無論、鎌倉幕府の執権を代々務めた北条氏にあやかってのこと。早雲―氏綱の北条氏を後北条氏と呼ぶことがある。北条氏と後北条氏の間に血統的な繋がりは殆どない。ただ、後北条氏は元は伊勢氏で桓武《かんむ》平氏の系統、北条氏も桓武平氏なので、遥か遠くまで遡ればどこかで繋がっている可能性は否定できない。が、氏綱による北条の名乗りは政治的な意図からのものであることは間違いない。本書では特に断りのない限り、後北条氏を北条氏と表記する。また早雲が入道前に名乗っていたのは伊勢新九郎盛時（他に長氏など）だが、以降、北条早雲の表記で統一したい。

●出世の端緒《いとぐち》

その早雲が東国へ下ったのは１４７６（文明八）年のこと。将軍は九代義尚《よしひさ》、ただし八代義政は存命で、応仁の乱も膠着《こうちゃく》状態となってはいるが継続中である。関東では先述した長尾景春の乱が起こったこの年、関東に接した駿河国の守護を務める今川家でも家督騒動が勃発していた。先述したように幕府の命を受けて鎌倉公方足利成氏の討伐に参加したのが今川範忠。その範忠から家督を相続したのが古河公方となった成氏の討伐にも参加した**義忠**。義忠は応仁の乱から波及した遠江《とおとうみ》を舞台にした斯波義敏の子である斯波義寛との戦いで、義寛方の国人を討伐するために出陣した。ところがそこで流矢に当たり命を落としてしまう。この時、義忠には正室であったと思われる北川殿と呼ばれる女性との間に嫡《ちゃく》子《し》の**龍王丸**がいたのだが、「この乱世において幼少の龍王丸では心もとない」と、重臣らが、義忠の従兄弟にあたり以前も今川家の家督継承候補になったことがある分家の**小鹿範**《おしかのり》

満《みつ》を担ぎ出す。いつもの展開が今川家にも起こってしまった。小鹿範満を強力に推しこの家督争いに口を突っ込んだのが、堀越公方足利政知《まさとも》の執事であった**上杉政憲**《まさのり》。なぜなら小鹿範満の実母は彼の実の娘だったのだ。つまり範満は政憲の外孫に当たる。政憲は扇谷上杉家の家宰でお馴染みの太田道灌を伴い今川家に向かう。道灌は長尾景春の乱が勃発した年に、駿河でも厄介事を抱えていたということになる。まさに八面六臂《ろっぴ》の活躍。

この家督争いに終止符を打ったのが後の北条早雲だった。なぜこんなところに早雲が登場するのか。実は亡き義忠の正室北川殿は早雲の妹（姉説もあり）だったのだ。つまり早雲は嫡子龍王丸の伯父にあたる。これなら介入の大義名分がある。早雲の提示した和解案は、後継者はあくまでも龍王丸とするが、龍王丸が成人元服するまでは範満が今川家の執政にあたるというもの。いわば折衷《せっちゅう》案である。両者はこれを受け入れ、今川家の家督争いは一旦解決した。

なお、早雲の生誕年については、１４３２（永享四）年とする説と１４５６（康正二）年とする説があって現在も結論は出ていない。従来有力であった前者を取ると早雲は遅咲き中の遅咲きとなり、多くの人に夢を与えてくれるのだが、残念ながら昨今では後者が有力なようだ。早雲や道三の出自といい、研究や発見が進むほど、戦国武将のスケールが小さくなってしまう感があるのだが、それは裏を返せば、歴史上の人物を虚像からより現実的な姿に近づけているということでもある。

京に戻り将軍義尚《よしひさ》の申次衆《もうしつぎしゅう》を経て奉公《ほうこう》衆に加えられていたとされる早雲が再び東国に顔を出すのは１４８７（文明十九＝長享元）年のことである。ちなみに太田道灌はこの直前に亡くなっている。早雲が駿河に戻ってきたのは他ならぬ小鹿範満が龍王丸成人後も家督を譲ろうとしないで当初の約束を反故《ほご》にしていたためだった。駿河に下った早雲は兵を集め範満を強襲し討ち取った。龍王丸は今川家の家督を継承、**氏親**と名乗る。この功により早雲は現在の静岡県沼津市に興国寺城を与えられた。

これ以降、早雲は今川家の家臣となるのだが、このパターンも歴史にはよく見られる。妹または姉が正室や側室にとりたてられることによって、縁者が出世の糸口を掴むというケース。有名なのは中国、三国志の時代、妹が霊帝の皇后となったため、肉屋から将軍に取り立てられた何進。逆玉ならぬ縁玉といったところか。

もっとも何進は凡夫であったが、早雲は違った。戦や調停のみならず彼は内政においても善政を敷いて領民に慕われている。領内で流行病が蔓延すると、早雲は配下の者に治療に当たらせるとともに、京から薬を取り寄せこれを領民に与えた。また領民の本領を安堵《あんど》し、自らはわずかな直轄地のみを領した。半農半士の時代、兵農分離がなされていなかった時代に、この善政が招いた領民の忠誠度の高さが早雲に如何に大きな利点を及ぼしたかは想像に難くない。情けは人のためならずであった。

●堀越公方の滅亡

家督争いは堀越公方でも起こる。堀越公方足利政知には**茶々丸**という嫡子がいた。この名は幼名であり元服前であることがわかる。いや元服させてもらえなかったと言うべきか。茶々丸は孤独だった。名前すら伝わっていない実母がいなくなった後（死別と思われる）父政知が後妻を迎えたからである。後妻は二人の男児を産んだ。兄は清晃、後に管領細川政元に擁立され、傀儡《かいらい》ながら十一代将軍義澄となる人物。そして弟は**潤童子**《じゅんどうじ》。さらに茶々丸にとって悲しいことに、政知は茶々丸の継母である後妻の要望を受け茶々丸を廃嫡してしまう。執事上杉政憲は「そんなことをすれば御家騒動が起こる」と政知に諫言《かんげん》したのだが、政知は聞き入れぬばかりか、逆に政憲を自害に追い込み殺してしまった。

政知と京の政治を牛耳っていた細川政元の間で、京で義澄が将軍に就任し、伊豆で潤童子が堀越公方に就任することで京と関東の再統一を果たすという計画があったのだ。ところが、この計画は崩れ去る。１４９１（延徳三）年、五十七歳で政知が病に倒れると、廃嫡されて土牢に閉じ込められていた茶々丸は門番を殺して脱出を果たす。そして堀越公方に就任する直前の潤童子とその母であり自分を虐待した継母を殺してしまった。典型的な御家騒動の発生である。茶々丸は自らに不遇をかこわせた旧臣らを蔑《ないがし》ろにし重臣を誅殺。ここに登場するのがあの男、北条早雲であった。

１４９３（明応二）年、早雲は興国寺城を出ると伊豆の堀越御所に攻め入り、ようやく陽の当たる場所に返り咲いた茶々丸を自害に追い込んだ。堀越公方の滅亡である。早雲はそのまま伊豆を平定し、現静岡県伊豆の国市にあった韮山《にらやま》城を本拠地とし、善政を敷いた。そして古河公方と手を組んで北関東を中心に勢力を誇った山内上杉家に対抗するため扇谷上杉家の上杉定正と手を組んだ。あの太田道灌を死に追いやった定正とである。

ところで、この明応二年という響きに覚えはないだろうか。この年、京では大事件があった。明応の政変である。あの管領細川政元と日野富子によるクーデター。将軍義材《よしき》の留守中を狙い、政知の子である清晃を十一代将軍義澄として担ぎ出したクーデターである。潤童子もその母も、新将軍義澄の血を分けた弟であり母だった。したがって茶々丸の行動は幕府への謀反ともなったのだ。ゆえに早雲の行動は褒められこそすれ批判されるものではなかった。伊豆討ち入り自体が幕府の命によるものだという説もある。いずれにせよ、北条早雲の巧みなところは下克上を果たした梟雄的存在でありながら、賊軍的な振る舞いをしていないところにある。イメージとは異なって着実に既成事実を重ねるスタイルだったといえよう。

●早雲、小田原城攻略

そんな早雲にも失敗はある。手を組んだ扇谷上杉家が一気に弱体化したのだ。まず定正に異を唱えることができるほどの重臣だった小田原城主**大森氏頼**が病死。さらにやはり扇谷上杉家の重臣で相模守護を務めていた、現神奈川県三浦市にあった新井城の城主**三浦時高**が死亡。時高は養子である義同《よしあつ》に討たれたと言われている。両者の死は共に１４９４（明応三）年のこと。いわば飛車角を失った上杉定正は関東管領山内上杉顕定《あきさだ》と戦うために、現埼玉県比企郡小川町、武蔵国高見原に出陣。早雲も要請に応じ参陣したのだが、当の定正が落馬が原因で陣中で死没してしまう。早雲に定正の弔い合戦をやるような義理はない。さっさと撤退したのだが、敗け戦には変わりなく、大森氏頼、三浦時高と並んで当主である上杉定正まで失った扇谷上杉家の弱体化は、早雲にとって同盟軍の大幅な戦力低下ということでもあった。だが転んでもただでは起きないのも早雲である。対山内上杉家という点では確かに不利になったが、扇谷上杉家がこれだけ弱体化したのなら、その領地を切り取って自前の戦力を伸ばせばいい。この辺りの発想の転換とそれに伴う迅速な行動は早雲の早雲たる所以《ゆえん》であった。早雲は扇谷上杉家との距離のとり方を変える。そして喉から手が出るほど欲しかった小田原城の攻略を実行に移した。

　大森氏頼の死後、後を継いだのは次男で暗愚な**藤頼**だった。長男実頼が氏頼に先立って亡くなっていたためである。藤頼に父氏頼は難攻不落と謳われた小田原城を残していた。この城があればそう簡単に大森氏は滅亡しないはずであった。しかし藤頼に早雲は荷が重かった。早雲は難攻不落の城を調略で落としてしまう。あらかじめ藤頼に接近した早雲は鹿狩りを名目に勢子の領内への侵入を認めてくれと願い出る。勢子《せこ》というのは狩猟の際に動物を追い回す役目を果たす者のこと。早雲に心を許していた藤頼はあっさりこれを認めるのだが、勢子の正体は兵士であった。夜半、彼らは大騒ぎし大軍の襲撃を装う。これに対し慌てふためいた小田原勢。早雲は苦もなく城を乗っ取ってしまった。この話はありきたりであり出来過ぎの感は否めない。だが早雲が小田原城をものにしたのは間違いのないことである。この頃の早雲の戦力で正攻法を用いて小田原城を落とそうと思えば長期戦は避けられなかった。もしそうしていたならば落城の年代は記録に残る。ところが小田原城落城が何年のことかははっきりしていない。ゆえに短期戦であった可能性は高い。勢子のことはともかく調略を用いたことは間違いないだろう。なお、小田原城を落とした後も、早雲自身は生涯韮山城を拠点としている。それにしても難攻不落の城をもってしても大将が凡夫や暗愚であればいともたやすく落とされてしまう。そのことを今回早雲が証明したのだが、皮肉なことに九十四年の後に、早雲の玄孫《やしゃご》も同じ小田原城を舞台にそのことを証明している。豊臣秀吉に滅ぼされたその人は後北条氏最大の版図を実現した氏直なので暗愚と呼ぶのは気が引けるが、上には上がいることに気がつくのが遅かった点では暗愚の誹《そし》りも免れない。「人は城、人は石垣」は武田信玄の言葉だが、城を活かすも殺すも人なのである。

身分はあくまで今川家の重臣として、甥の**今川氏親**の命により行動した早雲は、束のみならず西にも北にも遠征しており、西では三河の国人で徳川家康の高祖父にあたり、松平家を土豪の座から大名に引き上げるきっかけを作った**松平長親**とも戦っている。北では甲斐の守護で甲斐統一を成し遂げた、武田信玄の祖父に当たる**武田信縄《のぶつな》**とも弓矢を交えている。ただ、どちらも勝ちきることはできず、三河からも甲斐からも今川家と早雲は手を引く。その結果、攻略目標は東に絞られるのであった。

●永正の乱

　１５０４（永正元）年、早雲は主君であり甥でもあり自身の出世のきっかけとなった今川氏親の求めに応じて武蔵国立河原（現東京都立川市）に出陣。山内上杉家の上杉顕定と再戦。今回は勝利を得ている。だが、山内上杉家は以前敵だった古河公方と結びつき、さらには顕定の実家である越後上杉家の支援も得て反撃。定正の甥であり、あの落馬による定正の死後、家督を継いで扇谷上杉家当主となっていた**上杉朝良《ともよし》**は本拠地としていた河越城を包囲される。朝良は降伏、勝利が逆に山内上杉家の本気を引き出してしまった。そして、長享の乱自体は収束する。その後１５０７（永正四）年に両者は一時的に和解するが、１５０９（永正六）年には懲りずに戦闘を再開。これに古河公方の家督争いまで絡んで、今度は**永正の乱**と呼ばれる戦乱に突入する。

　この間、北条早雲は１５０８（永正五）年に相模国で検地を実施するなど領国支配を確立。検地といえば後に秀吉の手で実施される太閤検地が名高いのだが、戦国大名による検地の元祖はこの早雲によるもの。外征に熱心な領主には内政を不得手とする者も少なくないのだが、早雲は内政をも重視していた。

京で細川政元亡き後の細川澄元、細川高国による家督争いが応仁の乱以上の混乱を招いていた頃、関東ではまさに永正の乱の真最中。永正の乱の経緯は複雑であるが、まとめると以下のようになる。

1　古河公方、**足利政氏**と**高基**の父子対立
2　越後守護代**長尾為景**による下克上《げこくじょう》
3　関東管領山内上杉家の家督争い
4　これらに乗じて勢力拡大や復帰を図る北条早雲、長尾景春、扇谷上杉朝良の行動

以下、これらを順に俯瞰する。

まず1について。理由は定かでないが実の親子である足利政氏と高基が対立。１５０６（永正三）年、高基は妻の実家宇都宮氏の元へ逐電《ちくでん》する。一度は山内上杉顕定の仲介で高基は古河に戻るが、再び出奔。１５１２（永正九）年には岳父宇都宮成綱や結城政朝の力を借りて、父足利政氏を追い出すことに成功。高基が実質的に三代目の古河公方となった。これにより両上杉家の権威は失墜。特に関東管領山内上杉家の勢力は低下する（後に高基と和解）。

もはや笑ってしまうしかないほどややこしい展開として、この期に応じて、鶴岡八幡宮で僧籍に入り空然《くうねん》と名乗っていた高基の弟が、還俗して**足利義明**を名乗り、現千葉県木更津市にあった真里谷《まりやつ》城の城主、真里谷氏の力を借りて、同千葉市にあった小弓城を乗っ取り**小弓公方**を自称している。小弓公方は一代限りで終わり、義明は後に北条早雲の子の北条氏綱に討たれるのだが、その家系自体は脈々と続き現在に足利の血を残している。江戸時代も特別扱いを受け存続した**喜連川《きづれがわ》氏**である。足利宗家や古河公方宗家ではなく、小弓公方に連なる一族が足利の名を残せたことは皮肉ではあるが、妙な政治的な力や軍事力を持たなかったのが幸いしたのだろう。

続いて2に触れる。長尾為景という名はあまり世に知られていないのだが、実はこの為景、戦国時代はもちろん日本史上でもかなりの上位に入る有名人の実父である。その人物とは上杉謙信。謙信による主家上杉家の家督継承は、相手の依頼を受けてのことであり好意的な支援ともいえるのだが、為景のそれは紛れもなく下克上であった。ここでも二世代の法則は成立している。謀反の遠因は主家越後守護**上杉房能《ふさよし》**が為景の父を見殺しにしたことにある。ちなみに房能の兄が山内上杉家に養子に入り家督と関東管領を継いだ顕定である。越後の隣国の越中では一向一揆《いっこういっき》が盛んであった。これを抑えるため1506（永正三）年、為景の父の**長尾能景《よしかげ》**が越中に出陣する。チューリップで有名な現富山県砺波《となみ》市の般若野《はんにゃの》において一向一揆軍と戦闘。ところが、味方の武将神保慶宗《よしむね》の裏切りで能景は戦死

足利家系図

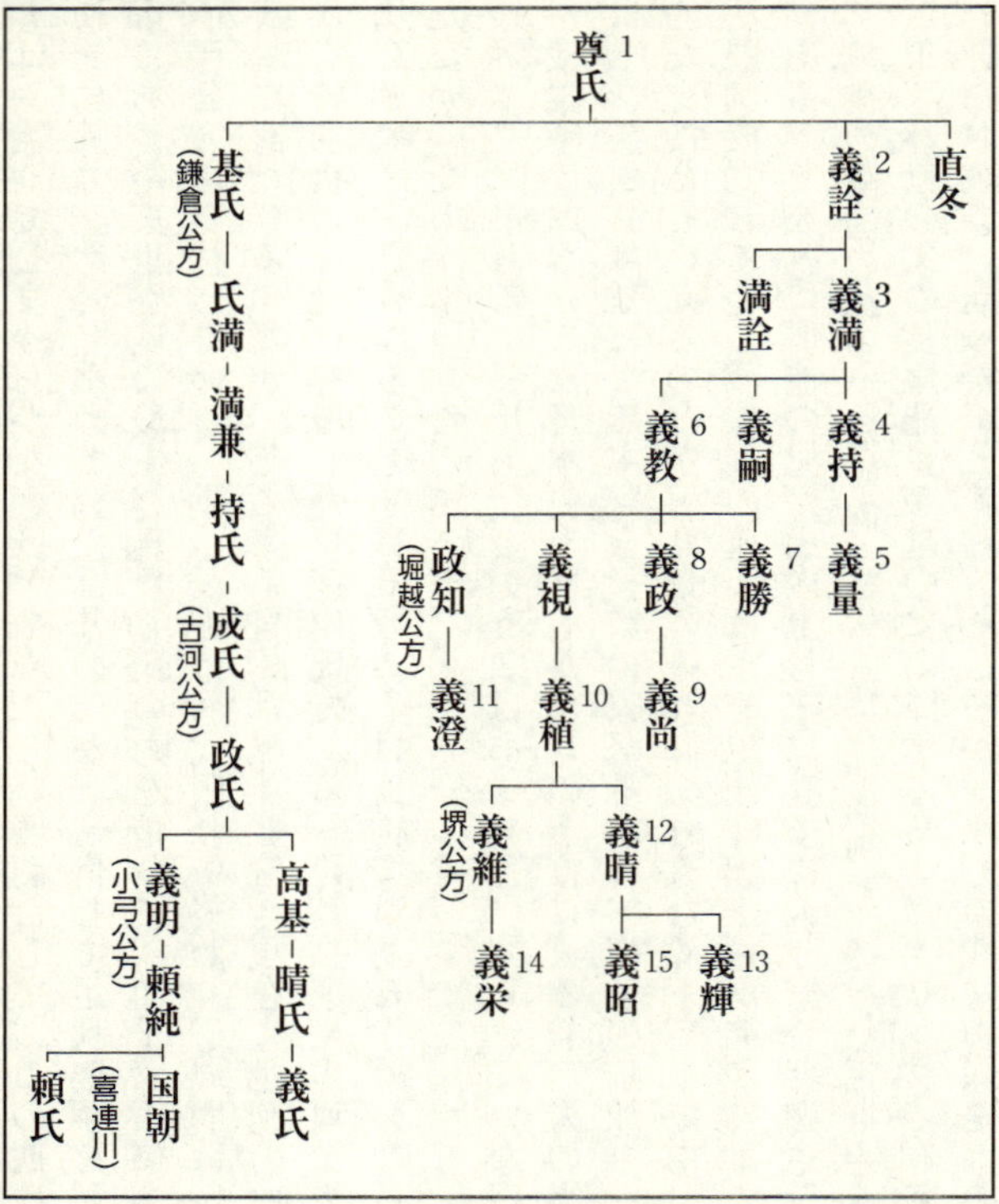
尊氏 1
直冬
義詮 2
義満 3
満詮
義持 4
義嗣
義教 6
義量 5
義勝 7
義政 8
義視
政知（堀越公方）
義尚 9
義稙 10
義澄 11
義晴 12
義維（堺公方）
義輝 13
義昭 15
義栄 14
基氏（鎌倉公方）
氏満
満兼
持氏
成氏（古河公方）
政氏
高基
晴氏
義氏
義明（小弓公方）
頼純
国朝（喜連川）
頼氏

してしまう。主家の上杉房能は兄顕定の状況もあって援軍を出さなかったのだが、能景から家督を継いだ為景はこれに憤り、主家を滅ぼすことを決意した。

1507（永正四）年、長尾為景は上杉房能を襲撃、房能は辛くも脱出するが、途上で逃げきれぬと観念し自害した。下克上を果たした為景ながら、大義なき下克上は明智光秀の三日天下に代表されるように後が続かない。名分を整えるため為景は形ばかりの守護として自身が死に追いやった房能の娘婿であった上杉定実を擁立した。だが、１５０９（永正六）年、関東管領顕定によって弟の敵討ちを期すべく大軍が越後を襲う。為景は抗いきれず佐渡まで逃れた。翌年、佐渡の軍勢をとりまとめ、為景は逆襲に出る。顕定の支配に抵抗を感じていた越後の国人衆の反抗もあって顕定軍は撤退。為景はこれを現在の新潟県南魚沼市六日町にある長森原まで追い、ついに顕定を討ち果たした。長きにわたって関東管領を務めた顕定の戦死は山内上杉家にとって大きな打撃となった。ここから3に繋がる。

山内上杉家の家督を継いだのは養子であった**顕実**だが、同じく養子となっていた**憲房**はこれを認めなかった。かくして山内上杉家は二分する。これに1が絡む。顕実は兄である古河公方足利政氏に、憲房は父政氏と対立していた高基と結び、山内上杉家の家督争いは関東全域を巻き込む。１５１２（永正九）年、憲房が家督争いに勝利、その三年後には顕実が病死。関東管領も憲房のものとなり、永正の乱は終結した。ただし、これで憲房が勝利者となったわけではない。そこから4に繋がる。

まず扇谷の動き。隠居させられていた扇谷前当主上杉朝良は、山内上杉家や古河公方家の仲介に乗り出し、影響力の復活を図る。しかし力及ばず。北条早雲によって配下の三浦氏も討たれ失意のうちに病死する。朝良も**朝興**という養子がいながら、晩年に実子が生まれると朝興に後見を依頼。いつもの家督争いから扇谷上杉家のジリ貧状態に拍車をかけることとなってしまった。

次に長尾景春。山内上杉顕定の越後出兵を好機ととらえた景春は１５１０（永正七）年、現在はダム湖の津久井湖があることで知られる相模の津久井で挙兵する。これは失敗に終わるも、今度は顕定戦死の報を受け、顕定の二人の養子の一方である憲房が守る群馬県渋川市にあった白井城を攻める。一度は奪還するも奪い返され、これまた失敗すると、今度は都留文科大学で有名な甲斐の都留で挙兵。またまた失敗するのだが、もはや何をしたいのかがわからない。純粋に山内上杉家の家宰職が欲しかったのか、顕定が憎かったのか。戦いに明け暮れながらも領土への執着をほとんど持っていないようにみえる長尾景春は下克上の未遂者とはいえ、やや異質な存在。彼の野望（というより苛立ちの体現でしかなかったか）を打ち砕いた太田道灌が主家を尊ぶあまりに呆気無く誅殺されたことを思うと、武力はともかく知力や戦略はほとんど持ち合わせていないような長尾景春がそれから四半世紀も生き延びたことには驚嘆を覚える。彼も有名とは言えないながら戦国の世に相応しい人物の一人と言えよう。

さて、いよいよ北条早雲の出番となる。混乱と内乱を出世の足がかりとする彼にとって、この関東の騒乱は願ってもない状態だった。この頃には今川家からの独立を果たしていた早雲は、１５１０（永正七）年、一度は三浦道寸《どうすん》こと**三浦義同**らに小田原城を落とされかけるも持ちこたえ、１５１２（永正九）年には逆に現神奈川県伊勢原市にあった岡崎城に義同を襲撃、三浦勢は神奈川県逗子市にあった住吉城へ逃げこむ。だがこれも早雲により落とされると、三浦勢は本拠地であり最後の砦である現神奈川県三浦市のマグロで有名な三崎町にあった三崎城から更に奥の新井城に籠城する。これに対し、早雲は三浦半島の付け根、現鎌倉市城廻に玉縄《たまなわ》城を築城。ここを拠点に糧道を封鎖。扇谷上杉勢の玉縄城攻めも撃退し、その封鎖は海上にまで及んだ。現在の京急油壺マリンパークの地にあった新井城は半島の突端ゆえに、兵糧さえ確保できれば籠城は容易《たやす》いのだが、海上まで封鎖されたとあっては持ちこたえようもなかった。

　討つものも討たれるものもかはらけよ　砕けて後は元の土くれ

やるせない辞世の句を残し、１５１６（永正十三）年、三浦義同は息子の義意《よしおき》と共に自害する。ここに平安末期以来の鎌倉の名族三浦氏は滅亡。宗家は鎌倉時代に宝治《ほうじ》合戦で北条氏によって滅ぼされているが、分家から名を残した三浦氏を滅ぼした早雲の家系が次代に北条氏を名乗るのもまた妙な符合ではある。

　かくして三浦氏を攻め滅ぼし、伊豆に続いてほぼ相模一国を手にした伊勢新九郎。北条早雲として世に名を知られる早雲庵宗瑞は、二年後には家督を嫡子氏綱に譲り、更にその翌年、すべてをやり遂げたかのような生涯を終えた。享年は六十四とも八十八とも言われる。戦国大名の嚆矢に相応しい人生だった。

　以降、関東は北条の旗印に染められていく。京においては管領細川高国がこの二年後に自ら擁立した足利義稙《よしたね》を廃し、義晴を将軍の座に据え、将軍といえども有力者の冠に過ぎぬことを立証した。そのような将軍の権威が地方にまで強く及ぶはずもなく、群雄割拠の様相は全国に波及する。

第四章

群雄割拠

東

●奥州の状況

関東より更に北、奥州《おうしゅう》（現青森、岩手、宮城、福島）の地では、代々**大崎氏**が**奥州探題**を務めていたが、１５２２（大永二）年、**伊達《だて》稙宗《たねむね》**が陸奥《むつ》守護、左京大夫に補任された。陸奥は元来守護を置かなかった国で、稙宗の就任は異例のことだった。また左京大夫は大崎氏が世襲していた官職であり、この出来事は大崎氏から伊達氏へ奥州の最高権力者の座が移ったことを意味する。稙宗の稙はもちろん十代将軍足利義稙からの偏諱《へんき》。ただし、大永二年には既に義稙は京を出奔しており、時の将軍は管領細川高国に擁立された十二代義晴だった。守護の威光を手に入れた稙宗は、代々羽州《うしゅう》探題《たんだい》（羽州は現秋田県と山形県）に就任していた最上氏や相馬氏など周囲を平定。戦国大名の特徴でもある分国法も数度にわたり制定している。中でも１５３６（天文五）年に制定された塵芥集《じんかいしゅう》は百七十一箇条にも及ぶもので分国法の中でもその分量においては最大のものだった。

内政にも外征にも有能だった稙宗だが、足元に思わぬ罠があった。稙宗の過激な拡張政策を嫌う嫡男**晴宗**との間に対立が発生してしまったのだ。親子の対立は東北の諸将を巻き込み、１５４２（天文十一）年には**天文の乱**と呼ばれる争乱に発展する。東北における応仁の乱と言えるこの大乱は六年間に及び、稙宗方だった**蘆名《あしな》盛氏《もりうじ》**が利害の対立から晴宗方に転じたのをきっかけに晴宗が優勢になり、最終的には将軍足利《あしかが》義輝《よしてる》が仲裁し、稙宗が家督を**晴宗**に譲り隠居することで決着した。

この戦いによって伊達氏は疲弊。**最上氏**、**相馬氏**、**蘆名氏**らの復活や台頭を招き、東北の統一は晴宗の孫の独眼竜こと**伊達政宗**の代まで待たされることとなる。だが、政宗の頃には既に秀吉による天下一統の形成が始まっており、秀吉から各大名の私闘を禁止する**惣《そう》無事令《ぶじれい》**も出された。政宗はこれを無視して版図を拡大したが、結局は秀吉に屈することになる。天文の乱が発生したのは応仁の乱の七十五年後。当時の世代にして三世代から四世代の差がある。これだけ統一が遅れては政宗にも取り返しようがなかった。もっとも、統一が遅れていたからこそ、政宗は版図の拡大が可能であったとも言える。人は誰も自分の生まれる時代を選ぶことなどできないのだから、生を受けた時代で精一杯生きるしかないのだろう。

●武田信虎登場

続いて関東の様相に目を向ける。北条早雲の後を継いだ氏綱は父の政策を引き継ぎ、相《さ》模国《がみのくに》を拠点に関東平定に臨んだ。これに対し両上杉家はついに手を組んで氏綱に備える。１５２４（大永四）年、氏綱は武蔵国（現埼玉県、東京都、神奈川県の一部）に攻め込み、江戸城から扇谷上杉朝興《おうぎがやつうえすぎともおき》を誘い出し、現在は高級住宅街として知られる高輪台付近の高縄《たかなわ》原《はら》でこれを撃破する。太田資康《すけやす》の子で道灌《どうかん》の孫である**太田資高**を調略し江戸城の奪取に成功した。さらに道灌の養子であった太田資家の子の**太田資頼**も氏綱に寝返り氏綱は岩槻《いわつき》城など諸城を攻略する。

だが、扇谷朝興も逆襲に出た。この時、朝興に手を貸したのが甲斐守護の**武田信虎**である。甲斐と言えばもちろん信玄。信虎はまだ晴信を名乗っていた頃の信玄によって駿河《するが》に追放されることになる信玄の実の父であった。前章では上杉謙信の父長尾為景が登場したが、今回は信玄の父である。お馴染みの面々の一つ前の世代がこの頃の主役なのだ。この信虎、実績で言えば信玄を上回る。名門故に代々守護ではあったが実態は国人《こくじん》連合の盟主でしかなかった武田氏を戦国大名レベルに引き上げ、甲斐を統一したのは信玄ではなく父信虎なのだ。信玄が信虎を追放したのも、武田家家臣となったかつての国人衆が信虎より御しやすい信玄を選んでのことであった。

この信虎に加え、山内上杉憲房、さらに古河《こが》公方《くぼう》足利高基《あしかがたかもと》らも扇谷朝興に味方し、氏綱は逆に追い詰められた。だが、扇谷に味方する各家では例のごとく内紛が勃発。氏綱に集中的に向けられていた兵力は四散し氏綱は命拾いをした。

１５３５（天文四）年、織田信長がこの世に生を受けた翌年、氏綱はかつての主筋であった今川家の要請に応じ甲斐へ出兵、武田信虎と戦う。この頃には既に北条家は今川家の家臣ではなかったが、その関係は良好だった。両家の関係を領地にちなんで**駿相《しゅんそう》同盟**と呼んでいる。今川家の当主は父早雲の甥に当たる**氏親**だったが、既に１５２６（大永六）年に齢《よわい》五十三にして（五十五とも）この世を去っていた。その置き土産がこれまた名高い分国法である**今川仮名目録**である。氏親逝去の際には嫡男**氏輝**は弱冠十四歳。母である**寿桂《じゅけい》尼《に》**が補佐役で実権を握ったとはいえ、家臣のとりまとめも心もとないということから東国では最も早い分国法として、この今川仮名目録が制定された。北条氏綱はその今川氏輝と共に相模と甲斐の国境近くの都留《つる》へ出兵。今川・北条連合軍はこれに勝利し、武田信虎の弟である**信友**は討ち死にした。

●海道一の弓取り、今川義元

しかしその翌年、今川氏輝は突然死してしまう。享年二十四。元々病気がちで身体が弱かったので前年の遠征が祟ったためと言われるが暗殺説も存在する。というのも奇妙な符合があるからだ。氏輝の父である氏親には男児が六人いたのだが、家督争いを避けるために嫡子である氏輝と、病弱な氏輝に万が一のことがあったときのためのいわば保険として次男彦五郎を残し、残りの四人は出家させられていた。それがなぜか氏輝の死の少しばかり前に、才気溢れる五男の**梅岳承芳《ばいがくしょうほう》**がこれまた有能だと噂に高かった教育係の禅僧である**太原雪斎《たいげんせっさい》**と共に京から駿府《すんぷ》に呼び戻されていた。おまけに信じられないことに氏輝が病で突然死に見舞われた日に彦五郎も亡くなっている。これは不自然極まりなく、情況証拠だけで有罪レベルなのだが、今川家の公式見解では偶然に突然死が重なったということになっている。もっともそれを記したのは氏輝の家督を継いだ者であり最有力容疑者なのだが。スペアも含めて当主がいなくなってしまった今川家の家督は梅岳承芳に継承されることになる。今川家の有力者寿桂尼は梅岳承芳の実母でもあったので、その点においても問題はなかった。梅岳承芳は還俗《げんぞく》し**今川義元**を名乗る。後に桶狭間《おけはざま》の戦いで信長にまさかの敗退を喫するあの義元である。桶狭間の一戦のために凡将の印象が強いが、義元は十分狡猾で力のある男だった。だが義元の家督継承をすんなりと認めない者がいた。側室を母に持つ**玄広《げんこう》恵《え》探《たん》**である。血統では義元に劣る彼だったが義元より年長ではあった。

かくして今川家ではまたまた家督争いが勃発する。玄広恵探が現静岡県藤枝市にあった花倉城に身を寄せていたことからこの家督争いを**花倉の乱**と呼んでいる。太原雪斎の軍略、実力者寿桂尼の後見、さらに北条氏綱の支持もあって、今川義元がこの戦いを制し玄広恵探は自害に追い込まれた。彼を擁立していた宿老の福島氏も衰退した。

１５３７（天文六）年、北条氏綱を悩ませていた扇谷上杉朝興が五十歳にして河越城で病死してしまう。窮地に陥っていた氏綱は一転好機に突入。河越城を落とし、武蔵から北関東を睨んだ。だが北関東に弾みをつけた一方で、氏綱は東に新たな敵を抱えてしまう。その敵とはこともあろうに今川氏。なぜそんなことになってしまったのか。答えは太原雪斎にあった。雪斎は今川家の外交僧であり義元のブレーンであり軍師である。この時代、僧侶の多くは兵士でもあり、それとは別に学識が高く戦略に長《た》けていた僧侶は朝廷・公《く》

群雄割拠関連地図（東）

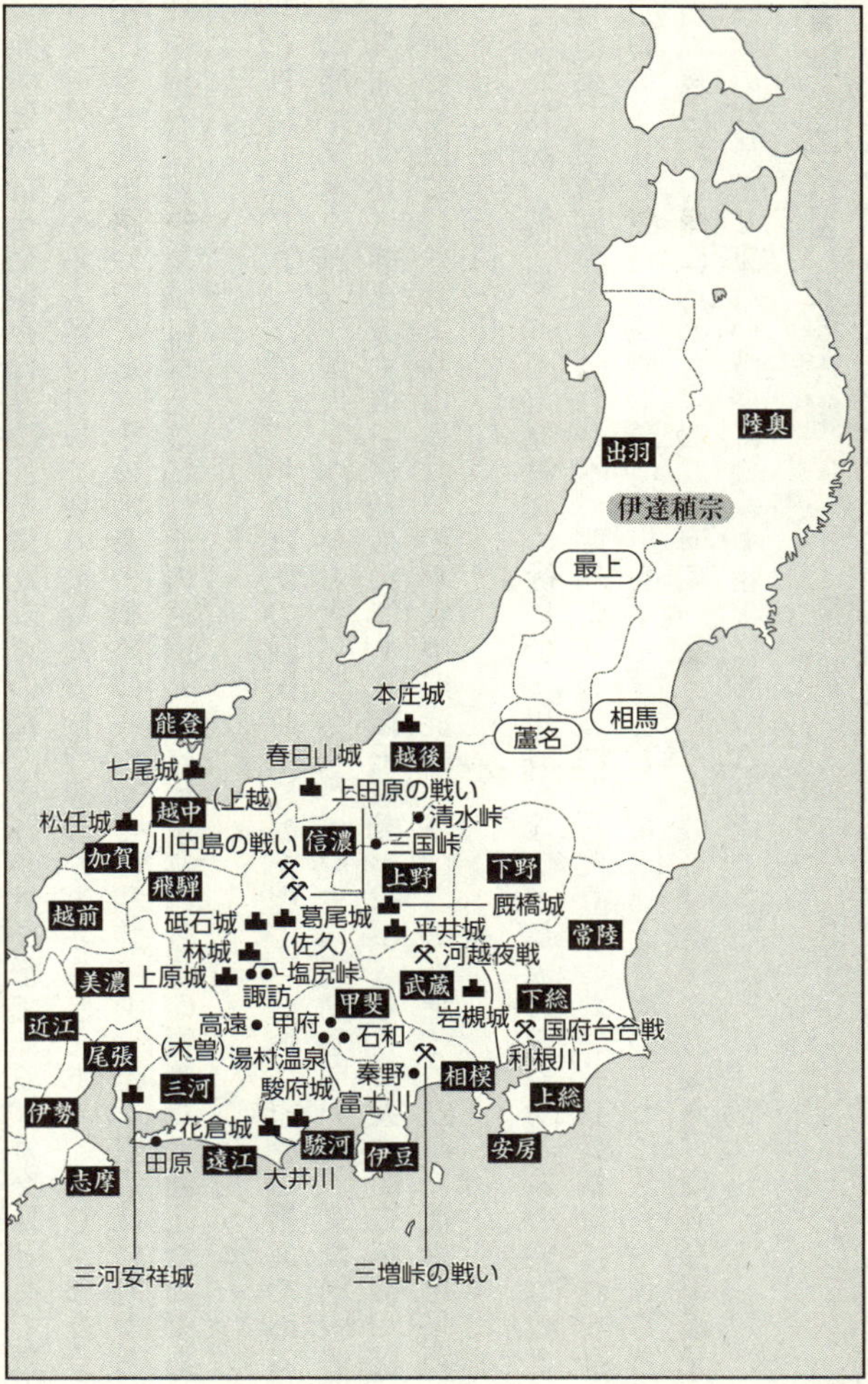
陸奥
出羽
伊達稙宗
最上
相馬
蘆名
本庄城
越後
春日山城
能登
七尾城
上田原の戦い
(上越)
越中
松任城
清水峠
川中島の戦い
信濃
三国峠
加賀
下野
上野
飛騨
厩橋城
越前
砥石城
葛尾城
平井城
(佐久)
常陸
林城
河越夜戦
美濃
上原城
塩尻峠
武蔵
下総
諏訪
甲斐
岩槻城
高遠
甲府
近江
石和
国府台合戦
(木曽)
湯村温泉
尾張
利根川
秦野
相模
三河
駿府城
富士川
上総
伊勢
花倉城
駿河
安房
田原
遠江
伊豆
大井川
志摩
三河安祥城
三増峠の戦い

家《げ》・他家との折衝交渉を行う役目を果たしていた。それが外交僧である。外交僧としては毛利家の外交僧から大名格にまで登り詰めた安国寺《あんこくじ》恵瓊《えけい》などが有名である。雪斎もまた今川家に最盛期を招いている。その雪斎の戦略は武田家との和睦であった。雪斎は駿府から遠江《とおとうみ》を望み三河や尾張に備えるには北の武田とは戦火を避けるのが得策だと考えたのである。

ちなみに1529（享禄二）年にはあの戦国時代に幕を引く男、徳川家康の祖父である**松平清康**が三河を統一、国人レベルから大名レベルへの脱皮に成功している。また尾張《おわり》では人気知名度共に群を抜く織田信長の父である**織田信秀**が、1535（天文四）年に、松平清康が家臣に殺され（森山崩れ）松平家中が混乱しているのに乗じて三河に進出を果たし、今川に睨みを利かせている。

　そんな状況に備えるべく太原雪斎の勧めで今川義元は武田信虎の娘である後の定恵院《じょうけいいん》と政略結婚。**甲駿同盟**と呼ばれる姻戚関係からなる同盟を成立させた。北条氏綱はこれを今川家の裏切りと見た。氏綱は駿河へ出兵する。そして日本三大急流の一つに数えられる富士川以東を勢力圏に治めた。これを**河東一乱**《かとういちらん》と呼んでいる。さすがの太原雪斎も今川義元も家中の収拾が覚束《おぼつか》ない時期に氏綱を相手に勝つことはできなかった。

●有能な二代目、北条氏綱

波に乗る氏綱に古河公方**足利晴氏**が接近してきた。晴氏は、父と対立したばかりか後に小弓公方を名乗るようになる弟とも対立したという前古河公方足利高基の嫡男。歴史は繰り返されるというか因果応報というか、親を追放した高基もまた嫡子晴氏と対立をする。そのきっかけは父高基の勧める政略結婚に嫡子晴氏が乗り気でなかったことだった。その時の政略結婚の相手は氏綱の娘。つまり晴氏は北条氏との関係を持つのが嫌で婚約を不履行し親に歯向かったのだ。ところが、１５３５（天文四）年、父高基が享年五十一で生涯を終え、自らが古河公方となると、晴氏は、家督継承の正当性を問われ、小弓公方とそれを支持する安房《あわ》の**里見義堯**《よしたか》らから圧迫を受ける。危機感を抱いた晴氏が頼ったのは父と対立してまで関係を持つことを嫌がっていた北条氏綱であった。だったら初めから父に従っておけと言いたくなってしまう。が、支援の実態は支配であり、晴氏は氏綱の傀儡《かいらい》化を余儀なくされた。この点においては晴氏の読みも正しかった。

　１５３８（天文七）年、北条氏綱は嫡子**氏康**を伴い、小弓公方足利義明・里見義堯の連合軍と、現在も千葉県市川市に地名を残す国府台で対峙する。なお里見義堯の里見氏こそ、あの九十八巻に及ぶ大長編伝奇読物、江戸後期の人気作家曲亭馬琴こと滝沢興邦《おきくに》が後半生を費やして完成させた『南総里見八犬伝』の題材となった一族である。

　この戦いを**第一次国府台合戦**と呼んでいる。義明は討ち取られ小弓公方は消滅した。里見義堯は早々と戦線を離脱し、ちゃっかり逃げ延びている。もっともその後も執拗に氏綱に抗《あらが》い水軍も用いて氏綱を苦しめ続けた。北条家が里見家と手打ちをしたのは義堯の死後、嫡男**里見義弘**の代。一方の北条氏も氏綱の孫の**氏政**の代の１５７７（天正五）年のこと。これを房総一和と呼んでいるが、実に四十年も北条氏を苦しめた里見氏。伝奇読物の主役に相応《ふさわ》しい一族だったと言えよう。

氏綱の協力で勝利を得た古河公方晴氏は翌年氏綱の娘と不履行になっていた婚姻を果たす。これにより氏綱は古河公方と姻戚の御一門となり、実力のみならず関東支配の権威的裏付けも獲得した（関東管領《かんれい》を自称していたともいう）。

１５４１（天文十）年、父から受け継いだ伊豆と相模の安定に加え、武蔵など更に東へ版図を拡大した北条氏綱が病死する。享年五十五。北条への改姓、１５２６（大永六）年に焼失してしまった鎌倉鶴岡八幡宮の再建、交通網の整備、伝馬制度の確立など、領国支配においても父に劣らぬ見事な政治手腕を発揮した。有能な当主が二代続くことは珍しい。北条氏がわずか百年ほどで畿内を上回る混乱の関東を統一してしまったのも、この名君が続いたことを考えれば納得がいくのである。

●信玄登場

去る者があれば現れる者もある。北条氏綱が死去した同じ年、甲斐ではあの男がついに登場する。**武田信玄**こと**晴信**である。この年、晴信は父信虎を追放、信虎から強引に家督を奪った。信虎は同盟関係にあった今川家に引き取られる。一説には信虎が弟である**武田典厩信繁**《てんきゅうのぶしげ》を可愛がり晴信を廃嫡して信繁に家督を継がせようとしていたため機先を制したとも言われる。これまでも見てきたように戦国の世において親に対する謀反《むほん》などめずらしくもなんともないのだが、それでもこういう場合、御家は割れ御家騒動に発展する。ところが晴信の信虎追放に関しては家中の動揺が殆ど見られない。ということはよほど信虎が無能だったのか。そうではない。既に述べたように信虎は極めて有能であった。武田家は名門とはいえ、甲斐においては国人・豪族・地侍連合の盟主的な立場に過ぎなかった。これを大名と家臣という関係に変えることができたのは信虎の功績である。信虎は、家督相続直後の１５０８（永正五）年には叔父でありながら対抗勢力であった油川信恵《あぶらかわのぶよし》を討ち家中を統一。翌年には領内の有力勢力である小山田氏を婚姻政策で味方につける。さらに三年後にはやはり有力な対抗者であった大井氏を小山田氏の力を借りて封じ、その娘を妻に迎えた。この大井夫人が晴信や信繁の母になる。さらに現在は温泉で有名な石和《いさわ》から甲府に拠点を移し、丘陵に**躑躅ヶ崎館**《つつじがさきやかた》を設けた。如何に信玄がスタートの環境において恵まれていたか。それらは信虎の賜物なのだ。だが、それが悪かった。度重なる出兵は兵農分離など想像すらしていない甲斐の国人衆にとっては大きな重荷であった。また以前は物言える立場にあった盟主が、いつの間にか絶対的な君主になってしまっていたのも都合が悪かった。家臣らにとっては信虎よりも晴信のほうが与《くみ》し易かったのである。信虎がこれ以降甲斐の地を踏み、甲斐から富士を望むことは一度もなかった。ただし、上洛を果たし将軍義輝に拝謁しており、悠々自適の生活で八十一歳の天寿をまっとう、南信濃高遠《たかとお》で息を引き取っている。どんな生き方が幸せなのかは人によって異なるのだが、戦国時代を振り返っていると、このように追放されたり失脚してしまった人が天寿をまっとうするケースも多い。これも人生。

　晴信といえば必ず話題に上がるのが、長生きすれば天下がとれたのではというテーマだが、晴信が治めたのは甲斐・信濃の二国のみ。晩年に駿河も得ているが、それは桶狭間で今川義元が信長に討たれ今川家が弱体化した後のことであり、家康の力も借りている点は差し引かねばならない。となると晴信が自力で切り取ったのは信濃だけとなる。信濃は広大でそれゆえに同じ一国でも価値は高いが、それにしても信玄に人が寄せるイメージと比較するとあまりにも少ない。ライバル謙信がいたせいだと考える向きもあるが、ならば北へ向かわねばよかっただけのことで、謙信の死後も、文字通り冥土への旅となった最後の三河遠征以外には目立った遠征がない。生涯において上洛の経験もないことを考えると、晴信はもしかしたら長旅が苦手だったのかもしれない。そう考えれば最後の上洛作戦で客死したのも納得がいく。甲斐に対する執着が強かったことも考えられる。金山の開発や信玄堤に代表される大規模治水工事と領国であり故郷である甲斐の公共事業に信玄は並々ならぬ熱意を傾けており、その成果も十二分に出している。そもそも天下を取ったかどうか、版図をどこまで広げたかは信玄にとって重要な指標ではなかったのかもしれない。

信玄の長所として他にも広報活動・プロパガンダの才が挙げられる。あまりにも有名な風林火山の旗印、百足《むかで》隊のネーミング及びその旗印、赤備《あかずな》えの採用。ワンフレーズやわかりやすい意匠の採用に関してはかなりのセンスの持ち主である。そもそも信玄がここまで評価を受けているのも江戸時代に**甲陽軍鑑**を教科書とした甲州流軍学が流行した影響が大きいのだが、それは信玄死後のこととはいえ、信玄の教育で家中に広報能力が行き渡っていた影響もあるだろう。信玄は、そういう意味では時代に先んじていた人であった。

ワンフレーズといえば武田二十四将という言葉もある。資料によって構成員が異なり、また時代もまちまちであるがゆえ、数字先にありきの人数合わせの感もないわけではないのだが、武田家中に勇猛果敢な武将が揃っていたことは間違いない。が、それこそが武田家が株式会社的な組織ではなく、同族会社的な組織であり、職人集団だったことの証《あかし》ともいえる。各武将の力はあるのだが、それはシステムではなく人に頼ったものなので交換が利かない。これでは足軽や鉄砲隊が主流になる次世代の戦いには対応できない。織田家と比較するとわかりやすいのだが、あちらは秀吉や明智光秀でさえシステムの一部で歯車の扱い。考える歯車であり物言う歯車ではあるが、命令に背いた行動をとるわけではない。それがゆえに機能しなくなれば捨てられるわけで、そのあたりの限界を自覚した明智光秀や荒木村重などは謀反という手段に出ている。一方武田家の場合は謀反に及ぶほど追い詰められることはあまりない。なぜなら比較的自由に意見を言えそれが通るからだ。家督相続に関する場合は例外だったが、それ以外で謀反はあまり見られない。システムか人か、一長一短だが、次世代に対応したのがシステムのほうだったことは間違いない。

ここからは臨場感を感じるため、信玄ではなく晴信に統一しよう。1542（天文十一）年、家督を相続したばかりの晴信は、信虎の代には微妙な同盟関係にあった諏訪頼重を滅ぼす。信濃の中央に位置する諏訪は甲府からも近く、北は越後へ、南は遠江や三河へ、西は木曽を通って美濃へと通ずる交通の要衝であり、諏訪大社のお膝元であった。神仏への信仰心の篤い晴信にとって是非とも押さえたい地であったろう。ちなみに諏訪大社には建御名方神《たけみなかたのかみ》が祀られており、彼は大国主命《おおくにぬしのみこと》の息子であって、諏訪大社は出雲大社の息子であるとも言える。諏訪大社がこの地にできたのも、大国主命の国譲りに建御名方神が反対して武御雷《たけみかづち》に敗北し、はるばるこの地に逃げてきたことを由来としており、諏訪の人々は諏訪大社への信仰篤くプライドも高いので統治には難儀した。晴信はそれ故、諏訪頼重の娘、諏訪御料人を側室に娶《めと》る。フィクションでは湖衣姫とか由布姫と名付けられたこの姫を娶り、生まれた男児に諏訪家を継承させることで諏訪家中の人々を懐柔したのだ。女好きと評判のあった晴信にしてみれば一石二鳥の策だった。その男児は諏訪家の家督を継いだあとに武田家の家督をも相続する。武田家の最大版図を実現しながら、信長や家康、さらに小山田など家臣の裏切りにあって武田家を滅亡させてしまう**武田勝頼**であった。

●美濃の蝮、道三

後に武田家を滅ぼすことになる信長の父である織田信秀も同じ年、三河に今川義元の軍勢を破り一時的ではあるが三河進出を果たしている。やはり信長の父、こちらは義理の父となる**斎藤道三**も、同じ年守護であり主筋にあたる**土岐《とき》頼芸《よりなり》**を尾張に追放し名実ともに美濃を手中に納めた。斎藤道三についてもここで触れておく。北条早雲同様、従来の定説では一代で身を起こし大名となったとされていた斎藤道三だが、昨今の研究の成果では、道三の国盗りは二代にわたって達成されたものであることが有力視されている。京都妙覚寺の僧侶だったとされる人物が還俗し油商人となる。荒れ果てた京を捨て美濃に流れ**長井長弘**に仕官が叶う。出入りの折に京の事情等を語って聞かせるうちに、その才覚が認められたのだろう。長井氏は代々美濃守護を務める名門土岐氏の代官を務める一族。長井家中で頭角を現した油商人は西村勘九郎を名乗ることを許され、さらに長井新左衛《しんざえ》門尉《もんのじょう》の名を賜る。折しも土岐家中では家督相続を巡っての争いが勃発。これに乗じて主の長井長弘とともに新左衛門尉は土岐頼芸を擁立、頼芸の兄である頼武を推す勢力と戦う。頼武を朝倉氏が支援し苦戦に追い込まれるが、これに勝利。頼芸を実質的に守護の座につかせた功績により長井長弘は斎藤氏に代わって守護代の役目に収まり、新左衛門尉の地位も向上した。

その後、新左衛門尉の息子の長井規秀《のりひで》が長井家を滅ぼし、守護代斎藤氏の名代を継承し、剃髪《ていはつ》入道して斎藤道三を名乗るようになる。道三は土岐頼芸を追放し美濃一国を支配下に治める。二代にわたっての国盗りだが、主筋への反逆度で言えば確かに道三こそ蝮《まむし》の異名に相応しいと言えるだろう。

●鉄砲伝来

１５４３（天文十二）年、大隅国、現在の鹿児島県の種子島に一隻の明船が漂着する。中にはポルトガル人二名が乗っていた。彼らを日本に導いたのは当時の中国の王朝である明《みん》の密貿易者、すなわち後期倭寇《わこう》の頭目であった王直だった。種子島島主、**種子島恵時《しげとき》・時堯《ときたか》**の親子は、このポルトガル人が持参したある物の実演を見て即座に購入を決める。**鉄砲の伝来**であった。二挺を入手した種子島親子は刀鍛冶に命じてこれを分解研究、複製を作る。その時の複製は発射の衝撃に耐え切れず壊れてしまったが、度重なる挑戦の末に日本の鍛冶達はその完全な複製に成功したばかりか量産にも成功。わずか三十数年後には鉄砲は日本において主力兵器の一角を占めるようになる。後にＭＡＤＥ　ＩＮ　ＪＡＰＡＮの名で世界を席巻する日本人の技術力、特に応用力の分野での凄まじさはこの頃から健在だった。鉄砲鍛冶なる新たな職も登場し、近江国国友（現滋賀県長浜市）や堺（現大阪府堺市）のように鉄砲の工場が軒を連ねる一大生産地として国中に知られるところも現れた。堺は製造ばかりでなく売買でも富を築き、鉄砲は諸大名に屈せず自治を行うための武力と財力の裏付けにも一役買った。また応仁の乱以降、足軽という階級の果たす役目が戦において大きくなったが、鉄砲の登場は足軽の重要性を増し、戦のスタイルを変えてしまうのだった。なお、品質に拘《こだわ》らなければ、これ以前に明製の小型鉄砲が既に伝来してはいたが、日本に本格的に鉄砲が伝播するきっかけとなったのは１５４３年に種子島親子がこの欧州製の鉄砲を購入したことであり、形式上はともかく実質的にはこの時を鉄砲伝来の年として差し障りはないだろう。

●河越夜戦

国友村が将軍義晴の命で鉄砲の国産に乗り出した１５４４（天文十三）年、甲斐の武田晴信が高遠頼継《たかとおよりつぐ》を攻めている。現在は桜の名所として知られる高遠城（現長野県伊那市）。その地を治める高遠頼継は晴信に先年滅ぼされた諏訪氏の庶流。だが高遠家を分家扱いする宗家諏訪家との諍《いさか》いは強く、そこを晴信につけ込まれ、諏訪氏滅亡の折には旧領安堵《あんど》を約束されて高遠頼継は晴信に味方していた。ところが、晴信は諏訪氏を滅ぼすことに成功すると、この約束を反故《ほご》にする。怒った高遠頼継は実力で武田の支配する土地の切り取りを開始した。だが、晴信がそれを許すわけもなく、晴信の攻撃を受け、高遠城は落城、高遠頼継は降伏した。

その晴信が仲介役で発言力を増したのが翌１５４５（天文十四）年のこと。北条氏に圧《お》されていた今川義元、関東管領《かんれい》である山内**上杉憲政**《のりまさ》、扇谷上杉朝興の子の朝定の連合軍が、氏綱から家督を継いだ北条氏康を襲った。**第二次河東一乱**と呼ばれる事件である。この時、北条の兵力を分散させるため二面作戦が行われており、河越城もまた両上杉家の軍勢および親戚筋で味方のはずの古河公方足利晴氏によって包囲されていた。氏康、絶体絶命の危機である。

しかし、さすがに早雲―氏綱の血を引く氏康。変なプライドなど持ち合わせず、引くべきところは引く。晴信に仲介を依頼し、第一次河東一乱で奪った駿河内の領土を今川方に返還することを条件に和睦を結んだ。そして引くべきところを引いた代わりに出るべきところは強気に出る。関東方面に兵力を集中させ、太田資頼《すけより》の嫡男である**太田資顕**《すけあき》を味方に引きこみ、半年近くの籠城で持ちこたえた河越城を守る義弟の**北条綱成**に伝令を飛ばす。「今しばらくは持ちこたえよ、援軍が奇襲に向かっている」と。一方で城を包囲する上杉勢には偽りの降伏を申し出る。これは受け入れられなかったが、北条勢は戦うことなく無様に逃げる。城を取り囲む将も兵も、長期間の膠着《こうちゃく》した戦況に緩みきっていたのだが、この降伏を申し出、叶わぬとみると一目散に逃げる北条勢の様子にさらに緊張を解いた。氏康勢が夜襲をかけたのはその夜のことである。１５４６（天文十五）年四月二十日。これが名高い**河越夜戦**。まさかの襲撃に上杉勢は大混乱。山内上杉憲政、古河公方足利晴氏は辛くも脱出するも扇谷上杉朝定《ともさだ》は戦死。ここに扇谷上杉家は滅亡した。まさかの大逆転。氏康は駿河における橋頭堡《きょうとうほ》を失ったものの、関東においては大勝利を収めた。

氏康の勝利に間接的に貢献した武田晴信は翌年、甲斐の分国法である信玄家法こと**甲州法度次第**《はっとのしだい》を制定している。今川仮名目録の強い影響を受けて成立した条文の内容は、甲州の所領は武田氏に属し勝手な処分を禁ずること、喧嘩両成敗、先に手を出した方の罪は重いなど、現在にも通じるものなのだが、特筆すべきは晴信自身が法を犯した折も罰せられる旨を記したこと。単なる封建主義ではなく法治主義の徹底への志向が見られる。学問好きで諸子百家に学んだ晴信ならではと言えるだろう。

●幼年家康、少年信長との出会い

この頃、次世代の英雄がまた一人、年表にその名を刻んでいる。その人物とは**竹千代**、後の**徳川家康**である。尾張と遠江・駿河、織田と今川に挟まれ、身の振り方を明らかにせねばならなくなった竹千代の父**松平広忠**は今川家への恭順を決める。そして忠誠の証に竹千代を人質に送ることとなった。ところが、竹千代の護送を命じられた三河田原（現愛知県田原市）の国人**戸田康光**は何を血迷ったか、竹千代を織田方に引き渡してしまう。義元に恨みがあったためとも、織田方に買収されたためとも言われている。竹千代が送り届けられた先には奇妙な服装で奇行を重ねるバカ殿のような若殿がいた。若き日の**織田信長**、尾張のうつけ者である。この人質とうつけ者によって、後に戦国大名の誰も成し得なかった天下一統がなされるのだから歴史は面白い。

　一方、人質を奪われた義元は怒り心頭。田原城を攻め落とし、戸田宗家である田原戸田家を滅亡に追い込む。そして田原城には重臣である朝比奈氏を配置した。なお、戸田宗家はこの時滅んだが、後にこの時逃れた康光の弟、戸田宣光が再興している。また遠縁に明治まで残る大垣藩主を務めた戸田氏がある。その居城大垣城は現在でこそ再建故に寂れてしまっているが、戦前は天守などが国宝に指定されていた。空襲で焼失してしまった城としては他に仙台城（大手門他）、名古屋城（大天守他）、和歌山城（大天守他）、岡山城（天守他）、福山城（天守他）、広島城（天守）、松山城（櫓《やぐら》多数）、宇和島城（追手門他）等がある。残念でならないのだが、これらの城が当時の姿を再現できるよう再建されたことをせめてもの救いと取りたい。

●武田晴信、北信へ

　1548（天文十七）年、武田晴信は北信濃制覇に乗り出す。それは彼にとって苦難の道のりであり、上杉謙信の存在を差し引いても「ホントは戦は苦手なのでは？」と勘ぐってしまうような戦歴となるのだが。初戦の相手は**村上義清**。長野道と上信越道が交わる更《こう》埴《しょく》ジャンクションから程近い現長野県埴科《はにしな》郡にあった葛《かつら》尾《お》城を居城とする戦国大名。戦場は大河ドラマを控えて活気にあふれている真田の城下町上田市の千曲川を望む上田原。ここで晴信は数において勝りながら大敗北を喫する。武田二十四将に数えられる**板垣信方**・**甘利虎泰**といった名のある将が討ち死にし、晴信自身も傷を負った。

　村上を牽制するため、それでも戦場にとどまり、戦線が落ち着いて後に甲府に戻った晴信は、現在はやや寂しい感もあるが信玄の隠し湯として名高い湯村温泉（兵庫に同名の温泉地あり、そちらも有名）にて湯治。四ヶ月後には雪辱戦に臨む。上田原の敗戦で国人衆や豪族らが武田を見限り始めていたため、一刻も早く再起を期す必要があった。相手は信濃守護の**小笠原長時**。戦場は現長野県塩尻市と岡谷市の境界にある塩尻峠付近。勢いは長時にあった。しかし、晴信は諏訪氏の居城であった上原城を拠点に、自ら率いる本隊と弟信繁の率いる別働隊で小笠原勢を挟撃する。上田原の後で村上義清や小笠原長時に従った国人衆は士気が高くない。この挟撃に「命あっての物種」とばかりに撤退してしまう。かくして武田勢は上田原の負けを取り返し、佐久近辺にまでその勢力圏を広げた。

　同じ年、晴信と同盟関係にあった今川義元も**第二次小豆坂の戦い**において太原雪斎《たいげんせっさい》、**朝**《あさ》**比奈泰能**《ひなやすよし》らの活躍で織田信秀軍に雪辱を果たす。織田家の勢力を三河から追い払い、義元は駿河、遠江に続き三河を完全に勢力圏に収め、西進への経路を確保した。

　実は晴信に欠けているのがこの経路という発想。個々の戦はまだしも、戦略の点でこれという道筋がないのだ。もっともこれは晴信だけの難点ではなく、そもそも先祖代々の本領を家臣に任せ新たに切り取った領土へ本拠地を移転するなど、信長以前には殆ど見られなかったこと。やはり信長は発想において他の武将とは大きく異なる。成り行きではなく目標として天下布武があったのは大きい。

いまのところ、甲斐・諏訪の統治と経営、それに北信濃の制圧以外にこれと言って野心をもっているわけではない晴信は何度も北へ向かう。だが信濃の北には越後があった。太平洋岸や西の住人にはわかりにくいが、北信と呼ばれる長野北部と越後の中でも上越と呼ばれる富山寄りの地域は、実は目と鼻の先にある。積雪期でさえなければ一般道でも容易に移動できる近さ。ゆえに晴信が北へ向かえば、越後との衝突は免れない。その越後では晴信最大のライバルにして、彼の名が後世に残る上での最大の貢献者ともなった後の**上杉謙信**である**長尾景虎**が出番を待っている。

●義の男、長尾景虎

景虎の父は関東管領の弟で越後守護だった上杉房能を討ち下克上《げこくじょう》を果たした越後守護代長尾為景である。為景亡き後、その家督は嫡男**晴景**が継いでいたが、この晴景、血の気も野心も旺盛な父と異なり、病弱で芸術家肌の男だった。このような当主では戦国の世を生き残ることはできない。かくして一度は僧籍に入っていた弟が還俗し、家督を継いだ。これが景虎である。ただし、晴景の名誉のために言っておくと、晴景は為景がもたらした混乱を武ではなく和によってだったが、よく収拾した。それは正しい。外交においてメリハりは効果的である。剛の後には柔、柔の後には剛、この変化は相手に対して威力を倍増する。晴景は愚将ではなかった。恒例によるならばこういう場合は御家騒動が勃発する。だが晴景自身が隠居を受け入れることで、晴景を擁立しようとする家臣も強気に出ることができなくなり、御家騒動は避けられた。かくして長尾景虎は越後守護代としてついに表舞台に登場した。

　ここで信玄の時と同じように長尾景虎すなわち上杉謙信についても考察したい。謙信という人物は一言で言えば変わり者である。そして神経質。ただしそれが故に筋は通し義理堅く知略にも優れる。しかし不正を好まぬため調略はあまり用いない。奇人である理由の一つとして彼が妻帯しなかったことがあげられる。この時代、当主にとって最大の役割は子を、それも男児を成すことであったにもかかわらず。その理由としていくつかの説がある。「謙信は女性だった」から始まり、「真性の男色家だった」とか「姉である仙桃院《せんとういん》を敬慕するあまり他の女性に興味を持てなかった」とか「肉体的に不能であった」など様々な説がある。もう一つの有力な説は修験道《しゅげんどう》・飯縄権現《いづなごんげん》の信仰者だったという説。謙信と同じく妻帯を頑なに拒み応仁の乱の直後に天下人となった魔法半将軍こと細川政元。後に細川京兆家はおろか畿内を混乱の渦に叩き込むことに繋がる妻帯の拒否。御家騒動の勃発くらい容易に想像できた彼があえて妻帯しなかった理由は修験道・飯縄権現信仰にあった。謙信も彼と同じ飯縄権現の信奉者だったと。京にいた細川政元と異なり、謙信の領国越後、それも居城である春日山城のある上越からは飯縄山は目と鼻の先。信心深い謙信が修験道にハマるのは至って自然で、この説には説得力がある。旗印は毘《び》。これまた自らが毘沙門天に加護されていると信じたゆえ。どこからどこまでも信心深いのが謙信である。

　筋を通すということと義理堅いということに関して少し注意が必要になる。謙信が拘った筋や義理は、「そもそもこれはこういう成り立ちで誕生したのだからこうあるべき」という「べき論」であり「そもそも論」である。名分と言い換えてもいい。戦国も彼らより一世代いや二世代前までならそれも通じた。だが京は荒れ果て将軍は傀儡《かいらい》となり様々な地名を冠せられた公方が多数登場する謙信の時代、多くの武将にとって権威や理念というものはもはや実力の裏付けやアリバイ工作でしかなかった。だが、謙信は違った。「かくあるべし」という筋道にとことん拘ったのである。多くの者にとって方便でしかない大義名分も彼にとっては目的そのものであった。

　ゆえに謙信は天下取りなどという発想は持たない。なぜなら天下は天子様のものであり、それを補佐するのが将軍家であり、管領や守護や守護代は、さらにその臣下でしかないのだ。版図を拡大しようという意図もない。なぜなら越後という土地は天子様によって統治を拝命された地であり、越後守護代が守るべき地は越後のみであるからだ。後に彼は他の地方にも遠征をするが、それとて関東管領を保護していたり関東管領職を譲渡されたからに過ぎない。関東管領という半ば形骸化した役職であっても彼にとっては絶対のものだった。多くの武将にとっては権威付けとして用いられた関東管領というブランドも、謙信にとっては関東の平和を守るという多大な義務であり枷《かせ》となった。もっとも当人はそれに不満を抱いていない。謙信とはそういう男なのだ。しかしだからこそ、あるべき姿、あるべき形を踏みにじる者には大いに憤り容赦をしなかった。傍《はた》から見れば徒労にも見える川中島の戦いもそれが故のことだった。

●三河の「シオニズム」

三河でも動きがあった。西三河、刈谷市と並んでトヨタ系の企業城下町の一面も持つ現愛知県安城市にあった三河安祥城を守っていた**織田信広**が今川軍に襲撃され捕らえられてしまう。信広は信長の異母兄である。ただし母が側室のため嫡子にはなれなかった。この信広を救うため織田方は今川との人質交換に応じた。織田方が差し出した人質は後の家康である竹千代である。かくして竹千代は駿河に連れ去られる。ただしその人質生活は必ずしも悪いものではなかった。今川家は竹千代を重臣として扱い、後には一族から正室を与えている。**築山殿**だ。この築山殿との間に生まれるのが家康の長男**信康**。この信康は築山殿と共に、後に今川との内応を疑われて信長の命により切腹させられる。そんな苦い記憶があるにもかかわらず、家康は後年天下の平定に成功した後に隠居の地として駿河を選んでいる。少なくとも苦い思い出を帳消しにしてくれる程度は快適な暮らしだったに違いない。ただし松平家臣である三河武士にとっては、竹千代人質時代は困苦の連続だった。竹千代が駿河に連れ去られた翌年に竹千代の父であり松平家当主の松平広忠が家臣の手により殺され二十四歳の生涯を終える。すると義元は岡崎城を占拠し三河衆を今川配下に組み込み諸将の下に再編してしまった。「人質にとられている竹千代を解放し松平家の再興を果すまでは……」。後に家康の天下取りに大いに貢献した三河武士団のシオニズムを思わせる結束力の源は、この不遇の時代に根付いたのかもしれない。

●キリスト教伝来

１５４９（天文十八）年、一艘の木造帆船が鹿児島に接岸する。記録に残る日本人最初のキリスト教徒弥次郎に導かれて日本の土を踏んだのはスペイン出身の**フランシスコ・ザビエル**らイエズス会の修道士達であった。世に言う**キリスト教の伝来**である。

彼らは天皇に布教の許可を得るため京に上る。しかし修道士達を待っていた京は、応仁の乱とそれ以降の内乱で荒れ果てた地と、外から覗き見ることができるような国王の宮殿とは思えないほどみすぼらしい状態となっていた御所であった。彼らは落胆する。貢物を持参しなかったこともあって拝謁は叶わなかった。だが、災いは幸いでもある。天皇や将軍の御墨付きは得られなかったが、戦国の世は彼らに布教のチャンスを与えた。これが平時なら朝廷や幕府の許可のない宗教の布教は禁じられるが、時は戦国である。地方分権いや地方独権の時代なのだ。受け入れてくれる大名を探せばいい。保護してくれる国を見つければいい。彼らにとって幸いだったことはまだある。それは既に六年前に鉄砲が伝来していたことだ。南蛮渡来の品々に興味を示す大名や商人は多く、キリスト教布教へのきっかけは得やすかった。もし伝来の順序が逆ならば、キリスト教の布教は極めて難しかっただろう。

キリスト教はもちろん宗教だが、当時のスペインの海外布教活動は必ずしも純粋な信仰心からのものではなかった。キリスト教は侵略のための足がかりとしても用いられていたのである。皮肉な言い方をすれば純粋だったとも言える。なぜならイエスを信仰しない野蛮な民族に信仰の尊さを伝えるという上から目線の目的こそ文化的侵略の一面だから。とは言え、日本に来た宣教師には真摯な者が多かった。信仰はもとより医学を始めとする技術や学問を伝え、セミナリヨという学校や病院を建設し、国際情勢や世界地理について日本人を啓蒙してくれた。

ザビエル自身は志半ばで天に召されるが、彼は新大陸の原住民と比べ日本人を高く評価している。ザビエルは本国から多くの宣教師を呼び寄せた。その中には安土桃山時代の一級史料でもある『**日本史**』を記述し、信長や秀吉とも親交が深かった**ルイス・フロイス**がいた。京を経て堺に移住し、貿易による膨大な富を以て会合衆《えごうしゅう》と呼ばれる豪商たちによる自治が行われていた当時の堺を東洋のベニスとして紹介した**ガスパル・ヴィレラ**もいた。

一定の年代の人の中には彼が『**耶蘇《やそ》会士日本通信**』と呼ばれる書簡に記した「堺の町は甚だ広大にして、大なる商人多数あり。此の町はベニス市の如く執政官たちに依りて治められる」というフレーズに大いに胸を沸き立たせる人もいることだろう。

キリスト教は西日本を中心に大いに広まり、**大友宗麟《そうりん》**や**高山右近**、**小西行長**のようにキリシタン大名と呼ばれるキリスト教に帰依する大名も現れた。またキリシタン大名ではないが既存の仏教勢力を嫌った信長には大いに厚遇を受けている。

●砥石崩れ

逆に既存の仏教勢力と力を合わせたのが武田晴信。彼の目は相変わらず北にある。１５５０（天文十九）年、晴信は塩尻峠の戦いで破った信濃守護小笠原長時を、今度は彼の本拠地である現長野県松本市にあった林城に襲う。わずか半月で林城を落とし信濃中部を制圧した晴信は気を良くして更に北に足を延ばす。目標は天敵村上義清の支城、現長野県上田市、かつて小県《ちいさがた》と呼ばれた地域の占領拠点であった砥石《といし》城だった。この選択は間違っていない。林城を落とした勢いに加え、村上義清は善光寺平近くの中野（現長野県中野市）の国人、**高梨政頼**と小競り合いの最中だったのだ。だが、共通の強敵の登場に村上義清は高梨政頼と休戦し全力で晴信に当たる。一方の晴信軍は林城での戦後処理にも手間取り士気が下がる。そうなると進軍に対しての諸将の意見の食い違いも表面化した。結局、晴信軍は数においてはるかに勝る戦力で砥石城を包囲しながら落とすことができず、葛尾城からの援軍に挟撃され逆に叩きのめされる。武田方の戦死者は千人を超え、晴信自身も這々《ほうほう》の体《てい》で逃げ延びた。これを**砥石崩れ**と呼ぶ。以来、晴信は力押しを避けるようになった。

●関東管領、越後へ

1552（天文二十一）年、北条氏康は関東管領山内上杉憲政が身を寄せていた現群馬県藤岡市にあった平井城を落とす。居所を失った憲政はかつて敵だった越後守護代長尾景虎を頼り春日山城に逃れた。もちろん名分を重視する景虎が憲政を無下に扱うわけもなく、以後景虎は関東管領の忠実な重臣として行動する。憲政と同じく河越夜戦で敗退し逃亡した古河公方足利晴氏も、もはや北条に逆らえる力はなく、氏綱の甥でもある我が子に古河公方を譲位。北条の血を引く古河公方**足利義氏**が誕生した。関東管領、古河公方とかつての権威が新興勢力に次々に取って代わられた。

1553（天文二十二）年、武田晴信は雪辱を期し三度目の村上攻めに臨んだ。一度目の上田原、二度目の砥石崩れに続いて三度目の正直にかけての出陣である。前回の反省から今回は調略を用いた。村上方の国人、**大須賀久兵衛**に働きかけ寝返りを仕掛ける。北信濃の国人衆の切り崩しには、上田原の戦いの頃に武田方に降《くだ》った**真田幸隆**《ゆきたか》が貢献した。幸隆はあの**真田昌幸**の父であり**幸村**こと**信繁**の祖父に当たる。調略を得意とするあたりはさすがに知力溢れる戦を展開する真田の血を感じさせる。

三度目の正直は成った。大須賀久兵衛の裏切りは効果的で村上方は大混乱。義清は葛尾城を明け渡した。その後、武田軍の隙をつき一度は城を取り戻すも、態勢を立て直し圧倒的な数で押し寄せる武田軍にさすがの義清ももはや抗《あらが》えず、彼は北に逃れる。北信濃から北へ。そこは越後上越。村上義清が身を寄せた場所は関東管領を擁する長尾景虎の春日山城であった。義清の逃亡が五度にわたる戦いを引き起こすことになる。

なお大須賀久兵衛はこれより武田の将となり勝頼の代まで行動を共にする。あの長篠《ながしの》の戦いにも参陣、そこで戦死を遂げた。また真田幸隆は外様《とざま》に冷たい武田家中において、晴信の推しもあって一定の地位を占め、宿老とほぼ同列な扱いを受けた。にもかかわらず武田滅亡後真田家が生き延びたのは息子の昌幸（兄の信綱・昌輝が長篠で戦死したため家督を継ぐ）が長篠を生き延び、天目山にも同行せず、武田氏滅亡後織田方に降ったためである。その後、本能寺の変で信長が討たれると、武田の遺領の領有をめぐって、家康、上杉景勝、北条氏直、木曽義昌らによる天正壬午《じんご》の乱と呼ばれる複数勢力入り乱れての戦いが起きる。この際、真田昌幸も網の目を縫うように領地を獲得し、後の家康との上田合戦に至るのである。

●両雄対決、川中島の戦い始まる

さていよいよあの男が立つ。頼られて否と言えぬ男、長尾景虎。名分を重んじる彼には、信濃守護を追い出し調略で村上義清から旧領を奪った武田晴信は許すべからざる敵だった。かくして景虎は南下、ここから都合五度にわたる武田晴信（武田信玄）と長尾景虎（上杉謙信）の戦いが始まる。この戦いは千曲川と犀川《さいかわ》が作る中洲である川中島近辺で争われたので**川中島の戦い**と称される。一度目のそれは顔合わせ程度。現長野市篠ノ井の布施で景虎軍が武田軍の先鋒を破る。景虎軍はそのまま現千曲市更埴の八幡まで進撃。さらに同千曲市の武田方の荒砥城を落とす。これに対して晴信が援軍を派遣、景虎の退路を絶とうとすると景虎も深入りせず退却。晴信もあえてそれを追わなかったのでこの戦いは双方特に痛手もなく終わった。

大義名分を重んずる景虎は此後上洛を果たす。**後奈良天皇**、将軍義輝への拝謁を果たし「越後及び隣国にて景虎に敵対する者を討伐せよ」という綸旨《りんじ》を賜ることに成功した。既にこの頃には綸旨や官軍であることが大きくモノを言うことはなくなっていたが、この綸旨は相手よりむしろ景虎自身の迷いを断ち切ることに貢献している。大義名分の整った戦であれば思う存分戦えるのが景虎という男なのだ。

一方、景虎に備える必要を感じた晴信は後顧の憂いを絶っておく必要に駆られた。この事情は縁戚関係にあった今川家にも、さらにかつてはその今川家の臣下でありやはり縁戚にあった北条家にとっても共通だった。１５５４（天文二十三）年、武田・今川・北条の間に各々の縁組がなされ、三竦《すく》みのような状態が形成され、同盟関係が強化される。これを**甲相駿《こうそうすん》三国同盟**と呼んでいる。もちろんその呼称は後世のものであり、甲斐・相模・駿河を示す甲・相・駿はこの並びである必要はなく人によって順序は異なる。同盟締結にあたっては今川家の外交僧であり義元の軍師太原雪斎の働きがあったとも言われている。また北条方の記述ではこの時、武田晴信・北条氏康・今川義元が駿河にあった善徳寺という寺院で三巨頭会談を行ったとある。この会談は善徳寺の会盟と呼ばれており、講談や歴史ドラマの名場面なのだが、現在は直接の三者会談はなかったという説が有力になっている。一つ夢が失われてしまうのは残念だが、三国が婚姻という実質上の人質の取り交わしで結ばれたことは史実。そしてそれにより各々の外交方針が定まったこともまた確かなのだ。参考までに具体的な婚姻の内容を記しておこう。武田家と今川家においては既に義元の娘である後の**嶺松院《れいしょういん》**が晴信嫡子**義信**の正室に迎えられていた。嶺松院の母、すなわち義元の正室も晴信の姉に当たる定恵院《じょうけいいん》である。次に武田家と北条家の関係では、晴信の娘の**黄梅院**が北条氏康の次男（既に兄は夭折《ようせつ》しており世継ぎ扱い）の正室に。そもそも氏康と義元がハトコ同士の関係に当たる北条家と今川家においては、氏康の娘の**早川殿**が義元の嫡子**氏真《うじざね》**に嫁いだ。また氏康の実子の**氏規《うじのり》**も、彼にとって祖母にあたる義元の実母である寿桂尼の元に預けられている。

　これによって武田家は北信濃に集中し越後の長尾景虎に対峙できるようになり、この年には調略で景虎の家臣だった**北条高広**《きたじょうたかひろ》に謀反を起こさせている。景虎は翌年にこれを鎮め高広を赦している。高広は以後忠誠を誓うが、後の謙信の後継者争いである御館の乱においては敗者となる上杉景虎を支持してしまい上杉家を追われ、武田勝頼の元へ身を寄せている。今川家は北の武田、東の北条を気にすることなく三河から尾張への進出にとりかかる。その結果発生したのが桶狭間《おけはざま》の合戦である。また北条家は心置きなく関東管領上杉氏および上杉家を盟主として集う宇都宮氏や佐竹氏との関東平定に向けての戦いに全力を注ぐことが可能になった。

この年、氏康は娘婿でありながら北条氏の風下に立つのをよしとしない前古河公方足利晴氏を、現神奈川県の秦野に幽閉している。晴氏は一度はこれを逃れたものの再度捕まり、１５６０（永禄三）年に没し、以後古河公方の正統争いは、北条の血を引く義氏と、景虎に擁立された藤氏に引き継がれることとなる。

１５５５（弘治元）年、善光寺平の帰属を巡って長尾景虎と武田晴信は再び出陣。両者は犀川を挟んで二百日以上対峙する。今川義元の仲介で和睦が締結され、景虎は善光寺平北を確保、一方晴信は東の木曽に目を転じ、木曽義仲以来の名門である木曽氏の**木曽義昌**に娘である真理姫を娶らせ臣従させることに成功した。これにより武田氏は東美濃攻略の足がかりを作るのだが、それは後に信長の台頭により織田家との国境緊張をもたらし、武田家に軍事的負担を強い、ひいては滅亡を招くことになる。またこの年、晴信は善光寺を信濃から甲府に移転させる。川中島の戦いの戦火から保護するという名目だが、信仰深い晴信ゆえ、甲斐の鎮守を願ってのことかもしれない。

景虎と晴信の仲介も果たした今川義元は、駿河・遠江はもとより三河においても検地を実施。国政においても充実ぶりを見せつけた。

●景虎出家

神経質な男とは傷つきやすい男でもある。そして傷つきやすい男はすぐに拗《す》ねる。自らの仕事ぶり、その態度と成果に自信があれば尚更。評価がそれに伴わない場合は攻撃的になるか投げやりになるしかない。１５５６（弘治二）年、第二次川中島の戦いの翌年、長尾景虎は突如越後を後にして単身で出奔。引退して僧になるべく高野山へ向かう。直接のきっかけは家臣である**上野家成**と**下平修理亮**《しもだいらしゅりのすけ》が領地を巡って諍いを起こし、これを控えるように命じたのだが、共に「父祖伝来の地であり譲れぬ」と従わなかったためと言われる。宿老と呼ばれる譜代の家臣団、先祖は同格に近い者達だけに御家を守るという忠誠心は高いのだが、それが必ずしも当主その人への忠誠心とは一致しない。宿敵武田晴信も先祖代々の宿老には大いに悩まされているのだが、景虎の行動力はこういう時にも晴信に勝る。「これだけの成果を上げているにもかかわらず、命を聞けぬというのであれば、後はその方らが合議により越後を治めるがよい」と国政をいとも簡単に放り投げる。あまりの迷いのなさに無責任を通り越して潔《いさぎよ》ささえ感じさせられてしまう。もちろん家臣団も景虎がいるからこそ反抗もできるわけで、家中が混乱し、隣国信濃の武田や同じく隣国である越中の一向一揆勢に越後が侵略されては元も子もない。かくして**長尾政景**が説得に赴く。

長尾政景は家督相続の折には兄の晴景を推し景虎とは対立していたが、その後景虎に降伏し服従していた。景虎の姉の亭主でもある。景虎は先述のように後に仙桃院となるこの姉を敬慕していた。ところでこの政景、後の１５６４（永禄七）年に、酒に酔って池に落ち溺死している。その死が不自然なことから謙信の手の者による暗殺も疑われている。政景の遺児は子のない謙信の養子に迎えられる。後の**上杉景勝**である。

義理の兄である政景に対し景虎は復帰にあたっての条件を出した。「今後家臣は景虎に不服を申さぬこと。その証として起請文を提出すること」。家臣らはこの条件を承諾し、景虎は越後国主に復帰した。なおこの出家騒動の折にやはり譜代の**大熊朝秀**が愛想を尽かしたのか、敵である晴信に内通。会津を治める蘆名盛氏の支援を得て謀反を起こしているが鎮められ、武田方に身を寄せている。

●次代の予感

１５５７（弘治三）年、後奈良天皇が崩御し、**正親町《おおぎまち》天皇**が即位する（ただし財政不足のため即位の礼が行われたのは数年後であり厳密にはこの時点での即位はなされていない）。最近は織豊《しょくほう》時代と呼ぶことが多くなった安土桃山時代を象徴する天皇。戦国の世も次の段階がそこまで迫ってきているのがわかる。戦国大名の中でも旧世代型に属するといえる武田晴信と長尾景虎は懲りもせずこの年、**第三次川中島の戦い**に臨んでいる。**上野原の戦い**と呼ばれるこの合戦では小競り合いはあったものの、晴信が景虎到着後は決戦に消極的で大きな戦に発展しなかった。前回の川中島の戦いは今川義元が仲介したが、今回は将軍足利義輝《よしてる》から和解の勧告があった。この頃、義輝は三好長慶やその家臣で後に謀反を起こす松永久秀らに京を追われていた。将軍をないがしろにする彼らに対して大義名分を尊ぶ長尾景虎は義輝にとって頼みの綱だった。命に従った晴信は翌年に信濃守護の座を手に入れている。景虎ほど大義名分にこだわらぬ晴信であったが、これで大手を振って信濃の支配ができるようになった。またこの頃、晴信は入道し徳栄軒《とくえいけん》信玄と号している。これ以降彼を信玄と表現したい。その１５５８（永禄元）年、今川義元は嫡子であり武田信玄の甥にもあたる氏真に家督を譲る。内政は氏真と寿桂尼に任せ、自身は西への遠征の準備に入った。

１５５９（永禄二）年、長尾景虎は五千の兵を率いて二度目の上洛を果たす。正親町天皇と将軍義輝に謁見。三管領に準じた特権を与えられ、関東管領上杉憲政の命により関東平定を成すよう命を受けた。景虎は関東出兵の大義名分を得る。景虎は翌年から実に十四度に及ぶ関東遠征を行うが目立った成果は得られなかった。

景虎や信玄ら旧世代組が、進出目標を定め直線的な拡張をすることなく東奔西走しているうちに時代は変わろうとしていた。1560（永禄三）年、満を持して今川義元が堂々と西へ行軍する。目指すは尾張平定。しかし、織田信長との戦いの前哨戦に勝利した義元は信長の奇襲に遭い、まさかの戦死を遂げた。時代は大きく変わろうとしていたが、この時点の信長にそこまでの脅威を感じる大名は存在せず、武田信玄も北条氏康も今川所領の切り取りに野心を抱くのであった。

●関東管領、上杉政虎誕生

一方、長尾景虎の目は関東にあった。この年末に景虎は初めての越山をする。越山とは景虎の関東出征を指す。それは文字通りの山越え。関越自動車道も北陸新幹線も存在しないこの時代、越後から関東に入るには山越えが必須となる。現在の新潟県と群馬県の県境に横たわる謙信尾根の異名を取る谷川連峰清水峠越え、もしくは三国山脈の三国峠越え。主に前者が用いられたが次第に後者も整備されていく。余談ながらあの昭和の今太閤こと首相経験者でありながら刑事事件の被告にもなった田中角栄が誇った強固な政治団体越山会の名の由来もここにあると言われる。田中角栄はリアルタイムでの評価とは裏腹に、昨今では道路インフラや箱物建築など土建大国日本への舵取り、赤字国債発行に先鞭をつけ、止まらぬ借金大国への流れを加速させた張本人とされている。世代限定の繁栄をもたらしたというあたりは景虎に通ずるものを感じさせる。あまりに雪深い地域に住む故にビジョンなど考える余裕はなかったのか。

景虎の越山は越後が雪に閉ざされる前に出兵が行われ、春の到来とともに帰国というパターンで繰り返されるのだが、そういう意味では彼と将兵にとって関東は決戦の地であると同時に避寒地であり出稼ぎ先でもあった。関東管領上杉憲政を擁して上野《こうずけ》に入り諸城を次々に落とす。周辺国人衆や豪族も次々に臣下に降り、宿老のさらに先へ兵を進めよという意見は封じて、現群馬県前橋市にあった厩橋《まやばし》城で年を越す。

年が明けて１５６１（永禄四）年になると景虎は支城には目もくれず、一気に北条の本城である小田原城へ行軍する。十万にも及ぶ大軍が小田原城を包囲。だが北条方の籠城への備えは万全だった。一路小田原城まで駆けて来た景虎率いる関東管領軍には補給路の確保ができていなかった。現地調達しようにも既に現地の食料物資は城内に運び込まれている。背後には信玄の影、退路には北条の支城の数々。大軍といえども、その多くは今回の遠征でなびいてきた国人衆や豪族であるため、包囲が長引けば士気は低下し内輪での争いや寝返りが発生する恐れもあった。景虎は攻略を断念する。包囲を解いた一行が向かった先は武家の聖地とも言える鎌倉だった。鎌倉の地で景虎は上杉憲政から関東管領職を譲渡される。関東管領職は上杉家の世襲。そこで景虎は同時に上杉家の家督も継ぎ、名を上杉政虎と改めた。政虎の政はもちろん憲政からの偏諱である。この年の末にはそこからさらに将軍の偏諱を受け輝虎に、さらに九年後の1570（元亀元）年には出家してお馴染みの謙信となる。鶴岡八幡宮社殿で政虎の関東管領就任の儀式が挙行された。焼け跡と化していた鶴岡八幡宮の復興を成し遂げたのは今しがたまで政虎が取り囲んでいた北条氏。これもまた皮肉である。

　大義名分を重んじる男にそれ相応の名誉ある地位を与えれば、当然その地位に相応しい有り様を体現しようと試みる。長尾景虎にとって関東の名門上杉家の家督継承と関東管領就任はとてつもなく名誉なことであったが、以後彼にとってこの地位から派生する職務は足枷《あしかせ》ともなり、所領拡大の速度を緩め、次代において上杉家が信長や秀吉の後塵を拝する遠因となった。

●壮絶・死闘、第四次川中島

　関東から意気揚々と帰国した政虎は定番化した川中島への出兵を行う。だが武田軍と上杉軍が真っ向からぶつかることのなかった過去三度の戦いと異なり、今回は壮絶な戦いとなった。**第四次川中島の戦い**である。八月、上杉軍一万八千は川中島の南、妻女山に陣を張る。一方、武田方は上杉軍に備え既に先年から千曲河岸に川中島の決戦時の拠点として海津城を整備していた。まずは同じ千曲川南に両軍は対峙する。

　実はこの時、信玄はまだ甲府の躑躅《つつじ》ヶ《が》崎館《さきやかた》を出ていなかった。つまりこの時点で海津城を攻めれば間違いなく城は落ちたのだ。そうなれば武田方が拠点を失うとともに、上杉方は焼失しなければ海津城の確保も可能だった。武田軍の数と士気を削り、自軍は士気を高めた状態で本戦に臨むこともできた。にもかかわらず、政虎は信玄到着前の海津城攻めをしなかった。妻女山でひたすら信玄の到着を待つのだ。まるで恋人でも待っているかのように。政虎はなぜこのような消極的な行動をとったのだろう。軍記物的に考えれば、政虎の義を重んじる性格ゆえのことといえる。「敵の大将の不在時に討つのは卑怯である」と。調略を多用しない謙信ゆえに可能性としてそれもないわけではない。ただ政虎も内通の斡旋はあまり用いないが、戦場での駆け引きは普通に行っている。今回の戦でもそれはある。とすると考えられる理由がもう一つ。それは信玄が到着しないうちに海津城を攻略してしまったのでは、信玄が引き返してしまうおそれがあったということだ。つまり政虎は関東に専念できるように今回は信玄との完全決着を望んでいたと。毘沙門天《びしゃもんてん》の加護と寵愛を受けていると自負する政虎ゆえに、完全決着とは完全勝利に他ならない。完全勝利を望むのであれば敵をおびき寄せねばならない。逃げられぬところまで引き寄せておいて戦に挑まねばならない。となると、信玄の到着前に海津城を攻略しないのも合理的な選択となる。川中島の戦いは両者の名声を高め後世に残しているのだが、同時に大所的な見地においては両者の足枷であり戦略上の大きな制約となっている。信玄にとっても、今回は過去と異なり、今川義元が信長に討たれたことによって、駿河・遠江という新たな獲得目標ができている。政虎・信玄双方ともに、この腐れ縁から逃れたかったのだろう。両者相願うは完全決着。ならば、この戦いが過酷で熾烈を極めるものとなるのは必然だった。

政虎が妻女山に陣を敷いたのは八月十六日。狼煙《のろし》でそれを知り同日中に甲府を発った信玄が現地に到着したのは二十四日のことである。信玄は妻女山とは千曲川を挟んで対峙する川中島の犀川寄りの茶臼山に陣を敷く。上杉勢を北と東から挟撃する構えだった。だが睨み合いは続き両軍は動けない。うかつに動けば怪我をする。そこで信玄は思い切って川中島を突っ切り千曲川を渡って本隊を海津城に合流させる。目と鼻の先での両軍の対峙が続いた。

信玄は軍議を開き、別働隊を組織し、その別働隊に妻女山の上杉軍を挑発・攻撃させ、山を降りてきた上杉軍を本隊が叩くという計略を採る。木をつついて虫をおびき出し、出てきたところをついばむ。当時そう信じられていたキツツキの餌の取り方からこの計略は啄木鳥《キツツキ》の戦法と呼ばれた。提案したのは講談の世界では信玄以上に有名だが最近まで実在が疑われていた**山本勘助**と**馬場信春**であったという。早速約半数の兵により別働隊が編成され妻女山に向かった。一方本隊は城を出て千曲川を渡り川中島の八幡原に向かい、明朝、おびき寄せられた上杉軍を迎え撃つための準備を整えた。

対する政虎は妻女山から海津城を眺め異変に気づく。夕餉《ゆうげ》の支度のために焚かれる煙の量が尋常ではなく増えている。これは動きの前触れだと察知した謙信は裏をかいて山を降りることを決める。下山は夜間に音を立てず慎重に行われた。無事下山した上杉軍は、麓に武田の別働隊を足止めするための後詰隊を残して、本隊は千曲川を渡る。やはり細心の注意で音を立てず。この時の様子が頼山陽の漢詩とそれを元に謡《うた》われる浪曲で名高い「鞭《べん》声《せい》粛々夜過河」（鞭声粛々、夜、河を渡る）という名場面として描かれている。

大量に焚かれた篝火《かがりび》に警戒しつつ勘助ら武田軍別働隊は山を登る。だがおかしい。気配が感じられない。偵察すると、もぬけの殻だった。謀られたと慌てて山を下るが、そこには上杉後詰隊が控えていた。これを切り抜けねば本体に合流はできない。

朝になり立ち込めていた霧が徐々に晴れると、目の前の光景に武田本隊は目を疑った。妻女山にいたはずの上杉本隊が目の前にいる。策に溺れたのは自明だった。しかし別働隊は戻ってくる。それまでの時間、持ち堪えれば勝機はある。上杉軍にとっても事情は同じだった。ここでは裏をかくことに成功したとはいえ、武田別働隊が戻ってくれば上杉軍は挟撃され退路を断たれてしまう。後詰隊が別働隊を防いでいるうちに決着をつけてしまわねばならない。この時間制限も第四次川中島の戦いの激しさを招いた一因となった。

武田軍八千は鶴翼《かくよく》の陣で上杉軍を迎え撃つ。鶴が翼を広げているように左右に大きく展開する陣形。通常は兵力において優位にある折に用いられる。現在対峙している上杉軍は一万二千。一点突破されたらひとたまりもない陣形だった。片や上杉軍は車懸りの陣で臨んだ。車懸りの陣とは大将を中心に渦巻状に各隊を配置し、台風のごとく周回軌道を取りながら前に進む陣形。最前線に回ってきた隊は敵を撃つ。撃ったらそのまま周回軌道で後退し、次の隊に任せる。極めて錬精度が高くなければ持ちうることができない布陣。ただし、この陣は少数の味方で大軍に対峙する折に用いられるもので、兵の数において味方が勝る場合は用いない。戦の采配において定評のある信玄と謙信であったが、今回は両者ともに陣形に関しては選択を誤っていた。

　戦いは激しいものとなる。上杉軍には時間がない。だが車懸りの陣では横に広がる鶴翼の陣に有効な切り崩しはできない。武田勢もまた数に劣り正面からぶつかれば敗退は免れぬ以上、別働隊の帰還までは兵を守りつつ戦わねばならない。だが徐々に武田勢の劣勢が明らかになる。信玄の頼りになる弟、武田典厩信繁《てんきゅうしげのぶ》が討たれ、山本勘助も戦死、両角豊《もろずみぶん》後守虎定《ごのかみとらさだ》も討ち死に。もはや本陣突破は時間の問題だった。そう、まさに時間の問題だったのだ。あとわずかな時間があれば上杉軍は信玄を討ち取っていた。だが謙信の願いが叶えられることはなかった。既《すんで》の所《ところ》で別働隊が到着したのである。こうなると上杉軍は勝利どころではない。一刻も早く退却せねば逃げ道を塞がれる。かくして上杉政虎はあと一歩のところで無念の退却を決断する。実在を疑う向きもあるが、政虎と信玄の一騎打ちがあったとされるのはこの時のこと。最後の一太刀とばかりに政虎は一騎で信玄本陣に駆け込み、しかし信玄を討ちとることはできなかった。武田の重臣が信玄の危機に駆けつけ政虎も退くしかなかった。この一騎打ちが実現したかどうかはともかく政虎自身が太刀を振る

川中島合戦地図

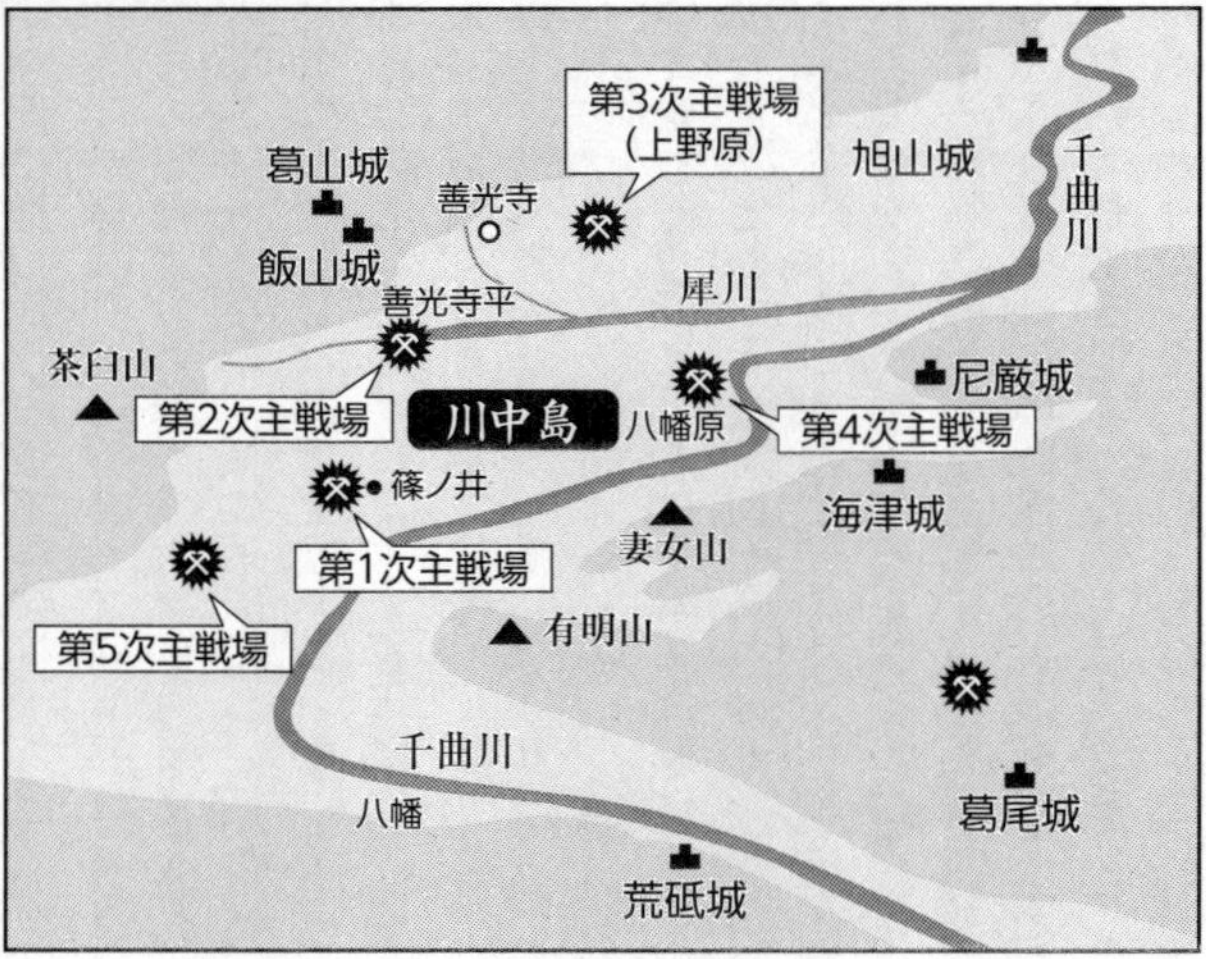
第3次主戦場
（上野原）
葛山城
善光寺
旭山城
千曲川
飯山城
善光寺平
犀川
茶臼山
第2次主戦場
川中島
八幡原
尼厳城
第4次主戦場
篠ノ井
海津城
妻女山
第1次主戦場
第5次主戦場
有明山
千曲川
八幡
葛尾城
荒砥城

ったことは間違いない。第四次川中島の戦いはそれほど激しい戦となった。

一説に上杉勢の戦死者四千六百名余り、戦死率二十三パーセント、対する武田勢の戦死者三千四百人余り、戦死率二十七パーセント。もちろん負傷者は各々この倍を上回る。戦国時代といえども、これほどの戦死率となる戦はほとんど見られない。足軽などは首をとっても手柄につながらぬために、負傷し戦力外となると放置され、相手から命を奪われることはあまりなかったのだ。この被害の程度においても、戦略目標の達成度においても、合戦経過の内容においても痛み分けと言える戦は、見方を変えると政虎と信玄の目の確かさを証明したとも言える。これまで三度にわたる対決で全面衝突を回避してきたことの正しさが証明されたのだ。かくして政虎は越後に信玄は甲府に帰還。二人は三年後に再度対峙するが、相手の恐ろしさを肌身で知った両者はもはや戦うことをしなかった。

●その後の武田家

その後の甲相駿越各国、武田、北条、今川、上杉の状況をそれぞれまとめておく。まず武田家では１５６２（永禄五）年、諏訪御料人との間にできた勝頼が諏訪氏の名跡を継ぎ、高遠城の城主として諏訪四郎勝頼となる。このことは嫡子義信には不満だったらしく彼の信玄への反感は高まる。信玄と義信の父子の溝をさらに大きくすることがあった。翌々年の川中島での上杉政虎との睨み合いを経て、武田家に生じた外交政策の転換である。それは北から南への転進であった。今川義元亡き後の今川家は御しやすく、今川から事実上の独立を果たした三河の松平元康（翌年家康に改名）や尾張の信長と手を組めばその攻略は容易に思えた。

義信にとって駿河は妻の実家であり、母の降嫁を武田家に斡旋した家でもある。この信玄の外交政策の転換は義信には到底受け入れられるものではなかった。かくして１５６５（永禄八）年、義信は傅役《もりやく》である**飯富虎昌**《おぶとらまさ》と共に謀反を画策。しかし自らが謀反によって父を追いやった経験のある信玄のほうが一枚も二枚も上手であった。信玄は飯富虎昌を刑に処し、義信を東光寺に幽閉する。義信は廃嫡、勝頼が継嗣となった。新外交政策の現れとして、この年、世継ぎとなった勝頼は織田家と深いつながりのある女性を娶っている。父はあの遠山の金さんに遠く繋がる東美濃苗木遠山氏の**遠山直廉《なおかど》**、母はその妻であり信長の妹という**雪姫**こと遠山夫人。信長はこの姪にあたる娘を養女にした上で勝頼のもとに嫁がせた。一方の義信は二年後に自害を申し付けられて享年三十でこの世を去っている。未亡人となった元義信の正室の嶺松院は後に駿河に返された。同じ年には信長の長男、後の**信忠**となる**奇妙丸**の元へ信玄の娘**松姫**が嫁ぐことも決まった。さらに翌年には三河の家康との間で大井川を境界線とする今川領の配分の取り決めを結び、武田軍は駿河に進入する。駿府城を落とし、駿河の大井川以東を獲得。今川氏真は掛川に逃れた。

　1569（永禄十二）年、家康との盟約のため西に向かうことができなくなった信玄は東へ向う。三国同盟は義元の死とともに崩壊しており、北条氏康は駿河を見捨てず甥にあたる今川氏真を支援して駿相同盟を堅持。さらに信玄の南下に備えるため、なんと仇敵上杉政虎と**越相同盟**を締結。信玄は北条討伐のため小田原に向かった。しかし、八年前に十万の長尾景虎・関東管領連合軍をもってしても落とせなかった小田原城が武田軍単独で落とせるはずもなかった。謙信も信玄も落とせなかった難攻不落の小田原城は二十年後、名門とは最も遠いところにある百姓（ただし兵農分離前なので足軽でもある）出身の関白の手によっていともたやすく落ちることとなる。小田原城を落とせなかった信玄はやむなく退却する。これを追撃する北条軍と現神奈川県愛甲郡の三増《みませ》峠で激突。武田軍は苦戦を強いられたが、**山県昌景**率いる別働隊の到着で逆転。北条方は先行する**氏照**隊に加えて、氏政本隊が迂回し武田軍を挟撃する手立てだったが、氏政本隊を待たずに開戦してしまった氏照隊の勇み足で計画は崩れ、本隊は途中で小田原に引き返し、信玄もまた甲斐に帰国した。

この後、信玄は、信長の後見で将軍となったものの後に信長と敵対した十五代将軍**足利義昭**の依頼を受け西上作戦を開始する。三方原《みかたはら》で家康に大きな打撃を与えるものの、道中病を重くしこの世を去る。享年五十三。辞世の句と言われているのが、

大ていは地に任せて肌骨好し　紅粉を塗らず自ら風流

死の直前まで線となる戦略を持ち得ず、甲斐を離れることができなかったのが信玄の限界だった。

●その後の北条家

次に北条家に目を移す。三増峠の戦いに敗れた後、氏康は享年五十六で世を去る。代わって北条家を率いたのは既に家督を譲り受けていた北条氏政。氏政は父氏康の死後に思い切った方針転換を行う。先だって戦ったばかりの信玄と手を組んだのだ。それはすなわち上杉との決別をも意味した。氏政は三方原にも援軍を送る。そのまま信玄が快進撃を続け

ていれば氏政の読みが勝利につながるところであった。だが、信玄は遠征途上で病死。武田軍は引き返してしまう。

以後、氏政は従来の関東平定に視線を向ける。１５７２（元亀三）年、１５７４（天正二）年と二度にわたり利根川を挟んで上杉謙信とも対峙するが対決には至っていない。１５７５（天正三）年には**結城晴朝**《ゆうきはるとも》も臣下に降り下総《しもうさ》を制圧。翌年は上総《かずさ》に駒を進め里見義弘との**房総一和**と呼ばれる和議の締結に至っている。

１５７８（天正六）年に上杉謙信が突然死。これにより後継者争いである**御館**《おたて》**の乱**が勃発すると、氏政は当然のように北条氏出身の**上杉景虎**に援軍を派遣する。同盟関係にあった武田勝頼にも援軍の派遣を依頼したが、北条氏の力が必要以上に拡大するのを恐れた勝頼は景勝と和する。最終的に景勝が勝利すると、氏政は武田との同盟を破棄、代わって三河の家康と結び、駿河の武田領に侵入した。そして、この頃、破竹の勢いで天下一統に向け駆け上っていた信長に接近。臣下に降ることを申し出る。家康とも婚姻政策で同盟を結び、関八州に駿河・伊豆までに及ぶ最大版図を実現するが、信長の死後台頭した秀吉の上洛命令に従わず、三度目の正直で難攻不落の小田原城を落とされ滅亡に追い込まれた。謙信にも信玄にも落とせなかった城も秀吉の全国選抜の前にはひとたまりもなかった。上には上がいることを読み誤ったことが北条氏の敗因といえよう。

●その後の今川家

続いて今川である。桶狭間で義元が戦死し、その後を継いだ氏真だったが、当時の今川家の周囲の状況は氏真には荷が重いものだった。信長と手を組んだ家康の独立を防ぐことができず、三河から駆逐されると、遠江においても家臣の離反が相次ぐ。信長に先んじて楽市を実施するなど内政面での充実を図るが、元来の遊興好きは止まらず、連歌や風流踊りに耽る始末。

武田家で親今川の義信が廃嫡され外交政策を転換。この頃信玄に対抗するため氏真は塩の移入を止めたという。これに対し北の上杉は既に直接の敵ではなかった甲斐に対して塩止めの処置は取らなかった。このことが曲解され有名な謙信の敵に塩を送るの逸話に発展したと言われている。家康と約定を交わした信玄が駿河に攻めこむと氏真は持ち堪えることができず、１５６８（永禄十一）年の年末には駿府城を捨て掛川に逃れる。しかし翌年にはその掛川も家康の攻撃を受ける。半年間は持ち堪えたが、城を明け渡せば命は奪わないという和議の条件に応じ、氏真は城を明け渡す。家康が和議を急いだのは同盟関係があるにもかかわらず背後を突こうとする武田の不穏な動きを察知してのことだった。開城後、氏真は妻の実家である北条を頼るが、既に戦国大名としての体は失っており、この時点で戦国大名としての今川氏は滅亡したとされる。なお氏真のその後だが、名門ゆえにその身柄だけは保護され、後に北条から家康へ、さらに京だの旧領だのを転々とした後に、江戸で天寿を全うしている。享年七十七。

●その後の上杉家

さて残すは上杉。信玄との戦いから足を洗った政虎は川中島での激戦の後、将軍足利義輝から偏諱を賜り名を輝虎と改めている。その輝虎、好敵手であった信玄同様、視線の行方がとにかく定まらない。ようやく信玄との腐れ縁を脱したかと思えば、今度は越中の一向一揆との戦いに力を注ぐ。夏は越中、冬は関東出征と、まるで仕事と財産に困っていない作家のような生活。１５６８（永禄十一）年には越中攻めの最中に家臣の**本庄繁長**に謀反を起こされ、急遽帰国しこれを鎮圧。背後には信玄が手を引いていたとも言われる。本庄繁長の居城である本庄城は現在の新潟県村上市にあたり、新潟県でも東北寄り。これを契機に輝虎は東北にも接点を持つ。嫡男顕長《あきなが》を人質にとることで本庄繁長を許すとともに、その仲介に尽力した**伊達輝宗**・蘆名《あしな》盛氏《もりうじ》と誼《よしみ》を通じ、本庄繁長の謀反に加担していた出羽庄内の大名**大宝寺義増**を臣下に加え、庄内を領有した。１５６９（永禄十二）年には信玄の脅威に晒されていた宿敵北条との和睦に合意している。これにより輝虎は上野《こうずけ》の国人衆を抑えた。１５７０（元亀元）年、同盟者となった北条氏康の子を養子に受ける。後の御家騒動御館の乱の一方の主役上杉景虎である。この年、入道し、不識庵《ふしきあん》謙信を号す。お馴染みの上杉謙信である。

翌年には北条氏康が没し、後を継いだ氏政が一方的に謙信との同盟を破棄し、信玄と手を組んだ。これに対し二度にわたり利根川を挟んで北条・武田の連合軍と睨み合いを行っている。信玄が後ろで糸を引く一向一揆勢に手を焼いた謙信だったが、１５７３（天正元）年、信玄が病没するとその勢いも一時的に衰える。この機に乗じて越中から加賀までをも射程に収めたが、関東で北条が兵を挙げると一向一揆が復活し引き返す始末。この面倒見の良さが謙信なのだが、それは同時に最大の弱点でもあった。

破竹の勢いで台頭した信長に対して、謙信は当初好意的だった。信長の上洛は将軍義昭を奉じてのものだったからである。しかし信長が義昭をないがしろにし始めると態度は硬化する。一方の信長は懐柔に徹しており、１５７４（天正二）年にはあの**狩野永徳**の筆による現在国宝及び重要文化財に指定されている**洛中洛外図屏風**を謙信に贈っている。だが信長の試みは実らなかった。京を追放され毛利氏の元へ身を寄せていた足利義昭が信長包囲網を画策する。一向一揆勢の指導者本願寺顕如《けんにょ》と信長を共通の敵とすることで和解。これにより謙信は敵対していた一向一揆勢の妨害から逃れることができ、１５７６（天正四）年、難なく越中を攻略。上洛への道中を確保するため、翌年には越中と能登の境界、加賀にも程近い現在の石川県七尾市にある山城、七尾城を攻略する。余談だが、この七尾城、車さえあればアクセスが容易で、本丸も駐車場から近く、石垣や土塁もわかりやすい。

天守のない山城の入門には持ってこいの城なので近くに足を運ぶことがあれば一見をお勧めする。七尾城はさすがに堅牢で、謙信も容易には落とせなかった。一度の撤退を挟んで包囲戦は二度にわたっており、ここにおいて謙信は嫌いな調略も用いている。七尾城をようやく落とした謙信は能登を平定、いよいよ上洛に向けて加賀に臨む。

既に右大臣となり朝廷の覚えもめでたかった信長に、なぜ謙信が敵対したかは疑問の残るところだが、人は先に入ってきた情報を信じてしまうもの。このときも筆まめな義昭から聞かされた信長の傍若無人な振る舞いの数々が許せなかったのだろう。着々と西へ向かう謙信を食い止めるべく、織田家家臣団北陸方面軍の指揮官、**柴田勝家**が謙信に挑む。なおこの戦いで勝家に対する援軍を命じられた秀吉は軍議において勝家と仲違いし長浜に帰り、信長から謹慎を申し付けられている。勝家が現石川県の白山から流れる雪解け水を日本海に運ぶ手取川《てとりがわ》を渡り終えると、そこには既に七尾城を落とし、現石川県白山市の松任《まっとう》城に入城していた上杉勢が待ち構えていた。勝家隊は文字通りの背水の陣となってしまい、撤退を試みるが上杉軍の追撃は素早く、勝家ら諸将は無事だったものの、多くの兵が討たれ溺死し千名に及ぶ死傷者を出す惨敗となった。謙信の圧勝である。

この戦いに信長は「謙信恐るべし」の震えを抱くのだが、結局信長と謙信の直接対決も謙信の上洛も果たされることはなかった。翌年謙信は突然死してしまうのだ。厠《かわや》近くで倒れそのまま帰らぬ人となった。おそらく脳卒中であろうと推測される。享年四十九。大義

に生き名分に戦った武将の呆気無い最期だった。辞世の句とされるのは、

極楽も地獄もともに有明の　月ぞこころにかかる月かな

四十九年　一睡夢　一期栄花　一盃酒

ただし突然死であるので辞世を意識して詠まれたものではない。

謙信は妻帯していなかった。ゆえに子どもがいない。養子は謙信が葬ったとも言われる長尾政景の子の上杉景勝と北条氏康の子である上杉景虎の二人。当然のように後継者争いが勃発。御館の乱である。いち早く春日山城を制圧し物資弾薬を押さえた景勝が、実家北条氏の支援を受けた景虎に打ち勝ち上杉の家督を継いだ。謙信とは似つかぬ寡黙《かもく》の人景勝ではあったが、軍師となる**直江山城守兼続**を見極めたように目は持ちあわせており、諸将に先駆け秀吉の軍門に降り、越後は手放すものの、謙信を上回る所領を得ている。ついでながら古河公方は北条が義氏を、それに対抗する謙信が藤氏を担いでいたが、１５６２（永禄五）年に藤氏は北条に古河を襲われて囚われ消息不明に。嫡男に先立たれていた義氏は１５８３（天正十一）年に逝去。これを以て滅亡とされている。

第五章

群雄割拠 西

●九州の戦乱

東国が北条・今川・武田・上杉四氏の合従連衡《がっしょうれんこう》を続けていた頃、西でも戦国大名の台頭があった。ここからはそちらに目を転じたい。まずは九州から。応仁の乱の折に中国から北九州にかけて覇権を握っていた**大内政弘**が上洛すると、その機を狙って、元寇《げんこう》では主力部隊として奮戦し鎌倉時代には九州最大の守護であった少弐《しょうに》氏と豊後の守護大友氏が力を回復する。だが大内家重臣の**陶弘護**《すえひろもり》が大友氏を撃退、さらに大内政弘も帰国すると少弐氏を掃討、大内政弘は上洛以前の勢力圏を取り戻す。

１４９６（明応五）年、大友氏で当主**大友政親**と嫡男**義右**《よしすけ》の対立が勃発する。裏で糸を引いていたのは義右の正室の実家である大内氏で政弘から家督を継いだ**大内義興**であった。大友政親が息子の義右を毒殺すると、大内義興は大友政親を自害に追い込む。危うく大友氏は大内氏に取り込まれるところだったが、政親の弟の**親治**が家督を継ぎ家中を統一した。

１４９７（明応六）年、大内義興は九州探題**渋川尹繁**《ただしげ》救援の名目で肥前に出兵し、**少弐政資**・**高経**父子を自害に追い込んだ。だが１５０１（文亀元）年には、大友氏の後見を得て少弐氏の家督を継いだ、少弐政資の三男の**少弐資元**《すけもと》が弔い合戦の旗を掲げる。大友親治はこれに乗じて大内義興との合戦に臨もうとしたが、この頃、大内義興は明応の政変で京を追われ山口に逃れていた前将軍足利義尹《よしただ》（義材《よしき》・義稙《よしたね》）を保護して上洛に向けての準備にとりかかっていた。結局、義尹の仲介で両者は和睦、戦には至らなかった。筑前と豊前が大内氏、豊後が大友氏、肥後が菊池氏の勢力圏となった。

戦を回避させられた大友氏、親治の代は安定したものの、嫡子**義鑑**《よしあき》が家督を継承すると争いが絶えなくなる。1518（永正十五）年、家臣の朽網親満《くたみちかみつ》が反乱を起こすもこれは鎮められた。大友氏の矛先は姻戚関係にあった平安時代より肥後に勢力を誇っていた肥後守護の名門菊池家の乗っ取りに向けられる。1520（永正十七）年、義鑑の弟の**義武**が菊池家の家督継承に成功。ところが1534（天文三）年にその菊池義武が独立してしまう。やむなく義鑑は義武を攻撃、義武は逃亡した。

御家騒動は義鑑晩年にも勃発する。1550（天文十九）年に義鑑は嫡子**義鎮**《よししげ》（後の**大友宗麟**）の廃嫡を試みる。四人の重臣にこれを諮《はか》ると反対されたため二人を誅殺《ちゅうさつ》した。だが逃げ延びた二人の重臣が逆に義鑑を襲撃する。二人は義鎮に代わって家督を継がせようとしていた塩市丸とその実母を殺害し義鑑にも斬りかかった。この時、塩市丸、その母、大友義鑑の三人は義鑑邸の二階にいたため、この事件を**二階崩れの変**と呼んでいる。義鑑はどうにか二人の重臣を返り討ちにするものの、刀傷が元で数日後に事切れた。大友氏の家督は後の宗麟である大友義鎮が継承する。結果的に得をしたのが義鎮であることから、裏で糸を引いたのは義鎮であるとも言われている。その義鎮は1554（天文二十三）年、何度となく再起を狙っていた菊池義武を葬り、名族菊池氏を滅ぼしている。

●龍造寺台頭

九州は京から離れており、幕府の威光が届きにくいように見えるのだが、実際には保守的な土地柄故か、下克上《げこくじょう》が少ない。その数少ない実例の一つが龍造寺氏の台頭である。佐賀の国人《こくじん》だった龍造寺氏は少弐氏に被官する。１５３０（享禄三）年、その少弐氏の当主である少弐資元を討つべく、大内義興から家督を継承した**義隆**が筑前守護代の**杉興連**《すぎおきつら》を派遣し、資元が身を寄せていた現佐賀県神埼市にあった勢福寺城を襲撃した。主戦場が城近くの田手畷《たてなわて》だったため、この戦いを**田手畷の戦い**と呼ぶ。この戦いで少弐方の主力として戦い、杉興連を敗走させたのが、**龍造寺家兼**であった。ただし家兼は龍造寺の本家ではなく分家の水ヶ江龍造寺家の当主である。が、以後は特に必要のある場合を除き水ヶ江龍造寺氏を龍造寺氏と表記する。田手畷での勝利で一時は大宰府を奪還し大友氏の支援再開も得た少弐資元だったが、この戦勝は龍造寺家兼に自信と発言力を与えた。

大内義隆は１５３４（天文三）年、逆襲に転ずる。陶弘護の子の**陶興房**を派遣し大宰府を奪い返すと、翌年には少弐資元を自害に追い込んだ。この時、龍造寺家兼が動かなかったため、少弐資元の重臣**馬場頼周**《よりちか》は、家兼を主君を見捨てた謀反人とみなし、家兼の子と孫を誅殺してしまう。難を逃れた家兼は筑後柳川城主の**蒲池**《かまち》**鑑盛**《あきもり》の元で再起を図った。信じられないことだが、この時家兼八十二歳。家兼はそれから九年後の１５４６（天文十五）年、子と孫の仇である馬場頼周を討ち、九十三にして龍造寺家の再興を果たした。その年、家兼が曾孫の後の**隆信**（僧侶から還俗《げんぞく》して胤信《たねのぶ》、さらに隆信へ）に家督を継がせ大往生を遂げている。

　大往生の家兼から家督を継いだ隆信は１５４８（天文十七）年、本家の当主が没したため、その未亡人を娶《めと》り龍造寺本家の家督の継承に成功する。これに反発する本家の宿老を抑えるため隆信は大内義隆を頼った。隆信の名はこの時に義隆から偏諱《へんき》を賜っての名である。隆信が龍造寺家当主に居座れたのも大内氏の後ろ盾あってのことだった。ところが、１５５１（天文二十）年、大内義隆が**陶隆房**の謀反に遭い討たれてしまう。すると龍造寺家宿老は隆信を本家から追放。追い出された隆信は曽祖父をかくまってくれた柳川の蒲池鑑盛の元に逃れた。二年の雌伏を経て、隆信は挙兵し本家を奪還、龍造寺家当主に返り咲いた。

　隆信は１５５９（永禄二）年にはかつての主筋の**少弐《しょうに》冬尚《ふゆひさ》**を自害に追い込み戦国大名としての少弐氏を滅亡に追いやった。その後版図を拡大する隆信に大友宗麟が立ち塞がる。１５７０（元亀元）年、龍造寺隆信と大友宗麟は現佐賀市の今山で激突。大友方の総勢六万に対し龍造寺方はその十分の一以下の兵力。もはやこれまでかと思われたが、後に明治維新の薩長土肥の一角を占めることになる肥前鍋島藩の藩祖となる**鍋島直茂**（この時は鍋島信生《のぶなり》）が提案した夜襲が成功。これを契機に和議が模索される。隆信は大友に人質を差し出し、形の上では大友宗麟の臣下に降《くだ》った。一方で宗麟もこれ以降、隆信の版図拡大を容認した。

●島津登場

その後勢力を大いに拡大した隆信だったが、南に強敵が現れた。北への侵攻を開始した島津氏である。1578（天正六）年、隆信の形式上の主君である大友宗麟はこれを迎え撃とうとし、現宮崎県の耳川周辺で島津四兄弟の長男**義久**、末弟**家久**の島津軍と対峙する。だが数に勝る大友軍は敗れてしまい宗麟は覇気を失う。それに乗じて隆信は大友領の切り取りを開始、ついには大友氏の勢力を上回る最盛期を実現する。

しかし、その拡大政策の過程において、曽祖父と自らの恩人である蒲池鑑盛の子の**蒲池鎮漣**《しげなみ》を誅殺し柳川城を落とすと、その非道ぶりに国人衆が反発。1584（天正十二）年には、大友宗麟を衰退に導いた強豪島津勢との戦いを迎える。敵は島津家久、さらに隆信に敗れ一時は従っていたものの、柳川での非道ぶりから隆信の元を離れることを決意した**有馬晴信**。かつて隆信が大友宗麟と今山で戦った折は兵の数において圧倒的不利だったが、今回の島津勢との戦いでは隆信が圧倒的に有利な立場だった。しかし、有利なときにこそ油断が生じる。戦場となった沖田畷《おきたなわて》は湿地帯。ここに柵を設けた島津軍は防備に徹する。業を煮やす龍造寺軍を背後から島津の鉄砲隊が攻撃。たまらず引き返そうとするも大軍が災いして陣形は乱れ、逃げようとする兵が前を逃げる兵を突き倒し、龍造寺軍は惨憺《さんたん》たる有り様に。隆信も討ち死にし龍造寺家はかろうじて戦場を逃れた鍋島直茂に取って代わられることとなる。

以後、九州では島津四兄弟による九州統一事業が進められる。だが、豊臣秀吉の登場により島津の九州制覇は目前にして夢に終わるのだった。

●長宗我部の四国統一

今度は四国の情勢について触れる。四国とは文字通り四つの国、讃岐《さぬき》（現香川県）・阿波（同徳島県）・伊予（同愛媛県）・土佐（同高知県）からなる。このうち阿波を治めていたのが、応仁の乱後の幕府を牛耳った細川京兆《けいちょう》家に政元の養子の一人として澄元を送り出した**阿波細川家**である。だが、阿波細川家はやがて家宰であり実力者であった三好家の傀儡《かいらい》に転落する。

讃岐では国人から身を起こした十河《そごう》氏が三好氏と結びつつ、守護や守護代を務めた細川家臣の香西氏を圧迫。だが十河氏も十河景滋の代に、将軍義輝を追放し幕府に代わり京の政務を執った三好長慶の弟の**十河一存《かずまさ》**に養子に入られ家を乗っ取られる。こうして阿波を含め四国の北東は三好氏の勢力圏となった。

続いて伊予である。伊予水軍で名高いこの地を治めたのは水軍の元締めでもあった**伊予**

守護河野氏だった。河野氏は、国内には反河野氏の国人である西園寺氏、東には三好氏、海を隔てた西の豊後には大友氏、と多くの敵を抱えたが、中国の盟主となる毛利氏の庇護を受け、その命脈を保っていた。

さて最後が土佐である。ここには応仁の乱の折に荒れ果てた京を逃れて土着した藤原摂関家の名門、五摂家の一つに数えられる一条氏が君臨していた。一条氏も代を重ねて公家から半武士とはなっていたが、やはり公家の色合いはまだ濃く、七人守護あるいは**土佐七雄**と呼ばれる、安芸《あき》氏、本山氏、吉良氏、津野氏、香宗我部《こうそかべ》氏、大平氏、そして長宗我部氏によって政権は支えられていた。やがて彼らは半ば独立し潰し合い、永禄年間の頃には一条氏、本山氏、安芸氏、そして長宗我部氏の四家に絞られる。七雄の中でも四家の中でも最も勢力が小さかった**長宗我部氏**は１５０８（永正五）年一度滅亡してしまう。だが一条氏に保護されていた**国親**が後にその援護を受け御家を再興した。最弱だった長宗我部氏が土佐はおろか四国統一に乗り出すのは国親の子の元親の代である。

長宗我部元親は一揃いの武具防具だけしか持たぬ一領具足《いちりょうぐそく》の半農半士や地侍、豪族を従えて、主筋である一条氏と手を結び、本山氏、次いで１５６９（永禄十一）年に安芸氏を滅ぼす。本州の情勢把握や外交にも長《た》けていた元親は、美濃斎藤家から正室を迎え、一条氏からの完全独立を目論む。その土佐一条家では、当主**一条兼定**が諫言《かんげん》をした重臣土居宗珊《そうさん》を上意討ちにする事件が起きた。家臣の心は兼定から離れ一条家は御家騒動の様相を

群雄割拠関連地図（西）

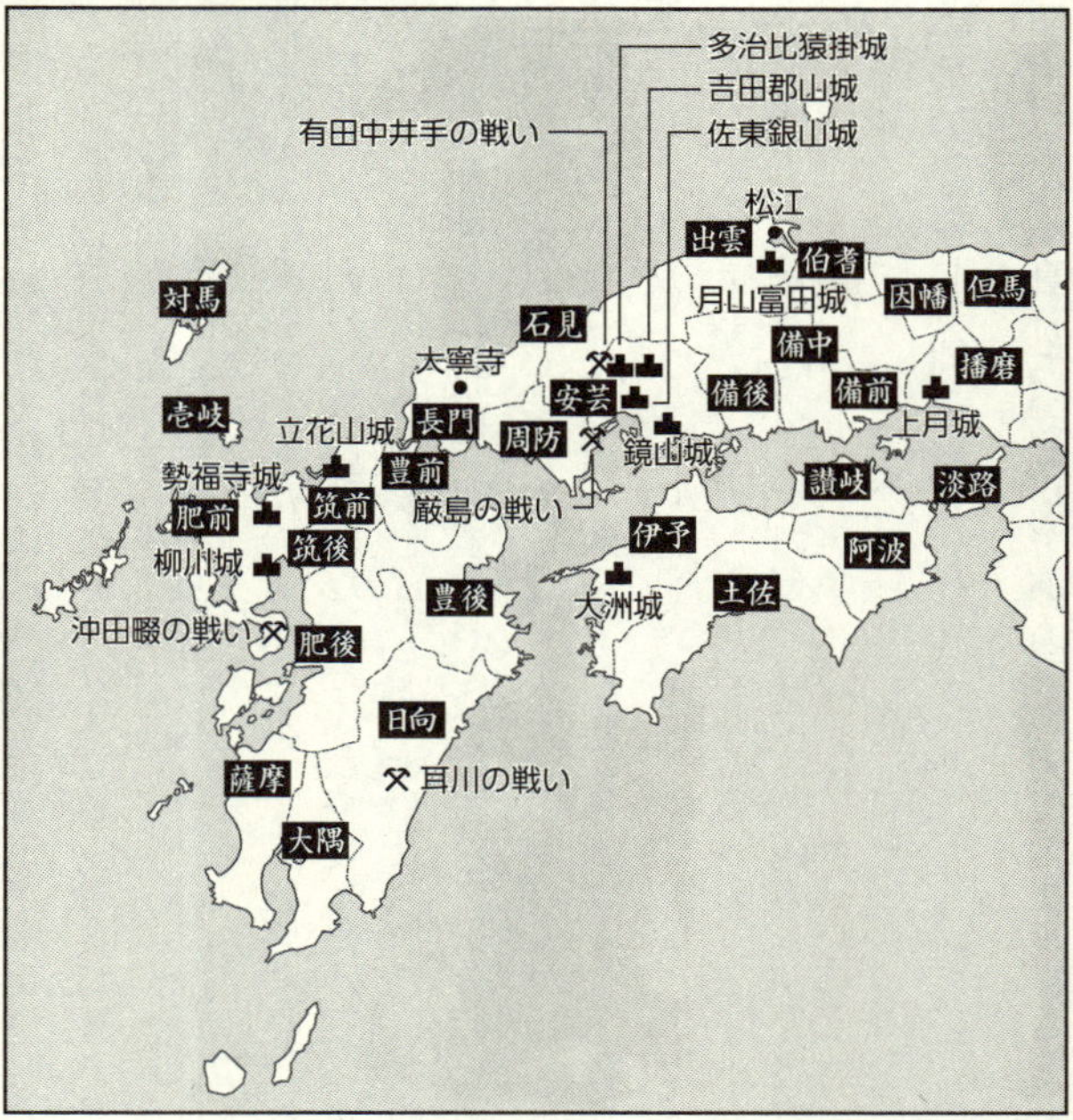
多治比猿掛城
吉田郡山城
佐東銀山城
有田中井手の戦い
松江
出雲
伯耆
月山富田城
因幡
但馬
対馬
石見
備中
播磨
大寧寺
安芸
備後
備前
壱岐
立花山城
長門
周防
鏡山城
上月城
勢福寺城
豊前
讃岐
淡路
肥前
筑前
厳島の戦い
伊予
柳川城
筑後
阿波
豊後
大洲城
土佐
沖田畷の戦い
肥後
日向
薩摩
耳川の戦い
大隅

呈するが一説には土居宗珊謀反の噂を流したのは元親だとも言われている。

1573（天正元）年、京の一条本家が仲介に乗り出し、兼定は隠居、家督は息子の**内政**が継承することとなった。だが、これに反発した兼定の側に立つ豪族らが挙兵し一条家の重臣を誅殺する。すると主家である一条家を救うという大義名分を得た元親はここに介入。一条内政に娘を嫁がせ、内政を傀儡とし、ついに土佐を掌握した。これに対し、1575（天正三）年、親戚筋の大友氏を頼り豊後臼杵《うすき》に逃れていた兼定が挙兵。四万十《しまんと》川を挟んで両者の戦いが勃発する。勝負は長宗我部元親に軍配が上がり、兼定は生き延びはしたものの、以後表舞台に立つことはなかった。

土佐を平定した元親は持ち前の外交力を駆使し、日の出の勢いで台頭してきた織田信長と同盟を結ぶ。そして三好氏の衰退に乗じて讃岐阿波をほぼ掌中にし、伊予ではやはり急激に台頭した毛利の庇護を受けた河野氏と戦いを続ける。四国平定を目前にした元親だったが、その勢いは信長の警戒を買ってしまった。信長に改めて臣従を申し出た元親だったが、信長から出された条件は土佐および阿波の南半分の安堵《あんど》という厳しいものだった。元親は家臣の反対にあい、これを受け入れられず織田軍との決戦を覚悟する。だが、もはや出航を待つのみだった織田軍四国方面隊が出撃することはなかった。信長は本能寺で家臣の明智光秀の謀反によりその生涯を終えていたのだ。思わぬ幸運で信長軍との戦いを避けることのできた元親だったが、二度目はなかった。天下一統を継承した秀吉軍と戦い、降伏・服従することとなる。その条件は土佐一国の本領安堵、信長のそれより厳しいものだった。

●中国の覇者、毛利元就

いよいよ西の真打ちの登場である。自力での出世にこだわれば、出自は百姓（または足軽）なれど信長の遺産に乗っかった形になる秀吉以上の出世を成し遂げた人物。秀吉が学歴コネ無しのアルバイトから正社員を経て、社長になって業界を制覇した人物に喩えられるならば、こちらは家業の数坪の個人商店を運と才覚で西国一の大会社に育て上げた人物。それが**毛利《もうり》元就《もとなり》**である。

元就の話をする前に当時の中国地方の状況をさらっておきたい。盟主は、中国地方はおろか北九州までも覇権を伸ばし、最盛期には周防《すおう》・長門・石見《いわみ》・豊前・筑前・備後《びんご》・安芸の七ヶ国の守護を兼ねた大内氏。そしてその大内氏の牙城を切り崩すべく台頭してきたのが出雲守護代から戦国大名になりあがった**尼子氏**だった。

この二家に挟まれ苦しい外交を迫られていたのが毛利氏である。家の規模は毛利のほうが遥かに小さいが、今川と織田に挟まれた徳川家康の三河松平家に似通った環境だった。元就の父の弘元は大内氏と幕府の板挟みにあい隠居、その後は酒に溺れ１５０６（永正三）年、四十一歳の若さで死去してしまう。その**弘元**から家督を継いだ嫡子であり元就の兄であった**興元**も、大内義興の上洛に同行して疲れ果て、帰国後は尼子経久《あまごつねひさ》と大内氏との戦いの矢面に立たされ、やはり心労が重なり酒に溺れ二十五歳の若さでこの世を去っている。このあたりの事情も祖父と父が共に二十代の若さで家臣の手により無念の死を遂げた家康に通じるものがある。ちなみに毛利弘元の弘はもちろん大内政弘の弘、興元の興は大内義興の興である。

１５１６（永正十三）年、元就は毛利本家の家督を継承した亡き兄の忘れ形見である**幸松丸**を後見することになる。この時元就二十歳。当時としては遅咲きの表舞台への登場だった。元就は、父の引退後、現広島県安芸高田市にあった多治比《たじひ》猿掛《さるがけ》城に身を寄せていたが、父の死後所領を横領され父の側室だった杉の大方にひっそりと育てられていた。乞食若様が、後見とはいえ、ようやく陽の目の当たる場所に出た。やっとのことで日の当たる場所に出ることができた元就だったが、翌年いきなり難局を迎える。あの信玄の甲斐武田氏の分家にあたる安芸武田氏、その当主であり現広島市安佐南区にあった佐東《さとう》銀山《かなやま》城の城主だった**武田元繁**が毛利家中の混乱に乗じて、元就と同じ安芸国人であり元就正室の実家でもある吉川氏を攻めてきたのだ。元就は毛利家中を率いてこれに当たる。五千を超える敵に対し千人足らずで立ち向かったこの戦いが、西国の桶狭間とも呼ばれる**有田《ありた》中井手《なかいで》の戦い**である。武田元繁の重臣、熊谷元直が流れ矢に当たり絶命すると、元繁は自ら大軍を寄せる。これに毛利勢は圧《お》されたが、粘り強く持ち堪える。すると痺れを切らした元繁が、毛利勢を少数と侮り、自軍の士気を高めるため最前線に飛び出してくる。迂闊《うかつ》な元繁は熊谷元直に続き毛利勢の放つ矢に射たれ落馬したところを討たれてしまった。総大将を失うという想定外の事態に武田勢は大慌てで退却する。運にも大いに助けられたが諦めることのない元就の知勇が呼び起こした奇跡だった。なおこれが元就の初陣《ういじん》だった。

●謀聖、尼子経久

若き日の元就を大いに苦しめたのが尼子経久である。もっとも経久は経久で困苦を重ねた果てにようやく他家に号令ができる身となったわけで、彼もまた苦労人である。出雲守護代尼子清久の嫡子だった経久は、十七歳で京の出雲守護**京極政経**の元へ人質に出される。1474（文明六）年のこと。京極氏は室町幕府の四職《ししき》の一つに数えられる佐々木氏に連なる名門。時の当主京極政経は出雲・隠岐《おき》・近江・飛騨の四ヶ国の守護であり、尼子氏は出雲における現地代官だった。京での人質生活ならまんざらでもなかろうと思う向きもあるだろうが、時は応仁・文明の乱の真っ最中。乱の前期に京は焼け野原になっており、決して優雅な人質生活とはいかなかった。経久はその後帰国を許されて父から家督を継ぐ。ここから経久は思い切った行動に出る。主家の京極氏に御家騒動が発生。今なら出雲には手が回らないとみたのか、はたまた国人衆にそそのかされたのか、経久は幕府や主家の命に背くようになる。土地を横領し、段銭《たんせん》と呼ばれる税の徴収代行を拒否する。経久は独立への構えを隠そうとはしなくなった。これが見逃されるはずもなく経久は守護代の職を召し上げられる。そして居城であった現島根県安来市にあった月山富田《がっさんとだ》城を追い出された。1484（文明十六）年のことである。

二年後、経久は見事に月山富田城を奪い返す。一説には芸人集団を場内に潜入させその端緒を開いたとも。さすがにそのまま信じられる話ではないが、月山富田城は力攻めで奪い取れる城ではない。経久が現実に短期間に奪還を果たしている以上、これに近い調略はあったろう。その後、京極政経との力関係が逆転。経久は事実上の出雲国主となり周辺をも平定する。次なる目標は西の安芸。この段階で反対の西側から安芸に勢力を伸ばす大内氏と利害が相反。尼子と大内の間に安芸の国人を巻き込む緊張状態が発生した。

1523（大永三）年、大内氏から尼子氏に主家を転じた元就は、経久の求めに応じて、義父の**吉川国経**を伴い、大内方の安芸支配の拠点だった現広島県東広島市の鏡山城を攻める。大内義興が北九州に出兵している隙をついてのことだった。だが鏡山城は落ちない。元就は調略を用いた。鏡山城を任されていた蔵田房信の叔父で彼を後見していた**蔵田直信**を籠絡《ろうらく》する。「房信の首を持って降伏すれば直信の命の安全は保証し房信の所領も直信に与える」と。直信はこの提案に乗り房信を討って降伏・開城した。ところが、直信に対し尼子経久は約束を反故《ほご》にして斬首した。元就の面目はつぶれ、元就は小国主という立場の悲哀と経久への反感を抱く。経久もまた元就の調略に脅威を感じ、元就という芽を早めに摘み取ろうと決めた。

●元就対経久

元就と経久の対決の機会はすぐに訪れた。鏡山城の戦いの二ヶ月後、元就が後見していた毛利家当主幸松丸が九歳で夭逝《ようせい》してしまったのだ。一説には嫌がる幸松丸に対して経久が首実検の立会を強要したせいで、幸松丸は卒倒、そのまま臥《ふ》せって帰らぬ人となってしまったと言われる。毛利を支える重臣の協議の結果、元就が家督相続者に推挙され、元就もこれを受けて毛利家の居城である現広島県安芸高田市にあった吉田郡山城に入城し家督を相続した。毛利家当主毛利元就の誕生である。ところが、これに待ったをかけた男がいた。尼子経久である。元就では有能過ぎる。尼子家にとって脅威に育つ。家督は元就の弟である**相《あい》合《おう》元《もと》綱《つな》**が継ぐようにと。相合元綱はまんざらでもない。兄に代わって家督が継げるのなら幸運というものだ。重臣の中にも尼子怖さに元綱を支持する者が現れた。彼らは密かに謀反を企てる。ところが元就に抜かりはなかった。調略の名手は諜報の名手でもあるのだ。元就は極秘に進められていた謀反の動きを察知すると機先を制して、逆に元綱を襲撃、造反を企てた家臣も処分し、家中の対抗勢力を一掃した。

　この騒動で元就は尼子と手を切る決意を固めた。となれば大内に寄るしかない。1537（天文六）年、元就は大内家の当主義隆に嫡男を人質に差し出す。毛利の服属を義隆は喜び、元就嫡子に隆元の名を与え、人質とはいえ大内家臣の子として大切に扱った。後の毛利隆元である。

　毛利の宗旨替えを尼子が許すわけはない。1540（天文九）年、尼子経久は孫の**晴久**（この時点では詮久《あきひさ》だが以後晴久で表記）を毛利攻めに派遣する。経久の嫡男、政久は戦場で経久を置いて先立っており、政久の嫡男も夭折していたため、**政久**の次男であった晴久は事実上の経久の後継者だった。とは言え、晴久の若さは危なっかしい。そこで亡き政久の弟にあたり晴久の叔父である**国久**が晴久の補佐についた。国久は尼子家最強と謳われた**新宮党**の当主だった。新宮党の名は月山富田城の麓にあった新宮谷を拠点としたことに由来する。**吉川興経**《きっかわおきつね》らをも従えてその数三万の大軍が出雲路から石見路を南下し吉田郡山城を目指す。対する毛利の軍勢はその十分の一に満たぬ二千五百、これではどうにもならぬ。元就は籠城を決め込む。そして大内氏からの援軍の到着を待った。この籠城に際して元就は城下が焼かれることを危惧し領民を入城させている。籠城の勝敗は糧食によるところが大きい。本来なら籠城する人数は少ない方がいい。兵力にならぬ領民を入城させるなどもっての外。三国志を思い起こさせる領民を引き入れての籠城だが、一つ考えられるのは元就が勝ちを算段していた可能性だ。勝ちなら戦後がある。戦後の復旧には領民が不可欠。果たしてこの賭けはどう出るか。

　籠城は一年に及んだ。その間、元就は得意の計略を駆使して何度か少数で奇襲をかけ小競り合いでの勝利をものにしている。こうして城内の士気を維持し、どうにか城は持ち堪えた。１５４１（天文十）年正月、待ちに待った援軍が到着する。大内義隆の重臣、陶隆房率いる一万の大軍であった。形勢は逆転し、ついに尼子勢は退散する。元就はまたもリスキーな勝負に勝った。尼子撃退後、元就は大内の命を受け、そのまま佐東銀山城攻めに向かっている。若狭から迎えた当主も既に逃げ出したあとの佐東銀山城はあっけなく落ち、戦国大名としての安芸武田氏は滅亡、佐東銀山城は大内方の城となった。

●決戦、月山富田城

一方の尼子家ではこの年の十一月に経久が八十四歳でその波乱の生涯を閉じていた。吉田郡山での敗戦に続き名将経久の死、尼子家を相次いで襲う不幸に尼子方に属していた国人衆らは続々と大内へ鞍替えする。国人衆や陶隆房らの強硬派重臣に圧された大内義隆はここに至って本格的な尼子討伐を決意した。１５４２（天文十一）年正月早々、万を超す大軍が山口を出陣する。大内と尼子の直接対決、**月山富田城の戦い**の始まりであった。陸路を辿り途中諸城を攻略してきた大内の大軍は十月に宍道《しんじ》湖畔に到着。十一月には月山富田城を望む現在の島根県松江市付近に陣を張り、そのまま越年する。そして翌１５４３（天文十二）年正月に軍議が開かれた。元就は調略を用いた策を提案する。だが陶隆房は数の有利を活かす力攻めを主張した。元就にとって陶隆房は全滅を救ってくれた恩人である。また重臣である陶隆房に対して元就は大内家中においては新参者であり外様であった。かくして力攻めが採用される。このとき、周辺の国人勢力を合わせて大内軍は四万を超える大軍勢に膨れ上がっていた。一方の尼子方は一万五千。力攻めは成功するかに思われた。しかし籠城する相手を落とすのは容易《たやす》くない。兵の数の差も籠城戦においては野戦ほどの有利をもたらさない。大内方は攻略に手間取り戦いは長期化した。大内陣中の士気は落ち国人衆には厭戦《えんせん》気分も蔓延する。そんな折だった。大内方に鞍替えしたばかりの吉川興経を始めとする安芸国人衆が、城への総攻撃に向かうと、そのまま敵の抵抗もなく月山富田城に入城してしまう。裏切りだった。吉川興経の興の字はもちろん大内義隆の父、大内義興から賜ったものである。先代に比べ器量が小さいことを見ぬかれた義隆は国人らに見切りをつけられてしまったのだ。興経らの寝返りは大内軍に数の上のみならず精神的な意味においても大きな打撃を与えた。大内軍は急遽撤退に転じる。撤退において最も危険な役目は殿《しんがり》である。味方を逃がすため背後の敵に対峙しながら退却を進めねばならない。これは極めて困難な任務である。そしてその殿を務めさせられるのは、その軍にとって必要性の低い武将つまり外様や新参者であった。

　元就は月山富田城からの退却にあたって殿を申し付けられてしまう。殿での退却は困難を極めた。なにせ得意の調略の施しようもない。ただ逃げるしかないのだ。元就は追い詰められる。そのとき、一人の武者が元就の甲冑を身に纏って囮《おとり》となることを申し出た。その男の名は**渡辺通《かよう》**。実は通にとって元就は主君であると同時に仇でもあった。通の父であった渡辺勝は元就家督相続の際の御家騒動で元就の手で粛清されていたのである。だがその後、帰参を許された息子の通に謀反の意思はなかった。通は数人とともに元就を名乗って敵を引きつける。元就はその隙に辛くも逃げ延びた。もちろん通は討ち死にしている。

功名を得た武将というのは、たいていどこかでこういう絶体絶命の危機に遭遇している。あの織田信長も北陸攻めの際、信頼していた浅井長政に裏切られ、朝倉との挟撃に遭いほうほうの体で退却した。その折の殿は後の豊臣秀吉と徳川家康である。「一将功成りて万骨枯る」とはよく言ったもの。大出世を遂げた英雄には必ずこのように身代わりとなり志半ばで命を落とした家臣が存在する。もっともこれに関しては戦国の世に限らぬのだが。

●毛利の両川

1544（天文十三）年、元就にとって非常に都合の良い養子縁組が実現する。元就の三男**徳寿丸**による竹原小早川家の家督相続である。遡ること三年、あの佐東銀山城攻めの陣中で、毛利家とは姻戚関係にあった竹原小早川家の当主、弱冠二十三歳の**小早川興景**が病を患い、そのまま亡くなってしまった。興景には男児がなかった。そのため親戚筋である毛利から養子を迎えることとなり、元就の三男徳寿丸が竹原小早川家の家督を相続する運びとなったのだ。後に毛利の両川《りょうせん》の一方となり智将として高名をなす**小早川隆景**の誕生だった。元就の亡き兄の娘が興景の妻であり、この縁組は竹原小早川・毛利両家の共通の主筋である大内義隆の勧めでなされたため、御家騒動が勃発することもなく円滑に行われた。

元就の次男の**元春**も他家に養子に出ることになる。その家とは親戚筋でありながら当代は毛利と敵対していた吉川家であった。吉川興経は寝返りにより尼子に勝利をもたらした。だが、そういう輩は、戦が終われば義に反した者として嫌悪を集め警戒される。吉川家中では興経の不徳を詰《なじ》り隠居を望む声が高まっていた。宿老達は元就から次男元春を養子に貰い受けるよう提案した。興経の代こそ吉川と毛利は敵対しているが、元々両家は関係が良好だったのだ。そもそも元就の正室は吉川先代の娘である。法名を**妙玖**《みょうきゅう》といったその元就の妻が元春の実母なので、元春は先代**吉川元経**の孫にあたる。吉川の直系の血を引いているのだ。もっとも吉川興経に幼少ではあったものの**千法師**という嫡子がいた。だが宿老らは元就と図って、興経自身の生命を保証、千法師を元春の養子にし千法師の成長後は元春が家督を千法師に譲り渡すという条件を提示し興経に隠退を納得させた。1547（天文十六）年のことである。だが、こうした約束が守られた例《ためし》は殆どない。興経は約束を反故にされ千法師共々暗殺された。かくして元就は吉川家の乗っ取りに成功した。こうした家の乗っ取りは秀吉も得意としている。智将型の武将に共通する手法といえるだろう。戦わずして勝つは善の善なのだから。なお、元春は嫁取りの逸話でも有名である。元春は嫁取りに際し、自ら**熊谷信直**の娘（後の**慈光院**）との婚姻を望み、自ら信直と当の娘に働きかけ、これを実現したという。熊谷信直は武勇を知られる国人だったが毛利とは敵味方に分かれることが多かった武将である。その娘というのが醜女《しこめ》として有名な娘であった。元春はこの娘の心を溶かし父信直をも惚れさせる。この後、信直は毛利の中国制覇に大いに活躍する。元春と娘との夫婦仲も良好で、後の吉川広家を始めとし二人は何人もの子をなしている。この逸話の真偽は定かではないが、複数の文献にあることから、熊谷信直の娘に、当時の常識で婚姻の障害となる何らかの要因があったのは間違いないだろう。だが元春はそれを一笑に付し、娘と父と毛利家中と自らに幸福をもたらした。男である。

１５４６（天文十五）年、五十歳となった元就は家督を嫡子隆元に譲る。ただし一線から退くことはせず、いわゆる大御所政治を行った。元就は大内義隆に大いに重宝され、大内家の勢力拡大に貢献するとともに自身の安芸における勢力を拡大した。１５５０（天文十九）年には、竹原小早川家の家督を継いでいた元就三男小早川隆景が、沼田小早川家という小早川宗家の家督の継承にも成功している。これも大内義隆の後押しがあってのことだった。沼田の当主だった弱冠九歳の小早川繁平は病弱で目も見えなかった。これでは尼子との戦いに耐えられないだろうということで、分家の隆景に家督が譲られたのだ。ただし前回の竹原小早川家相続は何事もなく進められたが、今回の相続は血なまぐさいものとなった。沼田小早川繁平に尼子方との内通の濡れ衣が着せられ城を追放されたのだ。病弱で目が見えぬゆえ戦いに耐えうることができないと言われた九歳の男児にそんな芸当ができるはずもない。これはやはり言いがかりだったろう。宿老達はもちろんこれに不満を唱えたが誅殺され、元就の持つ謀将の印象そのままの処断がなされた。ただし、繁平は僧籍に入れられており命は奪われていない。病弱で目が見えぬゆえ、将来禍根となることはないというのが現実の理由なのだろうが、無意味な殺生を避けたのだと信じたいところだ。

●陶隆房の謀反

月山富田城の敗戦以来、大内義隆は自ら戦場に出向くことを忌避していた。そして京の公家風の文化を好み、周囲には文人を集めサロンを形成し和歌などに没頭していた。大内家中では、そんな義隆に不満や不安を抱く者も少なくなかった。特に武断派の将であれば尚更である。そしてそれが表面化する。１５５１（天文二十）年、あの陶隆房が謀反を実行した。大内義隆は現山口県長門市にあった大寧寺《たいねいじ》（その後同地に再建）に追い詰められ自害に及んだ。これを**大寧寺の変**と呼ぶ。陶隆房は月山富田城の敗戦以来ことごとく義隆に遠ざけられており不満が爆発したのだった。また大内家中では武断派と文治派の諸将の対立が激しく、月山富田城以降は文治派が力を持ち武断派が追いやられたことから陶隆房の元へ多くの武断派諸将が集まっていた。隆房の謀反は数年前から家中でも噂に上がっており、文治派の側近らは義隆にそれを進言したのだが、戦のみならず政治にも煩わしさを覚えていた義隆は聞く耳を持たなかった。今回の謀反の第一報は早期のうちに義隆の元に届いていた。義隆がその時点で対応すれば逃亡することも迎え撃つことも可能だった。だが、現実に義隆が重い腰をあげたのは隆房軍が目の前まで迫ってからのことだった。これではどうにもしようがない。かくして、西国一の大名となり、京をも上回る文化都市を誕生させ、幕政をも大きく動かした大内氏は事実上の滅亡に至った。数百年の栄光も消え去るときは一瞬である。

なお、陶隆房の隆の字は言うまでもなく大内義隆から賜った一字である。さすがに謀反した相手の名をいただくのは心地良くない。陶隆房は改名し**陶晴賢**《はるかた》を名乗るようになった。ちなみに今度の晴は、晴賢が大友氏から傀儡として招いた大内晴英《はるひで》から賜った一字である。その大内晴英は将軍足利義晴の偏諱を受けている。ところで大内晴英とは何者か。その名から大内氏の庶家の出身と誤解しそうだが、実はこの人物、大内氏とは以前敵対していた大友氏からの養子である。大内氏と大友氏が手打ちをした折に大友義鑑《よしあき》の下に大内義興の娘が嫁いでいるのだが、晴英はその夫婦にできた息子であり大友義鎮《よししげ》の弟だった。晴英は１５４４（天文十二）年に、男児に恵まれず土佐一条家から養子にもらった晴持にも先立たれていた大内義隆に乞われて、一度義隆の猶子《ゆうし》になっている。ところがその直後、義隆に嫡男の後の**大内義尊**《よしたか》が生まれてしまったため、わずか一年の山口滞在で豊後に帰国していた。ちなみに義尊は謀反の際に陶隆房の手で七歳の幼い命を奪われている。今回の晴英は大内家への返り咲きで、大内氏とまったく関わりのない人物が担ぎ出されたわけではない。戦国の世といえ、いや戦国の世だからこそ、表向きは血筋と大義名分が重視されたのだ。謀反後の混乱が一段落した１５５２（天文二十一）年、晴英は山口入りを果たし新当主に就任する。これは将軍家の承認も得ており、翌年には十三代将軍足利義輝（当時は義藤）から義の字を賜り大内晴英改め**義長**と称した。

●死闘厳島

元就びいきの大内義隆の死は元就にとってさぞや痛手だっただろうと思えるが、そうではなかった。この男はそんな甘い男ではない。謀反を事前に知っており、晴賢の指示のもと、安芸の大内氏の支城をことごとく攻め奪いとっているのである。東西に広い領土を抱える大内氏、それを継承しようとする晴賢にとってみれば、尼子を牽制し思い通りに動いてくれる元就は実に使い勝手の良い男だった。だが、人は往々に育てた人物によって痛い目に遭わされるものである。まして相手が有能であれば尚更。１５５４（天文二十三）年までに元就は安芸の大内方の諸城をことごとく攻略する。元就の活躍に初めは満足していた陶晴賢であったが、毛利の勢力圏が大きくなりすぎていることに気がつく。この勢いではやがて自軍をもしのいでしまう。出すぎた杭は打たねばならない。

１５５５（弘治元）年、ついに陶晴賢と毛利元就が激突する。世に言う**厳島の戦い**である。これまでの毛利の戦は毛利の利益に繋がったとはいえ、あくまでも主家のための参陣であり戦であった。したがって意外にもこれが元就にとって初めての毛利の毛利による毛利のための戦となる。この時元就、既に五十九歳であった。

元就の準備は前年に始まる。まず後顧の憂いを絶つために尼子を抑えにかかるのだが、相手が勝手に転んでくれた。尼子の当主晴久が、尼子家中最強の新宮党の当主であり自分の叔父に当たる国久とその息子の誠久《さねひさ》を誅殺してしまったのだ。元就もこれより前に毛利家中の井上党を粛清しているのだが、それとはわけが違う。なんせ新宮党は尼子家においての最強部隊だったのだ。晴久は自ら毛利の背後を突く戦力を喪失してしまった。ちなみに従来はこの誅殺も元就の調略によるものだと考えられていた。元就が偽手紙を晴久に故意につかませることによって、国久親子を誅殺させたと言われていたのだ。反間計あるいは反間の策と呼ばれる調略の常套手段。最近では元就調略説は否定されているが、こんな逸話が残っているということで、逆に元就の調略が如何に恐れられていたかがよくわかる。

　ここまで安芸の国人衆をことごとくまとめ上げてきた元就ではあったが、それでも大内の兵をそっくり手中にした陶晴賢には、まだ動員できる兵の数において圧倒的な差があった。二万を超える毛利討伐隊を迎え撃つ毛利の軍勢はせいぜい四千から五千がいいところ。元就は四倍から五倍以上の敵と戦わねばならなかった。寡にして衆を制すには籠城か狭地へのおびき寄せしかない。今回の場合、籠城は考えられなかった。援軍の期待が微塵《みじん》もないからである。また陶晴賢軍は一年程度の物資は十分に用意できる。となれば狭地に誘い込むしかない。元就が想定したその場所は厳島《いつくしま》であった。幸い、大内軍には大きな戦の前には戦勝祈願で厳島に立ち寄る慣行があった。ならばそこに誘い込むのは容易のはず。元就は厳島を占領、そこにあった宮尾城を接収し大改修を行った。誰が見ても元就が厳島に拠点を築こうとしているようにみえる。もちろんこれは元就の罠だった。はじめからこの城に籠もるつもりなど微塵もない。この城はあくまでも元就が厳島に陣を敷くと思わせるための囮に過ぎない。晴賢軍を島にとどめておくための置き石に過ぎない。この時、晴賢は銀山で有名な石見にいた。自分が亡き者とした大内義隆の姉を正室とする吉見正頼を討伐していたのだ。案の定、この報を聞いた晴賢は怒り心頭となった。厳島は大内にとって聖地でもある。毛利如きに蹂躙《じゅうりん》させるわけにはいかない。晴賢は先鋒隊を派遣する。だが先遣隊は壊滅してしまった。そこで晴賢は自ら安芸に向かうことを決断した。晴賢軍二万は石見を発つと一旦山口に戻り、兵装を整え再度出陣。岩国まで陸路を取り、そこから船で厳島へ。先鋒が宮尾城に手をこまねいているのを見て、ついには自ら上陸した。この時、元就の家臣、**桂元澄**から陶晴賢宛に偽りの書状が届いていたともいう。「晴賢が厳島を攻めれば毛利軍は厳島に向かう。その隙を突いて自分が吉田郡山城を乗っ取る」と。さすがに曽祖父の亡霊に縛られていた尼子晴久ならともかく、陶晴賢のような名将がこれを安易に信じたとは思いにくいが、晴賢は、この書状が偽りだと見抜いたとしても、そこから「元就は陸路で吉田郡山城を襲撃されるのを最も嫌がっている」と見抜けるような智将ではなかった。何より晴賢は迷信深い人物でもある。厳島の戦勝祈願をしないで敵の本陣ともいえる吉田郡山城を襲えるほど現実派ではなかった。

九月二十二日、陶晴賢軍二万が厳島に上陸、宮尾城を望める塔の岡に本陣を敷く。

一方、佐東銀山城でこの報を聞いた元就は急ぎに急ぐ。宮尾城が落ち、神事が終われば、晴賢は海を渡ってしまう。それまでに厳島に上陸せねばならない。元就は息子の小早川隆景を通して村上水軍を味方に引き込む。だが、村上水軍も一枚岩ではない。なかなか毛利勢四千を島に送り込めるだけの船は揃わない。元就は焦った。だが幸い、陶晴賢は厳島に上陸後、攻略速度を落としていた。慎重になったのか、はたまた験《げん》を担いで日を選んでいたのか。それでも元就には猶予はない。焦燥の元就だったが、二十八日にようやく村上・来島《くるしま》の水軍が到着。毛利全軍の渡島が可能になった。

しかし、ここでも元就を不運が見舞う。出撃を予定していた九月三十日、瀬戸内を暴風雨が襲ったのである。誰もが出陣は延期と思った。だが、元就はこの危機を好機に変えた。敵もよもやこの暴風雨の中、船を出してくるとは思うまい。視界も極端に悪い。ならばそれは目眩ましにもなる。発想の転換であった。余談ながら、徳川普代の間では「天下を決めたは関ヶ原にあらず小牧長久手にあり」と言われていたという。同じように毛利通の人たちの間では、「西国の桶狭間は有田中井手の戦いではない、厳島の戦いこそが西国の桶狭間だ」と言われている。さもありなん。寡兵にして衆兵を討ち暴風雨に乗じての奇襲。桶狭間との共通点は多い。元就の船団は塔の岡を山一つ越えた包ヶ浦に到着。別働の小早川隊は夜陰に乗じて堂々と正面に船をつけ上陸。これにより塔の岡の陶晴賢軍を前後で挟撃する形となった。

厳島の戦い

陶軍の動向
毛利軍の動向
毛利方の兵船
陶方の兵船
毛利方の城砦
毛利元就主力／3,000余
(毛利元就・毛利隆元)
火立岩
地御前
守将／己斐・新里氏
村上水軍
有ノ浦
杉ノ浦
宮尾城
塔の岡
安芸
包ヶ浦
小早川隆景隊
大元浦
博突尾
厳島神社
陶晴賢軍(20,000強)
大野瀬戸
弥山
鷹ノ巣浦
厳島
腰細浦
←至岩国
陶晴賢敗走路
陶晴賢軍
大江浦
須屋浦
N
数字は侵攻順序。①毛利軍が宮尾城を構築。②陶軍が陣を造る。③村上氏の水軍三百が姿を見せる。④毛利軍は夜半、荒天をついて出撃。主力は島の裏側の包ヶ浦に上陸。⑤別働隊の小早川隆景隊は有ノ浦に上陸、宮尾城の兵と合流。⑥元就は、深夜の間に主力軍を陶軍の後方に進め、翌早暁、陶軍に奇襲。同時に別働隊が正面から突撃。⑦陶軍、総崩れとなり、陶晴賢も島から脱出できず自害している。

十月一日、日が昇ると、宮尾城総攻撃に胸を高鳴らせていた陶晴賢軍は度肝を抜かれる。背後から一気に毛利軍が駆け下ってくるのだ。源平合戦の鵯《ひよどり》越《ご》えの再現である。一方、前からは小早川軍が登ってくる。こうなると大軍はむしろ仇となった。収拾がつかぬばかりか逃げる場所がないのだ。かくして陶晴賢軍は雲散霧消。晴賢は逃亡を試みたが大元浦まで逃れたところで海上を見て愕然とした。味方の船がない。既に毛利方の水軍の手で晴賢方の船は接収されたり沈められていた。大江浦まで落ちるが、もはやこれまで。陶晴賢は逃れられぬことを悟り自害した。享年三十五。猛将の若すぎる落命だった。辞世の句は、

何を惜しみ　何を恨みん　元よりも　この有様に　定まれる身に

●防長経略

最大の敵である陶晴賢を打ち破った元就にとって、もはや旧宗主である大内家は恐れるに足らぬものだった。とはいえ、大内義長には兄の大友義鎮がいる。山口攻めの際に北九州から背後を衝かれては厄介だ。だが、大内の所領を折半することを条件に不介入を依頼すると、大友義鎮はあっさりこれを受け入れた。弟とはいえ、大内義長は兄である自分の反対を押し切って大内の家督を相続した。もはや義長は大内の人間であって大友の人間ではないのだ。積極的に攻めることはしないが助けることもまたしない。1557（弘治三）年、元就は大内義長を山口に攻める。いわゆる**防長経略**である。義長も傀儡の当主だったとは言え、名門大内家を相続したにふさわしく必死に凌いだが、多勢に無勢。最期は自害して果てた。享年二十六。辞世の句は、

誘ふとて　何か恨みん　時きては　嵐のほかに　花もこそ散れ

元就は大内義長を討ったことにより防長の二国を手に入れた。強国に挟まれた小さな国人の次男坊が二ヶ国の国主となる一方で、名門に生まれた男が儚《はかな》い最期を遂げる。これぞ戦国の世といえるだろう。

●三子教訓状

この年、冬も差し迫った頃、元就は毛利隆元、吉川元春、そして小早川隆景という三人の息子たちに書状を認《したた》めている。書き出しにある「三人心持之事」の文言で有名なこの文書は俗に**三子教訓状**と呼ばれている。毛利の家名を絶やさぬように三人が共に励むこと、毎朝、朝日に向かって念仏を唱えること、厳島神社を大切に祀ること、三兄弟の姉妹である五竜局《ごりゅうのつぼね》についても粗末に扱わぬことなどが書かれている。毛利といえば戦国に関して無知な人でも知っているのが三本の矢の逸話。兄弟が和することの大切さを説いた逸話であり、毛利ゆかりの広島を本拠地とするJリーグ加盟チームサンフレッチェ広島の名前の由来としても有名だ。その三本の矢の逸話の原典がこの三子教訓状にあるとよく言われるが、三子教訓状の文面を読む限り、兄弟仲良くという当たり前のことにおいて共通点があるだけで、他に類似したところはない。ただ、こういう話が出てくるということから、元就が兄弟の和に気を配っていたことがわかる。そして、それは裏を返せば、毛利の両川の言葉で象徴されるように毛利三兄弟は一枚岩であるかのように思われているのだが、実は兄弟仲が意外に悪かったということを推察させる。

そもそも兄弟仲が良ければあえてそれを訓示する必要はない。子供の頃ならいざしらず、既にこの時点では三人共とっくに成人しており各々子どもさえいる。にもかかわらず、それを説くということは、よほど気がかりだったに違いない。性格や趣味趣向も異なる三兄弟、今はそれを束ねる元就が存命だからなんとかまとまっている。だが、要である元就亡き後はどうなってしまうかわからない。長男隆元は素直で人もいい。が、神経質で線が細く、謙虚を通り越すほど自信に欠けている。次男吉川元春は度胸がある。勇猛果敢で力強い。が、深謀遠慮には欠け、ともすれば消極的な兄をないがしろにするところがある。三男小早川隆景は謀将元就の才を受け継ぐ智将であり義にも篤い。だが、それゆえに無能な者、義を欠く者に対して冷徹なところがある。ついでに添えれば五竜は、面倒見は良いのだが、男まさりな点があり、思ったことをすぐ口にしてしまう。現にこの四人の間で幾度となく喧嘩は起きており、それは他家のような御家騒動には至らなかったが、自分亡き後の毛利家を考える元就には放置しておくことができなかった。この書状だけが契機というわけではないが、三人は元就の言いつけを固く守った。それは代を超えても引き継がれ、結果として毛利の家を現代まで残すことになる。

　なおこの書状と共に長男隆元に送った書状も有名である。「毛利をよく思うものは他国はもちろん当国にもいない」「毛利を悪く思うものは他家はもちろん当家中にも存在する」

というその内容は、小領主ゆえに生き残りのため謀略という邪道を用いたが、そのことに後ろめたさを抱いている元就の気持ちをうかがわせる。

●元就、中国制覇

安芸に加え防長を手にした元就の次なる敵は北九州の大友であり、出雲の宿敵尼子であった。特に北九州は博多貿易の利権から是が非でも手に入れたい地だった。１５５８（永禄元）年、元就は大友義鎮との和睦を破棄して北九州への橋頭堡を築くべく、小早川隆景を向かわせる。隆景は現福岡県北九州市門司区にあった門司城を攻略、毛利の北九州における拠点を確保した。これに対し大友義鎮は、翌１５５９（永禄二）年、さらに１５６１（永禄四）年と二度にわたり門司城の奪還を試みる。が、水軍の活躍にも助けられ、隆景は二度とも大友軍を跳ね除けた。

１５６２（永禄五）年、元就はいよいよ出雲に侵攻する。１５６０（永禄三）年に尼子晴久が享年四十七で急死を遂げていたこともあり、尼子家中は動揺していた。尼子方の城を落としつつ月山富田城へ向けて行軍する元就を不幸が襲ったのは翌年のこと。長男隆元が享年四十一にして謎の急死を遂げてしまったのだ。臣下の国人和智正喜の下を訪れ、出陣祝の饗応を受けた帰りのことだった。このため毒殺が疑われるが、和智正喜はこの後も尼子に降ることなく毛利に仕えているため、おそらく中毒死であったと思われる。だが最愛の息子を失った元就にそのような冷静な判断はできず、後に和智正喜は討たれている。弔い合戦の様相を呈してきた月山富田城攻めは長期戦となった。この間、大友とは将軍足利義輝の仲介で和睦が結ばれている。

１５６５（永禄八）年、亡き隆元の忘れ形見である幸鶴丸が元服、**毛利輝元**を名乗った。既に毛利の家督は元就から隆元、さらに輝元へと渡っているが、元就存命中は毛利の執政は元就が担った。月山富田城包囲戦において輝元は早速初陣を飾っている。だが、かつての毛利の「死ぬか生きるかの戦」ではなく、もはや毛利の戦は大軍を擁しての持久戦という強者の戦になっていた。１５６６（永禄九）年、冬も近づいた頃、ついに尼子晴久の急死を受け家督相続していた**義久**が降伏・開城した。国人衆はもとより一族郎党の離反、その誅殺、兵糧の不足などから城内は持ち堪えることのできる状態ではなかった。義久は命こそ奪われなかったが円明寺に軟禁される。これによって戦国大名としての尼子家が実質滅亡した。毛利家はついに中国の覇者となった。

●謀将、この世を去る

翌年、元就は伊予に乗り出す。友軍である河野水軍の河野氏を救出すべく小早川隆景が派遣される。隆景は現愛媛県大洲市にあった大洲城を落とし、城主宇都宮豊綱を捕虜とした。

同じ年、大友義鎮改め大友宗麟との戦が再開されている。きっかけはかつて元就が匿《かくま》っていたこともある筑前の大名**秋月種実**《あきづきたねざね》が反大友の兵を挙げたことだった。１５６９（永禄十二）年には博多を見下ろす立花山城を巡って、毛利と大友の戦いが始まる。城に近い現福岡県福岡市の多々良浜で行われたその戦は**多々良浜の戦い**と呼ばれる。元就、吉川元春、小早川隆景と勢揃いするも、敵地での城の保守を目的とした戦いであり、相手が迫ってこぬ限り積極的に打って出ることはできなかった。戦いは膠着《こうちゃく》状態になる。

この膠着状態を打破すべく宗麟は中入りを用いる。中入りとは敵が侵攻してきているときに空になっている敵の本拠地を突く作戦。元就が秋月種実を擁したように宗麟にもまた隠し球があった。その人の名は**大内輝弘**。れっきとした大内家の血を、それもあの応仁の乱の西軍の主力として上洛した大内政弘の血を引く武将である。大内政弘の次男であり義興の異母弟だった高弘は、父政弘に謀反を試みるも失敗して大友の元へ亡命してきていた。そこで生まれたのが輝弘なのである。輝弘は大内家の再興を目指し、大友宗麟の口車に乗って海路を周防に向かい、そこで挙兵したのだった。**大内輝弘の乱**と呼ばれる出来事である。

さらに好機至れりと尼子家の再興を目指す尼子再興軍も出雲で挙兵した。尼子再興軍の実質上の大将は山中鹿之介こと**山中幸盛**《ゆきもり》。尼子家再興を願い、月に向かって「われに七難八苦を与えよ」と願ったという逸話はあまりにも有名である。彼が担いだのが、新宮党尼子誠久の忘れ形見の**尼子勝久**。新宮党粛清の際に難を逃れ僧になっていたところを還俗させ擁立したのだった。秋月種実に大内輝弘、それに尼子勝久。こうしてみると、現代の感覚では残忍極まりないのだが、禍根を断つために、滅ぼした者の血を引く男児を生かしておかぬというのも、当時生き延びるためには必要な措置だったことがわかる。たとえ本人にその気がなくとも担がれることはいくらでもある。男児に限らない。女児だって男児を産んで、その子に亡き父の無念と御家の再興を託すことがある。戦国の世と言いながら血統のなんと重視されることか。

前面に大友、背後に大内と尼子の亡霊。まさに金ヶ崎や包囲網の折の信長を思い起こさせる状況なのだが、元就は冷静に動いた。立花山城は放棄、大友宗麟に勝ちを譲り東へ向かう。吉川元春率いる先兵隊は山口に戻ると大内輝弘軍と戦い、輝弘を自害に追い込み乱を鎮圧した。そしてそのまま部隊は出雲へ。毛利の軍勢は現島根県安来市の布部山《ふべやま》にて尼子再興軍と対峙する。山上を奪われた毛利軍は攻めあぐねたが、吉川元春が別働隊を率いて背後から尼子勢を急襲。尼子勝久は逃亡し、毛利軍は再興軍を破った。なお、尼子勝久はこの後、信長の下へ身を寄せ、秀吉の中国討伐軍に組み込まれる。現兵庫県佐用郡佐用町にあった上月《こうづき》城の留守居を任されるのだが、１５７８（天正六）年に毛利輝元を総大将とする毛利軍に城を攻め落とされ、享年二十六で自害を遂げている。尼子再興のために尽力した山中幸盛もこの時捕らえられ、護送中に討たれ、尼子再興の望みは完全に潰《つい》えた。

尼子再興軍を破った布部の戦い。その戦いが元就最後の戦となった。翌１５７１（元亀二）年、元就は吉田郡山城で七十五歳の生涯を終えた。辞世の句ではないが、死の数ヶ月前、花見の席で詠んだと呼ばれる歌がある。

友を得て なおぞうれしき 桜花 昨日にかはる 今日のいろ香は

謀将と呼ばれ、戦いに明け暮れた生涯だったが、子どもたちを愛し、謀事への後ろめたさを感じながら生きてきた元就の孤独と人恋しさが偲ばれる。そういえば、元就は戦国武将の中でもかなり筆まめな部類に入る。おかげで他の武将に比べ、その生涯で謎に包まれた部分が少なく、歴史から学ぶ者にとってはありがたい存在なのだが、筆まめな者には臆病な者が多いという。元就もそうだったのかもしれない。その慎重さは天下を毛利から遠ざけたが、その一方で毛利家の末代までの存続を可能にしたといえるだろう。

第六章

信長の天下布武

●偉大な父、信秀

応仁の乱以来、半世紀以上にわたって続く戦国の世。群雄割拠の混沌とした時代もやがて一人の男の手によって収束へ向かう。その男こそ尾張の奇人、戦国の覇者、**織田信長**だった。地元以外ではノーマークに等しかった織田信長が突如として歴史のメインストリームに登場するのは１５６０（永禄三）年のこと。海道一の弓取りと謳われた今川義元擁する数万の軍勢をわずか数千人の奇襲で打ち破り、信長は一躍その名を全国に轟かせる。この戦いこそ世に名高い**桶狭間《おけはざま》の戦い**である。この時信長は二十七歳。現在なら十分に若手だが、十代で元服して婚姻して子をなした時代。信長自身も大好きな敦盛《あつもり》のフレーズに謳われる人間五十年を基準にすれば、既に折り返しを過ぎている。信長はそれまで何をしていたのか。まずは少し時を遡って、若き日の信長を振り返りたい。

信長は１５３４（天文三）年、尾張勝幡《おわりしょばた》城で織田信秀の次男にして嫡子《ちゃくし》として生誕。ここで重要になるのは父である織田信秀がどの程度の地位にあったかということ。当時の尾張の守護は室町幕府の四職《しき》の一つに数えられる名門斯波《しば》氏であり織田氏はその現地の代官にあたる守護代だった。これなら知事クラスだが、実は信秀は織田宗家の当主ではない。主家の長者であり守護代でもあったのは**織田達勝《みちかつ》**。信秀はその分家の家父長であり重臣に過ぎなかった。したがって信長も本来は織田家の当主にはなれぬはずだった。そんな信長が織田家をまとめあげることに成功したのは父の功績によるところが大きい。父、信秀は外交の名手であり戦略と朝廷幕閣工作に巧みだった。現在の名古屋城の地にあった那古野城を今川方から奪い、今も名古屋市千種区に地名が残る末盛にあった末森城も攻略し東へ領土を拡張。今川方に属していた家康の祖父に当たる三河の松平清康が尾張進軍中に家臣に暗殺されると、その機に乗じて東三河、現愛知県安城市にあった安祥城を奪取。今川と領を接するまで勢力圏を拡張した。

　戦と領土経営の間を縫って上洛を果たし、朝廷と幕府への挨拶と献金を行い叙任も受けている。実質的には主家を上回る領土と地位を得た信秀に対し、主家は面白くない。そこで織田家内での争いも発生したが、信秀は主家を滅ぼすまでには至らず、形式的には主家を立てた上でその重臣にとどまっている。

　信秀の勢いは一時的に美濃をも勢力圏にするほどだったが、勢力圏の拡大は敵を増やす。１５４８（天文十七）年、「大うつけ」と称されていた嫡子信長に、美濃の蝮《まむし》と恐れられていた斎藤道三の娘、**濃**《のう》（帰蝶《きちょう》）を娶《めと》らせるが、これは敵だらけの中、北に兵力を割く必要がないようにするための政略結婚であった。

　それから三年後、勢力を大いに発展させつつ、その維持に苦しんだ信秀がこの世を去る。これにより信長は十八にして信秀の家督を相続した。

　さていよいよ信長の出番と言いたいのだが、まだ信長の目は醒めない。織田家すら手中に収めていないのはこの時点でも変わらない。むしろ信秀が亡くなったことに付け入ろうとする者も一族には多かった。信長の目が醒めるのはある男の死がきっかけだったと言われている。その男は残念ながら父信秀ではない。信長は父信秀の葬儀に際して、あろうことか遅刻をし、その位牌に対して抹香《まっこう》を投げつけるという暴挙を行っている。父への憎しみによるものではなく、むしろ抑えがたい情愛からの蛮行と考えたいが、分家とはいえ一家の主のなすべき行為ではない。こうした信長を諫《いさ》めたのは彼の傅役《もりやく》として、信長がこの世に生を受けた時から尽くしてきた**平手政秀**だった。濃姫との婚儀もとりまとめたという政秀は信長の目を覚まさせるために思い切った行動に出る。その行動とは自害であった。自害の原因として不仲説もある。が、仮に不仲であったとしても、いや不仲に至っていたのであれば尚更、そのまま死なれてしまうことの衝撃は大きい。この一件以降、信長は生まれ変わったように動き出す。

　まずは頼りになる身内との関係修復に乗り出す。多くの家臣に家督相続者として不適当だと考えられていた信長。だが彼は師を見出した。妻である濃姫の父、義父にあたる斎藤道三その人である。蝮と恐れられた道三が治める美濃との県境に近い正徳寺で二人は会見。この時信長はうつけの評判とはかけ離れた見事な正装で臨席。道三を大いに驚かせ彼の気持ちを掴んでいる。

●織田家統一へ

翌年、信長はついに兵を動かす。機会は思わぬところに転がっていた。名目上の存在とはいえ尾張の守護であり織田家全体の主筋であった**斯波義統**《しばよしむね》を、信長の主筋にあたる織田達勝の後継者である**織田信友**が討ち果たしてしまったのだ。守護代が守護に取って代わる下剋上《げこくじょう》。謀反《むほん》により父を討たれた斯波義統の嫡男は信長に保護を申し出る。信長はこれを快く承諾。信長にとって大きなチャンスだった。下剋上の戦国の世とは言え、主筋を討ち果たすことは決して褒められることではない。日本において主家を討ち、主に成り代わるには大義名分が必要になる。信長はこれまでその名分を持たなかった。が、それが向こうから転がり込んできたのだ。今なら信友を討つことは謀反人の討伐であり非難の対象とはならない。本家を上回る主筋である斯波家の仇討ちにもあたる。覚醒した信長はこの機を見逃さない。一週間を待たずして信長は叔父の**信光**を味方に引き入れ、ともに清洲城に攻め入り信友方を壊滅させる。この電光石火の行動こそ信長の真骨頂。１５５５（弘治元）年、二十二歳にして、ついに信長は織田家の頂点に立ち尾張の半分を平定した。

　那古野城を信光に譲り自らは清洲城に入城した信長。しかし、まだその地位は危ういものだった。翌年には義父斎藤道三が美濃の清流長良川のほとりで、こともあろうに息子**義**《よし》**龍**《たつ》に討ち果たされる。信長は軍勢を率い救出に向かったのだが、信長の到着を前に道三は自害に追い込まれていた。義龍は、道三の実の息子ではないのではと噂されたほど道三との親子仲が悪く、道三は義龍に家督は譲ったもののその実力をほとんど評価していなかった。父殺しのせいもあって義龍の評判は非常に悪いのだが、義龍の実力に関して道三は過小評価していた。道三はその報いを自らの命で受ける。不仲の実子の力量を見誤っていた道三だが、義理の息子である信長は高く評価していた。死に際し道三は信長に美濃を託すと遺言する。信長は大きな精神的な支えを失ったと同時に、北に美濃という強大な敵を抱えることになった。だが、その一方、美濃に侵攻し奪い取る口実を手に入れた。禍福は糾《あざな》える縄の如しとはよく言ったものである。

　もっとも泣きっ面に蜂という言葉もある。義父を失い義龍という厄介な強敵を抱えてしまった信長に追い打ちがかかる。危なっかしい信長に代えて信長の弟である**信行**を擁立しようという動きが家臣の中で活発化するのだ。そして**柴田勝家**らが現実行動に出る。現名古屋市西区にあたる稲生《いなお》の地で信行軍と信長軍が激突。後の桶狭間ほどではないが、この戦いでも兵の数の上で信長軍は圧倒的に不利な状況にあった。一度は討ち死に寸前に追い込まれた信長だが、後に勇猛さで名を残す**森長可**《ながよし》らが果敢に奮闘する。これに救われた信長は自ら檄《げき》を飛ばしつつ柴田勝家の軍勢をひるませる。こうして形勢は逆転。信長は九死に一生を得て勝利した。負けた信行は実の弟とはいえ、謀反した敵将である。本来ならば斬首か自害を申し付けられるところ。しかし、兄弟共通の母である土田《どた》御前が信長に助命嘆願をする。母親のたっての頼みを断ることは、なかなかできるものではない。武士として初めて太政大臣になった平清盛も継母池禅尼《いけのぜんに》の嘆願に負けて源頼朝を助命し、後にその頼朝に平氏は滅ぼされている。後世、信長に冠せられた残虐者のイメージ。だが、現実には信長は母の願いを聞き入れ弟信行を赦した。それどころか柴田勝家や謀反の中心人物だった**林秀貞**（**通勝**）らも許し自らの家臣に組入れている。これは現代人の信長への先入観に立脚すると意外だが、実は信長という男は許す男なのだ。ただし許すのは一度に限る。有名なところでは**羽柴秀吉**がその恩恵を受けている。織田軍団の北陸方面軍司令官となる柴田勝家を援軍するよう命じられ、秀吉は北陸に着陣する。だが軍議の場で勝家と口論の末に、勝手に引き返して信長の激高を買ったが許されている。その盟友の加賀百万石の祖である**前田利家**にも同じようなことがあった。殿中で信長お気に入りの**拾阿弥**《じゅうあみ》を切り捨てた廉《かど》で放免され浪人になるも後に帰参を許されている。織田軍団は外様《とざま》の力が大きい。信長の人材活用は適材適所の配置と徹底した信賞必罰、そして新規採用者および中途採用者への厚遇。奇しくも共に謀反を起こすが**荒木村重**も**明智光秀**も全くの外様でありながら信長の臣下に下ってからはその能力に見合ったポストを与えられた。下剋上と言いつつ御家を重んじる戦国時代には、こうした人事はなかなか珍しい。あの朝倉孝景も宿老に左右されない人事を目指したが実現はできなかった。後世、信長が元祖であるように言われることの多くはオリジナルではない。人事や城下町づくりに関しては朝倉孝景が先であり、楽市・楽座は六角定頼が信長以前に行っている。比叡山の焼き討ちは足利義教《よしのり》や細川政元の先例があるし、将軍を擁しての上洛は大内義興を始め、六角定頼や三好長慶《ながよし》らも行っているのだ。だが、それらをより完全な形で実施するところに信長の凄みがある。また主領と主城を、出世と攻略目標の達成に伴って、迷う様子もなく移していったのは信長が元祖と言える。土地や官職に対する固執のなさはそれまでの戦国大名にはみられない点だった。

信長は一度は許す。だがあくまでも一度きり、二度目はない。見切りと決断の早さもまた信長の信長たる所以《ゆえん》なのだ。しかし一度描いてしまった夢はそう簡単に消せるものではない。命を永らえた信行は自らの限界を悟ることができる器ではなかった。兄信長に取って代わり自らが織田家を動かすのだという野望は消えない。信行は柴田勝家らに働きかける。次はうまくやれるはず今度こそ兄信長を亡き者にと。だが、信長麾下《きか》に職と地位を得た勝家が信行の誘いに乗ることはなかった。信行は梯子《はしご》を外される。１５５７（弘治三）年、信行の動きを知った信長は、病を装って信行を清洲城におびき出し信行の命を奪い禍根を絶った。二度目はなかった。

一族内での争いは続く。信長は翌年、尾張の上四郡を統括する**織田信賢《のぶかた》**を**浮野の戦い**で破る。この戦いも危ういものだったが、犬山城を居城にする従兄弟の**織田信清**を味方に引き入れることに成功して難を逃れた。さらに翌年、信長は信賢の居城である現愛知県岩倉市にあった岩倉城を落とす。だが遺領の配分を巡って信安と対立。この年には、あの親の仇討ちをしてやった斯波義銀《よしかね》も信長に反旗を翻そうとして追放されている。信長の敵はこの段階においてもまだ尾張内部にあったのだ。

「修身斉家治国平天下」などと言われる。まずは我が身を律し、その上で家族をまとめ、それができたら国を治め、その上で天下を平らげよと。しかし、現実は順番通りにはいかない。一国の宰相でも父母や嫁には頭が上がらなかったり、息子や娘の言いなりになってしまうもの。立身出世を果たした個人や企業の歴史をたどっても、ローカルな範囲の統一、地域ナンバーワンになるまでに多大な年数を費やしている。普通に考えると全国大会は都道府県や市町村区の大会よりレベルは高いはずだが、新参者にとっての最大の難関は地区大会であって全国大会ではない。小選挙区制などまさにそれが実感できる。全国的にそれなりの知名度を持っている者でも、地元の名士には太刀打ちできないもの。代を経て理屈を超えた義理や恩義に係る関係を、そう簡単に覆すことはできない。新参者にとって地域を制することは日本一になることより難しい。ただし、裏を返せば、地域の柵を覆してリーダーを追いやることができるような者には全国制覇も夢ではない。信長の天下一統はまさにこのパターンだった。

ローカルな地域において旧リーダーに立ち向かうには地域外のリーダーによる権威付けが不可欠になる。古代において、あの奴国《なこく》王も邪馬台国の卑弥呼《ひみこ》もそれを求めて使者に海を渡らせた。信長もまたそれに倣う。１５５９（永禄二）年、信長は上洛し、時の将軍足利義輝に拝謁《はいえつ》、中央の権威によって地方の支配を試みた。

●風雲、桶狭間

翌１５６０（永禄三）年、信長が全国にその名を馳せる時が来る。章の冒頭で紹介した桶狭間の戦い。その戦いに至るまでには親子二代にわたる尾張と織田家の頂点を目指しての戦いがあった。全国の大名や公家《くげ》に信長の名が知れ渡るのはこの桶狭間の戦いを契機にしてのこと。この時までは信長は全国的には無名の存在だった。それゆえ、桶狭間の戦いに関して記録は少なく明らかでない部分も多い。従来の解釈はこうである。時節到来と上洛に臨む今川義元。その最初の通過点が尾張であり、上洛の景気付けに信長を叩こうと義元は出陣する。義元侵入の報を聞いた信長は死が近づいたことを悟り、人間五十年で有名な敦盛を舞い、どうせ敗れるならばと奇襲に打って出る。熱田《あつた》神宮で戦勝祈願を終えた信長は供回りの追いつかぬのも気にせず駆けに駆け、田楽《でんがく》狭間を前にして将兵の到着を待つ。十倍近くの兵力差はあるものの地の利は信長にあった。また田楽狭間の地は大軍を擁することができぬ地であり、本陣に奇襲をかければ義元の首をとることも夢ではなかった。折しも暴風雨。これに乗じて信長軍は義元本陣に一気に攻め入る。義元軍は予想もしなかった敵の襲来に、古《いにしえ》の富士川の戦いの平氏軍のごとく、統率もままならぬ状態で逃げ惑う。義元本人も逃げようとするのだが、信長軍の兵に見つかり首を斬られる。総大将義元を失った今川軍は総崩れで退却。信長軍は大方の予想を覆す大勝利を収めた。

以上の解釈は信長側の史料による。この戦いは事前から注目されていたわけではない。第三者的な視点の史料が少ないのも無理はない。ただ昨今では、義元には上洛の意志はなかったと言われている。既に名門として認知されている今川家が改めて将軍に拝謁しても得られるものはない。まして大軍など不要。後の信長のように傀儡《かいらい》化できる将軍候補を抱えていれば擁立もできるが、義元にはそれもない。そもそもこの時期の京には三好長慶がいた。長慶は阿波からの上洛組で将軍候補を擁立してはいなかったが、将軍を京に入らせず自力で畿内の政治を行っていた。地元での勝負ならともかく、義元が京に遠征して長慶に勝てたとは思えない。では義元の尾張急襲の目的は何だったか。それは尾張の切り取りにあった。ほんの少し前までは尾張の一部にも今川領は存在した。それを追いやったのは信長の父信秀である。尾張が織田家の内紛でゴタゴタしているうちは放っておけばいい。だが信長の元にその戦力がまとめあげられるとなっては見過ごしはできない。一旦弾みがついた勢いは簡単には抑えられなくなる。勢いが付く前に信長を叩かねばならない。公家に倣ってお歯黒をし、でっぷり太って武士らしさなど微塵《みじん》もなかったように言われる義元だが、極めて冷静な好判断と瞬発力を伴った決断であり行動である。出る杭は出る前に打たねばならないのだ。この時期の信長が相手なら、義元がじっくり長期戦を構えれば、間違いなく勝てたろう。信長には、他国に支援を期待できる武将がいない。一方の義元は武田や北条と条約を結び後顧の憂いは絶っている。北の美濃の斎藤義龍も信長の敵であり西の近江や伊勢にも信長に味方する者はいない。居城も難攻不落ではない。じわじわ攻めればよかったのだ。ところが義元は油断した。信長与《くみ》し易《やす》しと見てしまった。だから先鋒隊として後の家康である松平元康らを先行させたが、直後に自分自身がのこのこ最前線に出向いてしまったのだ。迂闊《うかつ》とも不運とも言える不慣れな地勢、風雨という天候の条件、義元が負けたのは不思議なことではなかった。

ちなみにこの時、義元が一命を失ったことで今川全軍は総退却している。よくこれを理由に義元の能力不足が叫ばれるが逆である。全軍が総退却したことは義元のリーダーシップの確かさを証明するものでもある。もし義元が重臣らに疎《うと》んじられていたのなら、義元亡き後も今川軍は安易に撤退しなかったはず。そうすれば緒戦で勝利しても信長を待っていたのはジリ貧の状況だった。なお決戦の場となった桶狭間は名古屋市の緑区から豊明市にかけての地域。戦場に関して緑区と豊明市に本家争いも存在するが、両地は目と鼻の先。地元の人以外はさほどこだわらなくてもよいだろう。また桶狭間について田楽狭間と呼ばれた窪地であるという説や、丘であるという説があるが、この違いもここでは問わない。重要なのは新進気鋭の信長が旧態勢力の大物である今川義元を打ち破ったこと。それによって勢いを削がれずにすんだということ。逆に今川の側は放置しておけば大きくなる一方の信長を手をこまねいて見ているしかなくなったということ。ただし、信長が義元の所領

織田信長関連地図（主な城と場所）

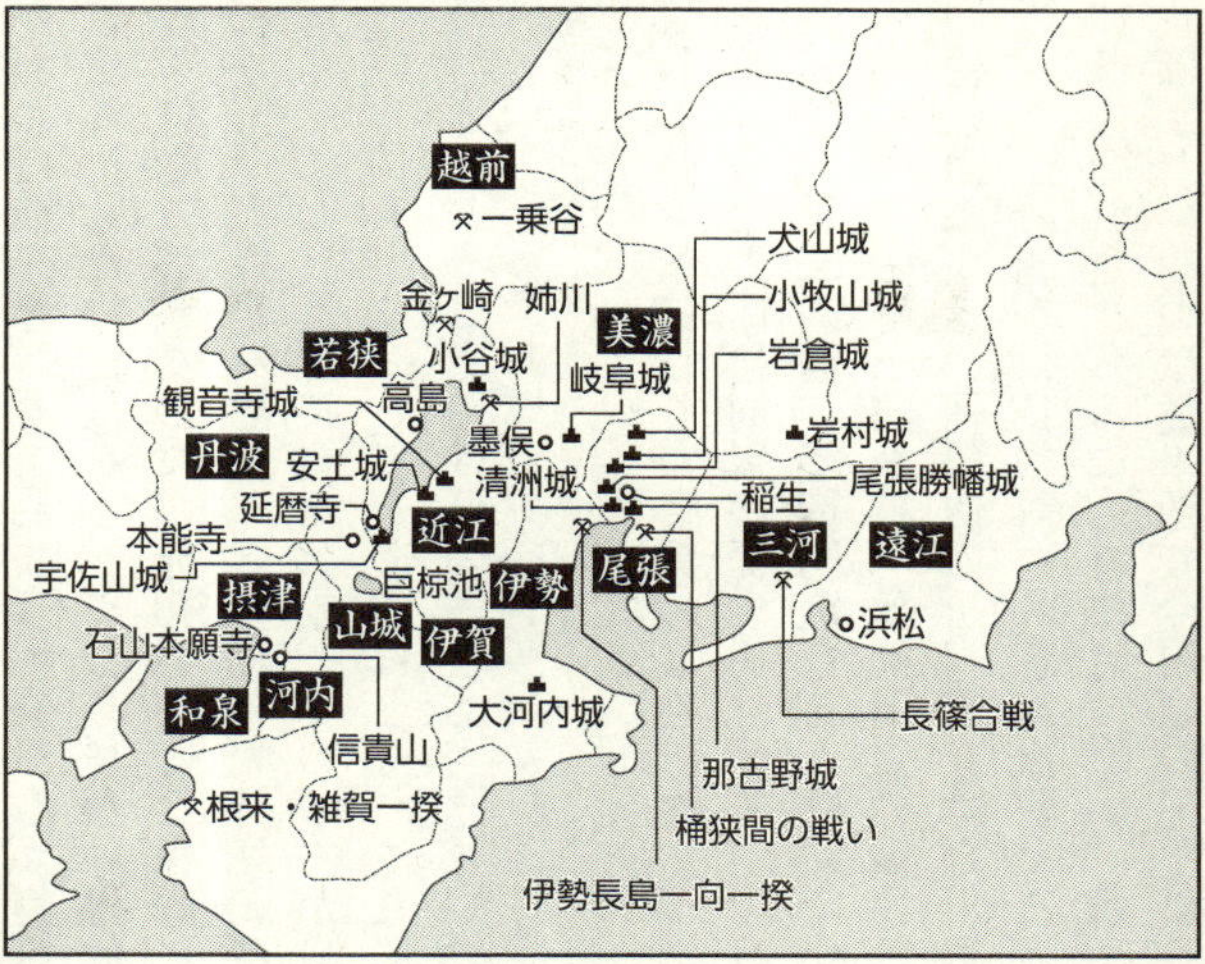

である駿河を手に入れたわけでもなければ今川家が滅亡したわけでもない。それどころか、信長には尾張内にさえ信清のような敵がいる。文字通りの目の上のたんこぶとして斎藤義龍の美濃もあった。だが、初めての対外戦に勝利したことで信長は尾張以外の相手との戦いにも自信をつけたのだった。ここで注目したいのは、これが外敵の襲来に端を発したことであるということ。信長は初めから版図拡張に取り憑かれていたわけではなかったのだ。桶狭間勝利以降の信長は対外拡張政策に転じている。故に信長に初めから全国統一、天下一統への気構えがあったように錯覚してしまう。もちろんその資質は十分にあった。だが、それに火をつけたのは今川義元の侵攻である。立ち

向かわねば命を奪われてしまう、立つしか選択の余地のない敵襲。信長は自ら積極的に外
征に乗り出したのではなく、やむを得ない外的要因をきっかけに天下一統に目覚め対外拡
張政策に切り替えたのだ。分相応などと保守に徹していては生き残ることができぬと悟っ
たのかもしれない。歴史に名を刻んだ人物の生涯を眺めていると、こういうケースの多さ
に驚く。才と度量を持った英雄、その多くが自らの力を発揮するきっかけを外敵に与えら
れている。人生において運の力はとてつもなく大きい。千両役者といえども舞台を与えら
れなければ舞うことも演じることもできないのだから。戦うには相手が必要なのだから。

●美濃政略

対外拡張政策に転じた信長の最初のターゲットは因縁ある隣国美濃だった。まずは三河
の松平元康との間に同盟関係を樹立する。１５６２（永禄五）年に締結されたこの同盟を
清洲同盟、**尾三同盟**、**織徳同盟**などと呼んでいる。清洲同盟の清洲は清洲城から。尾三同
盟の尾三は尾張と三河から。織徳同盟の織徳は織田の織と松平元康の後の名である徳川家
康の徳に由来する。桶狭間の折、家康は今川軍先鋒隊として出陣、彼自身は勝利を収めて
いる。だが義元が信長に討たれ急遽撤収。三河まで退却した家康は自害を覚悟するが、僧
侶に諌められ生き残ることを決意。幸い、織田軍の追撃はなかった。家康に与えられた選
択肢は二つ。一つは従来通り今川家の配下に甘んずること。この場合、義元が戦死したの

で家康の主君は義元の子、今川氏真《うじざね》ということになる。もう一つの選択肢は、この機を利用して三河にとどまり、この地を固め今川家からの独立回復の道だった。

家康自身は人質とはいえ、今川家での扱いは冷遇ではなく厚遇であり、何が何でも独立を取り戻さねばという気はなかった。独立すれば東西に今川と織田という強敵を抱えてしまうのだ。しかし、松平恩顧の三河武士達にはもう限界が来ていた。三河武士は気が荒い。意に反すれば主君を斬ってしまうほどに。三河の地を蹂躙《じゅうりん》され、戦となれば危険な先鋒を言いつけられ、成功報酬は今川家臣に比べ乏しい。家康には今川家に留まるメリットがあっても、松平家臣団にはなかった。家康は家臣らに押される形で独立の道を選ぶ。今川の支援は期待できない。それどころか桶狭間敗戦から立ち直れば謀反人として追討を受けるのは間違いない。ならば織田にすがるしかない。松平家にとって織田家は因縁浅からぬ仇《きゅう》敵《てき》である。容易に手を組める相手ではない。家臣の多くは織田との同盟に抵抗した。しかし、今川と縁を切った以上、他に道はない。今度は家臣団が折れる番だった。こうして家康は今川家と決別、松平家と織田家は対等な同盟関係で結ばれた（後に家康は事実上信長の臣下に降《くだ》る）。

後顧の憂いを絶った信長は本格的に美濃侵攻に乗り出す。その準備として１５６３（永禄六）年には清洲城を出て、さらに美濃に近い小牧山城に拠点を移した。勢力圏拡張に際して拠点を移動する手法も、現在では当然のもののように見られるが、実はかなり大胆なやり方。信長はこの後、岐阜から安土へと居城を移し成功を収める。そのため、発展に伴い前線に居城と本領を移すことが常道のように感じてしまうが、このやり方は少数派。新規獲得の領地の経営は困難であり、旧領主の家臣が身を潜めていることも考えられ、新たに獲得した所領に自らノコノコ出かけ居を構えることは身に危険を及ぼす。ゆえに多くの大名は新たに獲得した領地には配下の武将を派遣し、自らは旧領にとどまった。あの武田信玄も侵攻目標だった奥三河の長篠にも東美濃の岩村にも前線の拠点には家臣を派遣したのみ。版図拡大後も現在の甲府の丘陵地、山梨大学の坂の上にある躑躅《つつじ》ヶ《が》崎館《さきやかた》が居城であった。北条早雲も小田原城攻略後も主城は韮山《にらやま》城だったし、上杉謙信も関東管領を就任してからも春日山城を居城としていた。しかし、一方で大将自ら前線に腰を据えることのメリットは大きい。敵情視察も容易なら、最前線との交信や指示の伝達も迅速にできるようになる。家臣や兵たちに本気の姿勢を見せ、戦いへの士気を大いに高めることができる。すぐ後ろで上司が見ているのに手抜きができる部下はいない。今でこそ地方に住む者の多くが成人すると都会に出るようになり土地に縛られる日本人は少なくなった。しかし、この時代の武士にとって土地は自らの命に近い大切なもの。土地と故郷への執着の克服、これもまた信長を成功せしめた目立たぬ要因といえるだろう。

国内統一の難しさは近隣統一にも当てはまる。信長は織田家と尾張の統一に七年の月日を要しているが、隣国美濃の攻略にも同等の月日を費やすこととなった。信長が斎藤氏の居城稲葉山城を落としたのは１５６７（永禄十）年。道三がいなくても美濃はとんでもない強国だったことがわかる。攻めても攻めても落とせなかった美濃を攻略できたのにはいくつかポイントがある。まず斎藤氏の代替わり。父道三を討った斎藤義龍は働き盛りの齢《よわい》三十五にして急死、持病の悪化が原因と言われる。家督を継いだのは弱冠十四歳の**龍興**《たつおき》だった。このことは斎藤家臣団の統制を乱し内部分裂を促した。

君側《くんそく》の奸《かん》を重用する龍興を諫めるために、後に信長と秀吉の軍師として名を馳せる**竹中半兵衛重治**は、龍興家臣の身でありながら一度は稲葉山城を乗っ取っている。この時、織田家から帰順し配下に加わるよう誘いがあったが、半兵衛はそれを拒絶している。半兵衛の目的は下剋上ではなく、龍興の目を覚まさせることにあったからだ。後に半兵衛はあっさり城を龍興に返還する。が、命懸けの諫めにも、龍興と側近らは心を入れ替えることなく、斎藤氏家臣団の絆は綻《ほころ》んだ。ついには三人の重臣が斎藤家を後にする。氏家卜全《うじいえぼくぜん》こと**氏家直元**、稲葉一鉄こと**稲葉良通**《よしみち》、そして竹中半兵衛の舅《しゅうと》でもあった**安藤守就**《もりなり》、人呼んで美濃三人衆。同じく斎藤家重臣不破光治も離反し、斎藤家臣団は一気に弱体化、その情報は織田側に筒抜けとなった。なお、後に氏家直元はその子、直昌、**行広**と共に武功を挙げるが、行広の代に関ヶ原において成り行きで西軍に加担してしまい改易される。行広は大坂・夏の陣で豊臣方に馳せ参じ奮闘むなしく自害した。稲葉良通は大名となり織田・豊臣配下の武将として名を馳せる。息子の貞通は関ヶ原で西軍に属していたが小早川秀秋の寝返りを見て自身も追随して東軍に寝返り。後に大分臼杵《うすき》の藩主となっている。不破光治は織田北陸方面軍の目付として柴田勝家を補佐。安藤守就は後に佐久間信盛らとともに織田家を追放されている。その後の明暗は分かれるものの、総じて一度は新たな主君の下で活躍できた。新参者にも相応の職と処遇を与える織田家ならではのことといえる。

信長の美濃攻めに際し名を馳せたといえば、忘れてはならないのが**木下藤吉郎**。もちろん後の**豊臣秀吉**。美濃攻略の最前線基地として、海抜ゼロメートル地帯・輪中《わじゅう》地帯として知られる現岐阜県大垣市墨俣《すのまた》町の地に墨俣城を築城した。講談では一夜城として語られる。信長配下の誰もが築きえなかった城を一夜にして秀吉が建ててしまったと。もちろんこれはいわゆる話を盛ったものであり、現実には墨俣城は城というより砦であり野戦における陣地レベルのもの。一夜というのも当然誇張だが、短期間で完成させたことは間違いない。なお、この時活躍したとされているのがかつては木曽川の水運に携わっていた蜂須賀小六こと**蜂須賀正勝**。彼も後に秀吉配下の武将として功を挙げ、その子である家政は後に徳島藩の藩祖となっている。また竹中半兵衛は、斎藤氏滅亡後は浪人生活を送っていたが、秀吉が三顧の礼で半兵衛を迎え入れ、以後その死によって黒田官兵衛こと**黒田孝高**《よしたか》にその役割を引き継がせるまで、秀吉の軍師として活躍した。

●天下布武

七年におよぶ美濃攻略、それが成就した時、信長はその目を全国に向けた。井ノ口と呼ばれていた城下を岐阜と改める。岐阜は現在でこそ全都道府県庁所在地の中でもマイナーな地名だが、覇者信長の命名によるものなのだ。この岐阜という名にも信長の心境と天下一統への決意を窺うことができる。古代中国の周王朝、その始祖文王がもともとの本拠地としたのが岐山《きざん》、そして孔子の故郷とされる曲阜《きょくふ》、岐阜の名の由来はここにあるという。信長は稲葉山城も岐阜城と改称。そして那古屋城、清洲城、小牧山城に次ぐ四度目の居城としてこの城を選び移り住んだ。あの有名な天下布武の印も岐阜城を居城としている時期に使い始めている。

　苦難の美濃攻略だったが、信長はそこから思わぬ同盟者を得た。北近江の**浅井《あざい》長政**である。近江は美濃の西隣。尾張とも隣国のようなもの。美濃と尾張の戦いにおいて、近江を味方につけることはどちらにとっても重要だった。そのため斎藤龍興は浅井長政との連携を模索したが、これを阻んだのが信長だった。自らの妹、お市の方を浅井長政の正室に差し出し浅井氏との同盟関係締結に成功したのだ。尾張・美濃を制し北近江とも同盟関係を結んだ信長は、南の隣国伊勢に侵攻を開始。先鋒には既に準備を整えて織田領の南の備えであった現愛知県蟹江町にあった蟹江城主を務めていた**滝川一益《かずます》**が当てられた。１５６８（永禄十一）年、一益は伊勢の北部を支配する**神戸《かんべ》具盛《とももり》**を説得、信長の三男信孝を具盛の養子とすることで和議を締結し、北伊勢を信長支配下に組み込むことに成功した。

●奇貨舞い込む

じわじわと勢力圏を広げる信長にこの年、奇貨が舞い込む。室町幕府十二代将軍足利義晴を父に持ち、同十三代剣豪将軍の異名を持つ義輝を同母兄に持つ**足利義昭**であった。なぜそのような貴種が尾張に流れてきたのか。その理由を知るために少し時を遡らなければならない。

1565（永禄八）年、信長が美濃攻略に手間取っていた頃、京ではとんでもないことが起きていた。信長自身も謁見した十三代将軍足利義輝が三好氏の重臣、松永弾正こと**松永久秀**の長男**久通**と三好三人衆と称される**三好長逸**《ながやす》、**三好政康**、**岩成友通**《いわなりともみち》の三人が率いる軍勢に将軍御所を襲われ自害に追い込まれたのだ。この事件を**永禄の変**という。

そもそもは弱体化した細川氏に代わって台頭した三好氏。特に三好長慶は一時将軍義輝を近江に追いやるほどの力を持っていた。三好長慶による将軍不在の京の実効支配は五年に及んでいる。その後、長慶は義輝と和睦し、以後長慶は義輝の御相伴衆《しょうばんしゅう》の一人として幕府内の実権を握った。この時、長慶が義輝と和せず、戦い続けたら幕府の滅亡は早まっていただろう。長慶の勢力圏は畿内一円から四国にかけての広大なものだった。だが、多くの日本史上の実力者と同様、さしもの長慶も形式上は主君をいだき実を得る統治を選択した。それでも長慶がそのまま健在だったら幕府は三好一族に私物化され信長の天下もなかっただろう。が、長慶には不運が見舞っていた。１５６１（永禄四）年、頼りにしていた実弟で讃岐《さぬき》十河《そごう》氏の家督を相続していた十河一存《かずまさ》がわずか三十歳にして有馬温泉入湯中に急死。死因は病と言われるが同席していた松永久秀による暗殺説もある。その翌年、弟の三好義賢が戦死。この頃から長慶自身も病にかかる。不運は続き、さらに翌年には嫡男の義興が二十二歳の若さで摂津芥川山城内にて急死。これも松永久秀による暗殺説あり。弟も実子も失った長慶は朦朧《もうろう》としてしまう。その挙句、翌年には讒言《ざんげん》を信じて、せっかく生き残っていた弟の安宅冬康《あたぎふゆやす》の命を自らの手で奪う。心身ともに追い込まれていた長慶はそれから数ヶ月後に四十三にしてこの世を去るのだが、これによって三好家は家宰である実力者松永久秀と三好三人衆に蹂躙《じゅうりん》され、一方で頭上の石が取り除かれた将軍義輝は親政復活へ向け幕府内の実力者たちを粛清し始めたのだった。

　三好三人衆が義輝を襲ったのはこれに危機感を抱いてのことである。このまま将軍親政を放置しておけば、次は自分たちが粛清される。長慶の死で幕府内での政治力は失ったが、軍事力においてはまだ自分たちに分がある。三人衆は実力行使に出た。松永久秀の嫡男久通を伴い二条にあった義輝の御所を急襲する。これに対し、将軍義輝は敢然と立ち向かった。義輝は人呼んで剣豪将軍。稀代の剣豪、塚原卜伝に学んだとされるその剣の腕をふるうのは今しかない。足利将軍家に伝わる名刀・宝刀の数々を畳に刺し並べ、襲い来る兵を斬っては刀を代え、また斬っては別の刀を畳から引き抜き、反乱軍を果敢に押し返した。

だがいくら剣の達人とはいえ疲れは訪れる。最期は多勢に無勢で義輝は死に追いやられた。彼に必要だったのは剣の腕でなく、武将の心情の機微を読み取り謀反を事前に察知する力だったのかもしれない。享年三十。辞世の句とされるのは、

五月雨《さみだれ》は　露か涙か　不如帰《ほととぎす》　我が名をあげよ　雲の上まで

であった。

一方、謀反に成功した三人衆は義輝の従兄弟を傀儡《かいらい》に建てた。細川晴元が当初擁立していた堺公方《くぼう》（後に平島公方）足利義維《よしつな》の長男**義親**《よしちか》、この時点で二十歳そこそこの若者である。自分たちが擁立する義親を将軍にするため、三人衆は対立候補となりうる亡き義輝の弟を襲う。覚慶を名乗り興福寺の門跡となっていたこの弟が後に室町幕府最後の将軍足利義昭になる。覚慶は軟禁先から細川幽斎こと**細川藤孝**らの手引きで脱出すると、還俗《げんぞく》して義秋を経て義昭を名乗り、近江の六角氏の支援を受け北陸に逃れ、越前の守護**朝倉義景**の元に匿《かくま》われた。

朝倉義景は義昭を丁重にもてなしたが義昭は不満だった。義昭の願いは兄の仇討ちであり、上洛して将軍宣下を受けることにあったのだ。だが、この時期の義景は加賀の一向一揆勢に悩まされており、領国を離れ、義昭を奉じて京に上るような余裕はなかった。「朝倉頼むに足らず」と判断した義昭は自分の命に従う大名を求め朝倉家を後にする。この時、義昭に随伴したのが後に本能寺の変で志半ばの信長を討つ**明智光秀**である。光秀は義昭と

心細い旅を続け、目下売り出し中の尾張の信長の元を訪れた。信長の新参者への姿勢はまずは歓迎である。義昭も光秀も歓待を受けた。信長は朝倉と異なり対外拡張政策を採っていた。次期将軍候補である前将軍義輝の弟は彼にとって申し分のない奇貨であり、転がり込んできた幸運であった。

●三好三人衆対松永久秀

この頃、京は政治的・軍事的に空白地帯となりつつあった。謀反を果たした三好三人衆と三好家随一の実力者松永久秀との間に対立が勃発したためである。せっかく擁立された義親だったが、この対立のために将軍宣下を受けることも京に入ることも叶わぬままだった。

久秀と三人衆の戦いは激しさを増し、１５６７（永禄十年）には義親を奉ずる三人衆は久秀の本拠地である大和へ挙兵する。三人衆側には久秀と同じく大和を本拠地とし久秀と争っていた**筒井順慶**や**別所長治**もいた。順慶は後の山崎の戦いで「洞《ほら》ヶ《が》峠《とうげ》を決め込む」の語源となる行動で講談の世界に名を残し、長治は信長に身を寄せるも荒木村重の謀反の際に加担して、秀吉に「三木の干殺《ひごろ》し」と言われる三木城攻めに遭う男で、こちらもまた講談では有名人である。一方、松永久秀の元へは三人衆の傀儡となることを嫌って久秀に身を寄せてきた三好長慶の甥で十河一存の息子である**三好義継**がいた。この義継が戦国大名としての三好家の最後の当主となる。

三人衆が本陣を構えたのはなんと東大寺であった。寺社は造りが堅牢であり敷地も広大なために、陣を敷くにはもってこいである。また神仏を背にすることで味方の士気は高まり、逆に神仏に対峙する形となる敵の士気の低下もある程度は望めるだろう。だから寺社に本陣を構えること自体は珍しいことではなかった。が、それにも限度がある。国家鎮護の目的で建立され大仏を擁した東大寺はやはり別格であった。そんな場所に陣を敷くことができたのは、筒井順慶を介して興福寺人脈に働きかけることができたゆえのことだった。だがこれが裏目に出る。久秀は東大寺に怯《ひる》む男ではなかった。半年を超える対峙の末に、久秀はついに東大寺に夜襲をかける。東大寺は炎に包まれ、三人衆は敗退、久秀は勝利を治めた。この戦いを東大寺の戦いと呼んでいる。東大寺の焼失については久秀の放火によるものという説の他、失火説や三人衆側の放火説も存在している。

東大寺で三人衆を破った久秀だったが、翌１５６８（永禄十一）年、三人衆は逆襲を図る。二月には先年はねつけられた義親への将軍宣下がようやく下されて、三人衆は十四代将軍**足利義栄**《よしひで》の擁立者となった。そして六月には現奈良県生駒郡にあった久秀の居城信貴《しぎ》山《さん》城を攻め落とす。久秀討伐軍は続いて現奈良市にあった多聞《たもん》城の攻略に移る。松永久秀は絶体絶命の危機に陥った。

しかし、久秀を思わぬ男が救う。信長である。北近江の浅井と同盟関係にある信長は上洛への行軍を開始。将軍候補である義昭を奉じた信長軍を待ち構えたのが、義尚《よしひさ》・義材《よしき》と二代にわたって将軍と戦った観音寺城の六角高頼の孫にあたる**六角義賢**とその嫡男**義治**の親子だった。徳川家康・浅井長政の援軍も加えた数万の信長軍は、籠城による長期戦に構えていた六角親子の度肝を抜く。まだ木下藤吉郎だった秀吉はこの戦で観音寺城の支城である箕作《みつくり》城に夜襲をかけ大成功を収めている。信長軍の勢いに圧《お》された六角親子は高頼の故事に倣い甲賀へ落ち延びる。ここで信長が掃討戦に突入していれば、六角親子にも勝機があったが、上洛を目標とする信長は落ちた六角親子には目もくれず京へ向かった。

●信長上洛

九月、信長は堂々の上洛を果たし、翌月義昭は将軍宣下を受ける。室町幕府最後の将軍となる足利義昭の誕生であった。信長は摂津に侵攻。三人衆に圧されていた松永久秀はこの時、現大阪府高槻市の芥川山城で信長に帰参する。三人衆は阿波に逃れ、彼らに担がれていた前将軍義栄も持病が悪化し三十一歳（二十九歳とも）の若さで、一度も京に入ることができぬままこの世を去った。義輝のように死に花を咲かせることさえできなかった儚《はかな》い最期だった。

堂々と全国にその名を轟かせた信長に新将軍義昭は幕府の重職への就任を勧める。だが管領《かんれい》代にも管領にも征夷《せいい》副将軍にも信長の心は動かない。義昭は自分を将軍にしてくれた信長への謝礼であり褒美のつもりで推挙を提案したのだが、信長はこれらをきっぱり辞退した。確かにこれらの役職は武門にとって名誉である。が、もし就任を受ければその時点で信長は幕府の一員となってしまう。実力で覇を唱えた者が幕府に取り込まれるとどうなるかは、既に三好長慶が見せてくれていた。信長はそんな過ちを犯さない。幕府などもはや大した権威ではない。自分の力を借りてようやく将軍になれた男の風下に立つなど考えられぬ。旧態依然としアンシャン・レジームの代表たる幕府に風穴を開けることこそが信長のあるべき姿である。信長にとって義昭はその中途で大義名分として利用した人材に過ぎず、手段であって目的ではなかった。

ただし信長は名を捨てても実は取る。重職への就任の代わりに信長は、尾張と美濃の領有を将軍である義昭に追認させ、畿内支配のための和泉の守護職を得た。また京への玄関口で琵琶湖のほとりにあり畿内海運の要地である現滋賀県県庁所在地にあたる大津、同じく草津市にあたる陸上交通の要衝草津、そして南蛮貿易で巨万の富を得た会合衆《えごうしゅう》による自治が行われていた現大阪府の自治商業都市堺の三つの地に代官を置く許可を得た。この希望から信長の先見性を垣間見ることができる。当時武士にとって命の次に大切なものは領地であった。しかし信長は所領ではなく権利を選んだのだ。多くの武士が半農半士で重農主義を採っていた段階で、既に商工業それも実物ではなく権利に目をやっていたことは特筆に値する。

こうして名より実を取り、当初の目的も果たした信長は、一ヶ月の滞在で早々に岐阜へ引き上げてしまう。すると留守を狙って阿波から三好三人衆が再び京に上り、あの斎藤龍興も加わって、義昭が御所代わりにしていた本圀寺《ほんこくじ》を急襲した。1569（永禄十二）年正月のことである。信長はこの報を聞くとまたもや電光石火の如く京へ発つ。岐阜から京に至るには関ヶ原のような雪の難所もあるのだが、それを物ともせず、供回りの追いつかぬのも気にかけず、ひたすら京に駆ける。一方、兄の二の舞いになるところだった義昭だが、警護に残されていた明智光秀の軍勢や、信長の軍門に降った荒木村重、細川藤孝ら畿内の諸将がこれを助け形勢は逆転し三好勢は撤退した。この事件は六条合戦とか本圀寺の変と称される。信長はわずか二日で京に到着する。その時既に合戦は義昭の勝利に終わっていたが、信長は御所の脆弱《ぜいじゃく》性を危ぶみ、義昭の要請を受け、かつて義輝の居城があった二条に二条城（後の二条城とは場所が異なる）を築城し、義昭の正式な御所として進呈した。

　正月早々から大忙しの信長だが、進行中だった伊勢攻略にも手抜かりはない。既に北伊勢の神戸氏は信長の軍門に降っていたが、中南部伊勢を支配していたのは、あの南北朝時代の南朝の大物、北畠親房・顕家《あきいえ》親子で名高い名門北畠氏であった。当代**北畠具教《とものり》**は足利義輝と同じく剣豪塚原卜伝に師事した剣の達人であり無能な男ではなかったのだが、その兵力には大いに差があり、弟の木《こ》造具政《づくりともまさ》が寝返ったこともあって、支城は次々に落とされ、北畠具教は松阪牛で有名な現三重県松阪市にあった大河内城に追い込まれ籠城を余儀なくされた。具教は二ヶ月近く籠城した末に、信長次男の後の**信雄**《のぶかつ》を養子に迎える条件で和議を締結した。信長は、これで今で言う東海三県を制したことになる。美濃に費やした七年に比べて伊勢はわずか三年。信長の版図拡大のピッチも上がってきたが、好事魔多し、翌年信長は大いに苦しむことになる。

●相次ぐ危機と苦難

元号が改まって１５７０（元亀元）年正月、強固な幕府の再興を目指して、信長に諮《はか》ることなく政治活動を繰り返す足利義昭に業を煮やした信長は、義昭に九条からなる幕政を執る上での制約をつきつけ、これを呑ませる。世に言う**殿中御定**である。旧来の幕府のやり方の踏襲を奨めつつも、他方では将軍への直訴を禁じ、その取次に信長もしくはその息のかかった奉行を通すよう指示し、義昭が信長の害になる行動をとれぬようにした。もちろんこれは信長と義昭の対立を促進する。

四月、信長は越前の朝倉義景を討つため、家康軍と共に北陸に向かう。口実は信長が義昭の名で促した上洛に朝倉義景が従わず無視を決め込んだこと。朝倉義景は信長の下に転がり込む前に義昭を匿っていた男。自分が果たせなかった上洛を成り上がり者が果たし上から口調で上洛を命ぜられても義景が従えるわけはない。上洛の催促の段階から口実作りの挑発であったとも言える。京を制した今、越前など放置しておけばよさげにみえるのだが、それは違う。自前の戦力を持たぬ義昭を牽制するには、彼が頼みとする幕府恩顧の諸大名の力を封じねばならない。幸い、畿内の諸侯は信長に忠誠を誓っている。阿波の三好は義昭にとっても敵なので心配の対象にはならない。武田や上杉は遠い。毛利は摂津で足止めできる。近江の浅井は義兄弟。となると越前の朝倉は京に最も近い警戒すべき敵となるのだ。

越前の手前には近江がある。現在の北陸自動車道も北陸本線も滋賀県の東端米原市を起点としている。その米原には東海道新幹線の駅や名神高速道路のジャンクションがある。米原を擁する近江は京から北陸に向かう際の玄関口であり、一度北陸路に入った者にとっては背後の補給路の入り口であり撤退の際の出口ともなる。したがって、越前攻めには近江の湖東を押さえておく必要がある。幸い、浅井は信長の同盟者。信長は憂慮することなく、意気揚々と越前攻略に向かった。

越前侵攻は容易に進む。四月二十五日に越前の入り口敦賀《つるが》に入った信長・家康連合軍は、その日のうちに朝倉方の支城である天筒山《てづつやま》城を落とし、さらに金ヶ崎城も、そして疋壇《ひきた》城も落としている。この勢いで進めば朝倉義景の本拠地、一乗谷にも早々にたどり着ける。信長は勝利を信じ滞陣した。

だがそこに思わぬ報が舞い込む。信長の顔面を蒼白にさせる驚くべき一報だった。中立を約束した義弟浅井長政が信長を裏切り、その背後を突く準備をしているというのだ。人を信じないイメージの強い信長だが、この一件でもわかるように信長はむしろ人を安易に信じてしまうタイプの男。信じるがゆえに裏切られた時の怒りと反動も強い。それが信長の人を信じないイメージにつながっているのだろう。講談では、この時浅井長政に嫁いでいた信長の妹のお市の方から両端を縛った小豆《あずき》袋が信長の元に届いたという。それを見た信長は自分たちが小豆のように入口と出口を塞がれつつあることを知ったと。

　これは一大事だ。越前侵攻に際しては近江、特に湖東の中立は不可欠である。ここを押さえられたら信長軍は進退窮まる。越前朝倉に前を北近江浅井に後ろを封じられ袋の鼠ならぬ袋の小豆になってしまうのだ。信長の凄みはこういう時の対応にある。凡人ならば我が身に降りかかった不運を嘆く。次に我が身を窮地に追いやった浅井長政を詰《なじ》る。都合の悪いことは信じようとしない人なら、「いやそんなはずはない、しっかり確かめてから……」と裏切りを信じようとさえしないだろう。いや信じたくないというべきか。しかし、これではダメなのだ。不運を嘆くことで天が味方して幸運を注いでくれるならそれもいい。長政を詰ったことで長政が改心してくれるならそれもありだろう。だが、現実には嘆いても詰っても、それはどこにも届かない。将兵の尊敬と信頼を損ない士気を低めてしまうだけだ。嘆いても詰っても何の得にもならないのだ。確認する方は場合によっては良策にもなる。が、この場合は急を要する。裏切りが真実なら、確認しているうちにも敵はどんどん進行し事態は更に悪化する。信長は即座に退却を決め、諸将にそれを指示した。「せっかく三つの城を落としたのに、ここまで来たのに」などとは考えない。城など命があれば、態勢を立て直した後にまた落とせばいい。命あっての物種である。

いつものごとく信長は単身で駆けた。もたついていれば後ろを完全に塞がれてしまう。この撤退戦で大いに名を馳せた男が後の豊臣秀吉、木下藤吉郎である。藤吉郎は撤退戦でもっとも危険で生還の可能性が低い殿《しんがり》を買って出た。敵を抑えつつ後退し、味方を無事に逃がすのが殿の務め。ただでさえ前にある敵と後退しながら戦闘するのは困難なこと。まして味方の軍勢の撤退状況を確認しながらそれを行うというのは至難の業。いや、はっきり言ってしまおう。これは味方を無事逃がすための捨て駒なのだと。

「秀吉は勝てる戦しかしない。秀吉の戦は圧倒的な物量差をもって敵を封じ込めてしまう戦」、秀吉にはそんなイメージがある。確かに大名となってからの秀吉の戦はそのパターンにあてはまる。だが、そんな横綱相撲ができるようになるまでには何度も勝てない戦を勝たねばならない。出自に恵まれた二世や三世でない限り、上にのし上がるには圧倒的に不利な条件下での戦いを何度か経験せねばならないのだ。藤吉郎にとって、ここは大きな勝負どころだった。無事に生き残れる可能性は極めて少ない。しかし、それだけにもし生き延びることができたら、とてつもなく大きな見返りが期待できる。信長はもちろん脱出に成功した諸将に藤吉郎は大きな貸しを作ることができる。ただの貸しではない。命に対する貸しなのだ。藤吉郎は博打《ばくち》に出た。そして勝ったのである。この撤退戦を**金ヶ崎の退《の》き口**と呼んでいる。その最大の功労者はもちろん藤吉郎なのだが、もう一人忘れてはならないのが明智光秀である。後に雌雄を決する二人はこの時奇しくも共に撤退戦の死地にあった。ついでに言えば一説には家康も殿軍にいたという。客将扱いだった家康軍が殿軍に編成されたというのは少し考えにくいことなのだが、もしそうであったならば、信長亡き後の天下人が三人揃って金ヶ崎の殿を務めたということになり、これもまたスケールの大きな話だ。

さて、単身駆けた信長は琵琶湖の北を西に向かった。北陸道は琵琶湖の東岸沿いだが、そんなところを通れば浅井勢に囚われる。北陸道の東は伊吹山地が横たわり、この時期はまだ雪も残るので馬で越すのはほぼ不可能。北西に逃れたのは賢明だった。信長が頼ったのは現滋賀県高島市周辺を領していた**朽《く》木《き》元《もと》綱《つな》**。彼は三好長慶に追われていた頃の足利義輝を匿ったこともある。

後の関ヶ原寝返り組の一人になる朽木元綱だが、この時も信長の扱いに迷った。討つべきか逃すべきか。元綱は幕府への忠誠心の強い男だった。信長は表向きには義昭の名代として越前に向かっている。それが幸いしたのか朽木元綱は信長を逃がすことに決めた。一説には、元綱は信長を殺そうとしたが、松永久秀の進言を受け入れ逃がしたとも言われている。信長は助かった。京に戻り退却してきた軍勢が揃うと、一旦は岐阜に戻る。この岐阜に向かう折、信長は道中で鉄砲射撃を受ける。幸い命は取り留めた。暗殺未遂の実行犯は大河ドラマ『黄金の日日』で有名になった鉄砲の名手杉谷善住坊《すぎたにぜんじゅうぼう》。黒幕は六角親子と言われている。

●信長包囲網

六月、その六角義賢・義治親子が織田方の武将柴田勝家が守っていた長光寺城を取り囲む。この時、城内への給水路を絶った六角勢に対し、城内で渇きにあえいでいた柴田勝家はわずかに残った水の入った瓶を叩き割り、かえって士気を高めたという。そのまま柴田勢は六角勢を追撃、織田方の**佐久間信盛**も援軍に駆けつけ、現滋賀県野洲市の野洲川原で両者は激突。勝家らが勝利した。同じ月、信長は満を持して朝倉・浅井への雪辱の進軍を開始。現在滋賀県長浜市の姉川原で、織田・徳川連合軍と浅井・朝倉連合軍が激突、**姉川の戦い**が繰り広げられた。両軍ともに名だたる武将を失う熾烈な戦いとなったが、徳川家康配下の**榊原康政**《さかきばらやすまさ》らの側面攻撃が功を奏し、朝倉勢は義景自身が出陣していなかったこともあって、織田・徳川連合軍が勝利した。

　次なる敵は執念深い三好三人衆。七月、摂津に進出し、足がかりとして野田城・福島城を築城し三好三人衆は周囲への進出を開始する。これに対し信長は京を経て摂津に向かう。現在の大阪のほぼ中心地で三好勢と対峙する織田の大軍。信長は今度こそ三好勢を壊滅させるはずだった。ところが新たな敵が出現する。

平定までの年月で言うならば美濃を上回る信長生涯最大の敵となるその敵こそ顕如《けんにょ》を指導者とする石山本願寺だった。寺院であって城ではない。顕如も大名や武将ではなく僧侶である。寺院であり僧侶であるが、この時代の寺院なので武装している。石山本願寺は堅牢な城郭に等しい。顕如は僧兵や門徒という軍勢を持つ大名に匹敵した勢力であり武力であった。後日、石山本願寺の難攻不落ぶりに手を焼いた信長に学び、秀吉はこの地に城を建てる。その城こそ天下の名城大坂城である。さて本願寺の兵は信長軍を急襲する。信長軍はこれを迎え撃ったが、兵は撤退し本願寺に籠城してしまったため、信長軍はそれを取り囲んだ。しかし、泣きっ面に蜂、ピンチの時にはさらなるピンチが訪れる。

姉川の戦いで敗れた浅井・朝倉連合軍が再び立ち上がり、琵琶湖の西岸を進撃し、近江坂本に迫り、比叡山延暦寺《ひえいざんえんりゃくじ》の僧兵を吸収し、信長譜代の武将、森可成《よしなり》の守る宇佐山城を襲った。これに対し織田方からは信長の弟、織田信治が援軍に向かうも多勢に無勢。森可成も織田信治も城を出て戦ったが討ち取られてしまった。

目の前に本願寺勢、北に比叡山延暦寺、浅井、朝倉の連合軍。まさに信長は四面楚歌の状態に追い込まれた。この状態を第一次信長包囲網と呼んでいる。例によって信長の決断は速い。後詰《ごづめ》を残すと石山本願寺の囲いを解き、信長本隊は急遽宇佐山城に向かう。城主こそ失ってしまったが宇佐山城はどうにか持ちこたえていた。信長勢の進撃を知った浅井・朝倉勢は比叡山に逃げる。信長勢はこれを取り囲み、比叡山に使者を派遣、織田方に付くか中立を保つよう依頼した。比叡山がこれに従わなかったため、信長軍は合戦に出ることもできず包囲を解くこともできず、いたずらに時間を奪われることとなった。これを**志賀の陣**と呼んでいる。

長く滞陣するわけにはいかなかった信長は朝倉に合戦に応じるよう催促する。しかし朝倉はこれを黙殺し応じない。信長の評価に際してここまでの過程は確認しておく必要がある。まず信長は比叡山に対して中立の維持を依頼した。次にそれを黙殺されるが、比叡山には手を出さず周りを取り囲んだ。さらに比叡山に迷惑をかけぬよう敵である朝倉に山から出て戦う旨を促している。信長は決して常識破りの輩《やから》ではないのだ。滞陣も二ヶ月に及ぶと朝倉勢にも心配が生まれた。朝倉の領国は越前である。冬になると雪が帰国を妨げるのだ。こうした状況下で信長は師走《しわす》間近に政治工作に出る。朝廷と将軍義昭に和平の仲介を依頼。これが聞き届けられて十二月に信長軍はようやく包囲を解き朝倉勢も領国へ戻ることとなった。

●信長、東へ

信長の再三にわたる警告に逆らった比叡山は手酷い報復を受ける。１５７１（元亀二）年九月、信長は手勢で比叡山を取り囲み、火を放ち、攻め上った。俗に言う比叡山の焼き討ちである。前代未聞の蛮行と言われるが信長が初めてではない。室町幕府六代将軍万人恐怖と恐れられた足利義教《よしのり》は、これより百三十七年前に、敵対する園城寺《おんじょうじ》に火を点けた比叡山を咎《とが》め対立。ついに義教は比叡山を取り囲み城下町である坂本に火を放っている。もっとも比叡山自体を焼き討ったのではなく規模も信長の時とは比較にならない。この対立で叡山の僧兵が義教に抗議して焼身自殺を図り根本中堂が炎に包まれたが、それとて義教が火を点けたわけではない。信長による比叡山の焼き討ちの戦後処理を託されたのは明智光秀だった。光秀は近江坂本に城を築き所領とした。一方、比叡山から逃げ延びた僧らはある武将に助けを求める。風林火山の旗印のもと統率された騎馬軍団を率いる武田信玄であった。

１５７２（元亀三）年九月、信長は密かに信長包囲網の形成を促進する足利義昭に業を煮やし、十七条からなる意見書を提示する。その内容は義昭の振る舞いを戒め、信長に親しい者や配下の者への粗雑な扱いを憤ったものだった。信長にとって縁起の悪い元亀の元号を一向に変えようとしないことへの苛立ちも述べている。それだけでは私怨になってしまうので、冒頭で義昭が朝廷への伺候《しこう》を疎《おろそ》かにしていることへの批判を連ねた。こんなことで義昭は行いを改めない。信長もそれは十分承知していた。これは最後通牒《つうちょう》であり、朝廷を持ち出すことで義昭を討っても信長が謀反人とならぬためのアリバイ作りにもなった。だが義昭には切り札が残っていた。武田信玄の上洛である。そのイメージとは裏腹に甲斐と信濃の二国を出る機会はあまりなかった信玄がついに重い腰を上げ、四月には上洛軍が甲斐を出立していたのである。信玄は所領である諏訪、その西の伊那を経由し、そこから南下。信長の同盟者である家康が居を構える浜松に向かう。浜松城の支城である二俣城を落とした信玄は浜松城の家康の元へ向かうかと思われた。しかし、意外にも信玄は素通りする。目標はあくまでも京であり遠江《とおとうみ》の切り取りではない。二俣城の攻略にも予想外に時間を費やしてしまった。先を急ぐのだから素通りできるのならそれに越したことはない。

これに対し家康は城を出て信玄を追ってしまった。素通りさせたのでは同盟者の信長に顔向けができない。目と鼻の先で敵の大軍を素通りさせたなど武士の名折れでもある。一方信玄は家康の追軍に対する心構えもできていた。あっさり行かせてくれるなら最上、だが仮に追われるのであっても時間のかかる城攻めではなく野戦で戦えるのならそれも上。かくして家康軍が追ってくるのを知った武田軍は反転。現浜松市の北部、愛知県との県境に近い**三方原**《みかたがはら》の地で両軍は激突する。結果は家康軍の大惨敗。徳川勢の三倍の兵に加え、統率のとれた陣形と戦術に長《た》けた武田軍が、勇猛果敢ながら数において大きく劣る家康の軍を打ち破った。家康はほうほうの体で逃げる。途中、馬上で恐怖のあまり大便を漏らしたとも言われている。家康はこの時の自分を戒めにするために肖像画も描かせている、顰《しかみ》像、まるで奥歯が痛んでいるかのような家康の肖像画は、確かに武将の肖像画としてはあまりに弱々しい。この敗戦は家康にとって大きな教訓であり戒めとなった。後に野戦に強いと言われるようになる家康だが、このような大敗も経験しているのだ。

1573（元亀四）年、いわば第二次信長包囲網の中心である将軍義昭はついに自ら兵を挙げた。信長はこれを叩きつつ和平交渉も進める。義昭はなかなか応じないが、正親町《おおぎまち》天皇から和睦を勧告する勅令が出されると、これを受け入れた。一方尾張をも目前にした武田軍はなぜか甲斐に進路を取る。陣中で信玄の病が悪化したのだった。四月には帰国途上で信玄がついに亡くなってしまう。その死は秘匿に付されたが、武田軍の動きは詳細に伝えられており、信長は武田軍に何らかのアクシデントがあったことを察知していた。

●信長の逆襲

相手が勝手に転んだことにより、信長は東への危惧から解放される。七月、義昭が現京都府宇治市のかつて巨椋《おぐら》池に浮かんでいた槙島《まきしま》城に身を移して再び挙兵する。将軍とはいえ義昭は朝廷の和睦命令を破っている。これなら信長に大義名分がある。信長は大軍で槙島城を取り囲み火を放つ。義昭は降伏し姿を現した。ここで義昭の首を刎《は》ねれば、信長は将軍殺しの汚名を着せられる。信長は秀吉に命じ、義昭を河内の若江城に引率させ京から追放した。一般的にはこの時点を以て室町幕府の滅亡と捉えている。ただし義昭は退位したわけではなく、この後も生き延び、堺や紀伊を経て、備後《びんご》（現広島県東部）に落ち毛利輝元に身を寄せている。義昭は幕府再興の夢未だ消えず、輝元を副将軍に任じたとも言われる。副将軍は朝廷の任命がなければ就任できないので、正式な叙任とは言えない。が、仮に毛利輝元が副将軍に就任していれば、後の関ヶ原は前副将軍と後の征夷《せいい》大将軍の争いになる。これはこれで面白い。

義昭追放以降、信長を取り囲んでいた不運は腫れ物がとれたように消え去り事態は信長の望むように動いていく。まず懸案だった元号の改元が実現。元亀四年は天正元年となった。信長は八月には朝倉・浅井攻めを決行する。浅井長政は手勢とともに小谷城に籠城。長政が頼みにしたのは朝倉義景からの援軍だった。これまで朝倉義景は自ら出陣することはないものの一族郎党の者を総大将に援軍を派遣していたのだが、今回は家臣らが言うことを聞かない。既に何度も天下に号令をかける機会を失っている義景に宿老らも半ば愛想を尽かしていた。また織田方の籠絡《ろうらく》も功を奏している。やむにやまれず義景は自らが出陣し織田軍と対峙する。朝倉は大軍であったが士気は低かった。あの桶狭間を思わせるような暴風雨の中、朝倉方の砦を織田軍が奇襲するとすぐに壊滅。兵は撤退し本体に合流。信長方の勢いに義景は怯み退却を図る。ちょうど金ヶ崎の逆の形となった。撤退戦は進む戦より難しい。信長自らが先頭に立って進撃する織田軍に朝倉軍は歯が立たず兵はどんどん削られていく。この退却戦で命を落とした武将の中にはあの斎藤龍興の名もある。打倒信長にかけたその執念には敬意を払いたい。義景はなんとか一乗谷城へ帰還。だが態勢を立て直そうにも生き残った兵はわずか数百。宿老の寝返りもあり、もはや勝利など望むべくもなかった。一乗谷に入った信長軍は城下に火を点け焼き払う。大内氏の山口を思わせる地方に咲いた文化都市は灰燼《かいじん》に帰した。一乗谷城は落ち、義景は逃亡先で裏切りに遭い命を絶たれた。享年四十一。辞世の句とされるのは、

かねて身の　かかるべしとも　思はずば今の命の　惜しくもあるらむ

戦国大名としての朝倉氏はここに事実上の滅亡を迎える。かつて織田氏と並んで斯波氏の守護代を務めた朝倉氏。義景の高祖父にあたる孝景は戦国大名の嚆矢《こうし》だった。義景には好機があったのだ。それも一度や二度ではなかった。義昭を迎えた時、金ヶ崎、信長が石山本願寺に手間取っていた時。好機というのは怖いもので、それを見逃すと後に危機として帰ってくる。義昭という奇貨を活かせなかった朝倉義景と、見事に活かした上で放逐した織田信長。その器量の差は両者に残酷なまでの白黒をつけた。

悲願の朝倉討伐を果たした信長だが、今回の出陣の当初の目的は小谷城にあった。信長は返す刀で小谷城を包囲する。頼みとしていた朝倉勢が徹底的に叩き潰された今、浅井勢に頼るべき味方はいなかった。それでもお市を嫁がせていたせいか、長政を評価していたためか、信長は長政に何度も降伏勧告を行っている。使者となったのが後の豊臣秀吉である羽柴秀吉だった。しかし長政はこれを受け入れない。残念だが滅ぼすしかなかった。長政は、**お市**とその娘たち、大河ドラマ『江』で有名になったいわゆる浅井三姉妹と呼ばれる**茶々**（後の秀吉側室、秀頼生母、**淀殿**）、**初**（後の京極高次正室、**常高院**）、**江**（後の徳

川秀忠正室、徳川家光生母、崇源院《すうげんいん》）の四人を、交渉の道具として用いることもなく織田方に無事引き渡す。既に父久政も命を絶っていた。長政は信長びいきだったという。その長政が信長を裏切ったのは、朝倉への義理に背く訳にはいかないという父のたっての希望があったからとも。その父も今はこの世にいない。義理立てすべき朝倉氏も一足先に滅亡している。もはや長政が信長に降伏しても誰もとがめたりはしない。だが長政はそれを潔《いさぎよ》しとしなかった。長政は自ら命を絶った。享年二十九。京極氏の支配から独立し北近江の戦国大名となった浅井氏も三代で滅亡した。

●蘭奢待の切り取り

朝倉・浅井を攻め滅ぼしたことによって、信長の勢力圏は更に拡大する。尾張、美濃、北伊勢、越前、近江、そして事実上勢力下に置いている京に摂津。地理的な日本の中心の殆どの地域は信長の勢力圏となった。勢力圏が拡大するということは維持が困難になることをも意味する。1574（天正二）年正月、信長勢力圏の東では信玄亡き後の武田家の家督を引き継いだ武田勝頼が態勢を立て直し、三河・信濃の国境に近い東美濃の岩村城を足がかりに明智城へ手を伸ばす。信長はこの城を救出に向かったが間に合わず、武田への備えとして配下の武将を置いて尾張に戻った。勝頼は五月にも信長の同盟者である徳川領の高天神城を攻めている。高天神城は現静岡県掛川市にあった城。ここを守っていたのは徳川方の小笠原信興。この城はあの三方原の折の進軍でも落とされなかったのだが、家康が頼みにした信長の援軍が間に合わず、武田方に落ちてしまった。武田勝頼は武田家を滅亡に追い込んだことで無能よばわりされることが多いが、こうしてみると決して無能ではなかったことがわかる。

信長が間に合わなかったのは京にいたため。やや遡って三月、信長は朝廷から従三位《じゅさんみ》参議の叙任を受ける。そしてもう一つ信長が当代最高の権力者として認められた証ともいえる出来事があった。**蘭奢待《らんじゃたい》の切り取り**である。蘭奢待とは何か。その正体は香木。では香木とは。それは読んで字の如し、芳香を漂わせる木材である。お香の原料と言えばわかりやすいだろう。蘭奢待は名木中の名木と言われ、東大寺の正倉院に収められていた。国家の宝物だったのだ。ちなみに蘭・奢・待の三文字には東・大・寺の三文字がそれぞれ隠れている。日本人が得意とした粋な言葉遊びだ。信長以前に蘭奢待の切り取りを許可されているのは、室町幕府三代将軍足利義満、同六代義教、同八代義政、そしてこれら三名よりやや格は落ちるが美濃源氏で守護大名だった土岐頼武《ときよりたけ》。豪華な顔ぶれである。ちなみに後に明治天皇も切り取っている。最近の調査では誰が切り取ったかは定かではないが少なくとも三十八ヶ所切り取られた跡があることがわかっている。このことから蘭奢待の切り取りなど権威付けにはならぬと見る向きもあるが、記録に残された切り取りとそうではない切り取りを同列に扱うことはできない。朝廷が堂々と認め公に許可した切り取りにはやはり相応の価値がある。ちなみに先ほどのメンバーの中では信長だけが天皇の血も源氏の血も引いていない。もっともこの頃信長は既に平氏を名乗っていたから、それが公に認められたとするならば、平氏は桓武天皇の血を引いているので遠く天皇の血を引いていることにはなるのだが。

●伊勢長島一向一揆の鎮圧

東大寺といえば鎮護国家の宗教施設。信長は、キリスト教に対する態度に見られるように宗教には寛容なのだが、一方で宗教が世俗や政治に口を挟むことをよしとしなかったため、多くの宗教者を敵に回した。そんな信長は**伊勢長島の一向一揆《いっこういっき》**にも苦しめられている。現三重県桑名市長島町、愛知県に対峙するこの地域は一部絶叫マシンマニアの間で「東の富士急、西の長島」ともてはやされるナガシマスパーランドのあるところ。木曽川下流のデルタ地帯である。一向一揆とは一向宗の信者による一揆のこと。一向宗は本来独立した宗派だったのだが、戦国期は浄土真宗本願寺派の門徒への呼称として用いられていた。本願寺と言えばもちろん信長の天敵である石山本願寺。この頃一向宗は既に一国を支配していた。一向衆の手で守護を追い出し自治が行われたその国は加賀。加賀は越前の隣国である。信長は切り取ったばかりの越前でも一向一揆に悩まされていたのだが、武田への警戒から越前には手が回らなかった。しかし、伊勢は岐阜に程近い。尾張の隣国でもある。伊勢湾の制海権をも左右するので放置できない。だが一向一揆は手強い。欲得だけでなく信念までもが人を動かしているのだから宗教戦争というのは厄介なもの。

信長が伊勢長島の一向一揆鎮圧に乗り出したのは今回が三度目。実は先に挑発したのは一向一揆側だった。信長にとっては忌まわしい元号だった元亀、その元年の九月に一揆勢は本願寺顕如の命を受けて尾張の小木江《こきえ》城を襲撃し、城を守っていた信長の弟の**信興**を自害に追い込んでいる。一度目の信長の一向一揆との対決はその翌年。御《ぎょ》し易《やす》しと侮ったところ、山間での待ち伏せなど予期せぬ一揆勢のゲリラ戦に氏家卜全らが戦死。二度目は1573（天正元）年。朝倉・浅井を討った勢いで鎮圧に乗り出したが水路を抑えきれず、一揆衆に味方・扇動する国人《こくじん》らを恭順させるにとどまる。

今回は三度目。何が何でも鎮圧せねばならない。信長はこれまでにない大軍を動員。前回の失敗から今回は**九鬼水軍**を率いる志摩（現三重県、真珠の養殖や志摩スペイン村などで有名）の**九鬼嘉隆**の協力を取り付け、数百艘の軍船を投入。この威力は絶大で伊勢湾や木曽川河口からの長島への物資や食料の補給路を完全に断つことができた。こうなれば一揆勢は袋の鼠。こういうときの信長に容赦はない。周囲を取り囲んで火を放ち、逃げ出してくる者は老若男女の区別なく切り捨てさせた。これが比叡山の焼き討ち以上の非道とも言われる信長による伊勢長島一向一揆の焼き討ちである。世に多くの信長嫌いを生んだ悲劇だが、最大の責任者は信長でも一揆勢でもなく、仏を敬う純粋な心を持つ門徒らを戦争に駆り出した者、すなわち顕如ではなかろうか。もちろん戦国の世なので顕如にとっても生き残りのための選択の一つではあったのだが。なお、当然のことながら現在の本願寺は純粋な宗教団体であって、かつての武装集団であった本願寺と同一視してはならない。

●長篠の戦い

1575（天正三）年五月、教科書にも記述がある有名な**長篠の戦い**が起こる。鉄砲隊の三段構えによって信長が勝利を得たと言われる戦いだ。長篠は三河の東北端。北に美濃、東に信濃と国を接し、現在は奥三河とも呼ばれる。この地にあった長篠城はこの時期の城ゆえもちろん天守はないが、豊川に連なる宇連《うれ》川と寒狭《さむさ》川の合流地点の三角州上の丘陵にあり、川の反対側は崖で、堀と土塁で囲まれた天然を利用した要塞と言うべき城。守ったのは家康の娘婿である**奥平信昌**。今川から武田と主を替えていた奥平信昌に家康は娘を嫁がせ、味方に引き入れた。これは武田からみれば裏切りに他ならない。血気盛んな武田勝頼は、裏切り者許すまじと、一万五千の大軍を率いて長篠城奪還に向かった。守る奥平信昌の手勢は僅か五百。これではどうしようもない。この戦いは本来勝頼の勝利に終わるはずだった。普通、これだけの兵力差があれば、城主は城を明け渡す。だが信昌には開城という選択肢はなかった。一度武田を裏切った身だったからだ。ならば籠城して戦うしかない。この迷いのなさが奇跡を生む。明智城にも高天神城にも間に合わなかった信長の援軍が間に合ったのだ。信長軍は三万、徳川軍は八千。戦況は逆転した。

なお長篠の戦いで有名なのが奥平家の家臣、鳥居《とりい》強右衛門《すねえもん》の逸話。たった五百の軍勢では城を守りきれぬと見た鳥居強右衛門は、援軍要請のために伝令となることを自ら申し出る。長篠城は十重二十重に取り囲まれており脱出は困難だったが、強右衛門は排水口を通って豊川に流れ込み、そこから岸へ這い上がって岡崎城に向かったのだった。無事岡崎にたどり着くとそこには家康と信長が待っていた。既に信長も岐阜から駆けつけていたのだ。だから実際には強右衛門が伝令せずとも援軍は出発していた。だが命を賭した強右衛門の行動は家康・信長両名から賞賛を受ける。岡崎城で休息するよう勧められた強右衛門だったが、今度は長篠に向かって一目散に駆ける。一刻も早く城で不安に怯えている主君や仲間に伝えたいと。睡眠も休みもとらず往復百三十キロの行程。だが一度成功したことが二度成功するとは限らない。長篠城を目前にして強右衛門は武田方に捕まってしまった。強右衛門から援軍が来ることを聞き出した武田方は震え上がる。そして一刻も早く開城させるため、強右衛門に城内に向かって援軍は来ないという嘘の情報を伝えるように命じた。援軍が来ないことが確定すればさしもの奥平信昌も城兵の助命と引き換えに城を明け渡し自害するだろう。強右衛門は武田のこの命を承諾する。だが、実際に城に向かって強右衛門が叫んだのは、すぐに援軍が駆けつけるという真実の報告だった。長篠城内は大いに盛り上がる。ほんの少し持ちこたえさえすればいいことがわかったのだ。勝たなくていい、時間さえ稼げばよいことが。強右衛門の方はもちろんただでは済まなかった。叩きのめされ磔《はりつけ》で処刑された。だが犬死にではなかった。強右衛門の子孫は家中で厚遇を受け、鉄道マニアに人気のJR飯田線の沿線には強右衛門にちなんだ鳥居駅も存在し、強右衛門の懸命の忠義は地元の人々の間で現在もなお熱く語られている。

徳川・織田の大軍が来ることがわかった時点で、勝頼が為すべきことは撤退することだった。長篠を是が非でも落とさねばならぬ理由はない。裏切られての激情から発した行動である。だが連勝していた勝頼には驕《おご》りと油断があった。相手が信長・家康といえども恐れることはない。向こうも大軍ならこちらも大軍。家康は父信玄に敗れているではないか。こちらはその信玄も落とせなかった高天神城すら落としている。徳川も織田も恐れるに足らずと。

こうして武田軍は城には備えを残し、徳川・織田連合軍を迎え撃つべく設楽《したら》ヶ《が》原《はら》に向かう。一方の信長は設楽ヶ原の地形の凹凸を利用して、武田軍から姿が見えにくいよう布陣。また、鉄砲を活かすため、騎馬が入り込めぬよう馬《ば》防《ぼう》柵《さく》を設置した。徳川・織田別働隊が城を救出。残すは設楽ヶ原の直接対決。武田軍もよく戦い、徳川方にも織田方にも多大な被害が出たのだが、名のある武将がほとんど無傷な徳川・織田方に対し、武田軍では馬場信春、内藤昌豊、山県昌景といわゆる武田四天王から三名の戦死者を出したのを始めとし、名だたる武将の多くが討ち取られた。勝頼は退却、武田家がこの敗戦のみで滅びるようなことはなかったが、遠江や三河、美濃への進出は難しくなった。また家臣団も勝頼を見限り離反するようになった。

●女城主の悲劇

一方の信長は長篠から北に向かう。目指すは岩村城。現岐阜県恵那市にある日本三大山城の一つに数えられるこの城は三方原の戦いにおいて武田の別働隊として行動した秋山信友が守っていた。長篠で武田勢が敗れたことで、信長が岩村を奪還に向かうのも当然のことだった。

実はこの城、信長にとっても因縁のある城なのだ。信濃や三河に近いこの地を重視した信長は岩村城に当時五歳の自身の息子を送り込んでいた。後の**織田勝長**である。岩村城主の遠山景任《かげとう》にはやはり信長の叔母であるおつやの方が嫁いでいた。景任亡き後、おつやは幼君を補佐し女城主としてこの地を守った。そこに攻め込んできたのが秋山信友だったのだ。城は容易には落ちなかった。だが信長からの援軍は来ない。籠城である以上、援軍がなければ餓死が待っている。信友は一計を案じた。おつやの方を自らの妻として迎えるというのである。もちろん勝長の無事も保証した上でのこと。おつやの方の心中は揺れ動き、やがて城を守るためならばと条件を受諾し開城する。信長の息子は人質として甲斐の信玄の元へ送られることとなった。信長はこれに激怒した。おつやの方の行為は身内の裏切りに他ならなかった。しかも勝長を人質に差し出すというおまけがついている。そして奪還の機会が訪れたのだ。

武田からの援軍はなかったが城はよく持った。城攻めの総大将に任ぜられたのは信長の長男信忠。信忠は五ヶ月を要し、ようやく開城にこぎつける。開城時の約束では秋山信友もおつやの方もその命を保証されていたが、身内に裏切られたことがよほど腹に据えかねていたのか、信長はこの約束を反故《ほご》にし、彼らを逆さ磔にあわせ処刑した。戦国にも稀な女城主の最期だった。

●平安楽土、安土

この年、信長は越前の一向一揆も鎮め、岩村城を落とした信忠に岐阜城を譲り、尾張と美濃を与えた。信長は稲葉山城攻略から実に八年半居城とした岐阜を後にすることになった。信長が岐阜の次に拠点として選んだのは琵琶湖の東南岸の安土《あづち》だった。１５７６（天正四）年のことである。もちろん安土桃山時代の安土の由来はここにある。信長はなぜここを拠点にしたのか。通常なら京に城を築く。京は政治経済の中心地であり堺にも近い。だが京ではダメなのだ。京に居城を構えれば確かに見栄えはよい。だが信長は名より実を取る男である。京は守りにくい。南北朝の時代、軍勢を立て直し京に攻め入ろうとする足利尊氏《たかうじ》を迎え撃たねばならなかった楠木正成《まさしげ》も、後醍醐《ごだいご》天皇に「勝ちたいなら一時的に京を離れるべきである」と提案したほどだ。ちなみに提言は受け入れられずそのため彼は非業の死を遂げている。守るという意味では信長の勢力圏の中心が一番いい。となれば摂津と尾張の中間の南近江以上に最適な場所はない。安土ならば琵琶湖の水運を押さえることもできる。商工業を重視した信長にとってこれは大きい。東海道と北国街道をにらみ陸上交通においても要衝。西で事が起きても東で事が起きても駆けつけられる。

数年後、この**安土城**には壮大な天守がそびえ立つ。これが日本で最初の本格的な天守であった。一説には松永久秀の多聞城に倣ったともいう。五層七重の堂々たる天守。外装は金、白壁の白、漆塗りの黒、屋根には唐人一観がふいたという青瓦の青と様々な色で彩られていたという。また、内装も豪華で、肖像画など多くの美術品や南蛮渡来の品で飾られていたとか。地階から三階までは吹き抜けで、地階には須弥山《しゅみせん》の宝刀、二階には能舞台があり、他にも各階に神仏の類を象徴する物が置かれ、最上階の信長が儒教・仏教・道教・神道・キリスト教を見下ろす形になっていたとも言われる。できれば実物を見たい。しかし残念なことに、後の１５８２（天正十）年六月十五日、この城の天守は焼け落ちている。合戦ではない。犯人も定かではない。秀吉と明智光秀の戦いの直後だったので、以前は光秀家臣明智秀満の仕業と疑われていたが、昨今では秀満犯人説は否定されている。信長次男織田信雄が敵に渡さぬために焼いたという説もあるが有力ではない。いずれにせよ、安土城は信長を象徴する城だった。ならば信長の命が尽きたとき、それは滅びる運命にあったのかもしれない。余談ながら、この安土城で信長は日本初の建造物のライトアップを実演したとも言われている。

１５７７（天正五）年、信長は紀州に**雑賀《さいか》衆**を攻める。前年末に朝廷から正三位内大臣に叙任された信長だが、雑賀衆には権威は通じない。雑賀衆とは現在の和歌山市あたりを拠点とした集団。雑賀衆は**雑賀孫一**と呼ばれる頭領を中心とする傭兵集団であり、石山本願寺に与《くみ》して信長に敵対していた。同じ紀州の根来《ねごろ》衆と並びいち早く鉄砲を実戦投入した雑賀衆は、石山本願寺を屈服させるために討っておかねばならぬ相手だった。二月、信長は大軍を山と海の二手に分けて攻撃したが、雑賀衆の鉄砲とゲリラ戦術の前に多大な犠牲者を出す。やむを得ず和議を結び信長は撤退する。雑賀衆は難敵だった。後に雑賀衆は約束を反故にし、信長を苦しめる。しかし信長が石山本願寺と和解した後は雑賀衆も宙に浮いた形となり内部分裂から弱体化している。

信長の凄みは外征だけにあるのではない。内政面においても充実した政策を施しており、安土城もさることながら城下町としての安土の完成度も高かった。家臣に屋敷を建てさせ城下を形成するのは朝倉孝景が既に一乗谷で実践していたが、信長のそれはさらに徹底したものだった。この年、六月には有名な**安土山下町中掟書**を発布している。安土山下を楽市とし、城下で商売を営む者を、税である諸役、ただ働きの諸公事、そして特権を認められる代わりに負担がかかる御用同業組合である座の負担から解放した。ただし、反面、城下に居住することを強いられ、喧嘩狼藉の類は固く禁じられた。昨今日本人のマナーの良さが世界中で評価されているが、案外その端緒は信長の政策にあったのかもしれない。原本は重要文化財に指定されており、近江八幡市立資料館に所蔵されている。**楽市・楽座**もまた信長独自の政策ではなく、既に六角定頼が実施していたが、信長もまた安土以前の本拠地であった尾張清洲や美濃岐阜においても楽市・楽座を実施している。また楽市・楽座と並んで評される関所の廃止に関しては上洛後の１５６８（永禄十一）年にこれを施行している。あの日野富子が京の七口に新関を設けてから約百年。百年の間で商業的センスが進化したと捉えるか、たったこれだけの発想の転換に一世紀もかかったと捉えるか。いずれにせよ、信長のセンスが時代を先んじていたことは間違いない。

●謀反相次ぐ

八月、あの松永久秀が何故か信長を裏切る。主君を殺し、将軍を殺し、大仏までも葬った恐るべき男だったが、何故か信長は彼を憎まず厚遇した。ところが厚遇されていたにもかかわらず、これまた何故か突然、松永久秀は石山本願寺攻めから離脱、信長に反旗を翻し、居城の大和信貴山城に立て籠もる。更に不思議なのは信長がこれを一挙に攻めるでもなく懐柔《かいじゅう》を図っていること。松永久秀が所有していた茶器の名品、平蜘蛛《ひらぐも》の釜が惜しかったのか。説得に応じない久秀に信長はやむなく信忠軍を派遣。平蜘蛛を差し出せば助命すると和議を申し出たが、久秀はとんでもない行動に出る。なんと、平蜘蛛に火薬を詰め、それを懐に抱き、火をつけて平蜘蛛もろとも爆死したのだ。爆死という自害の方法は本邦初のことだった。

思わぬ男に裏切られるのが信長だが、松永久秀に続いて翌１５７８（天正六）年末には、これも目をかけていた武将に裏切られている。その男の名は荒木村重。彼にも特に裏切らねばならぬ理由は思い当たらないのだが、止むに止まれぬ理由があったのか、はたまた部下に乗せられたのか。一説には村重配下の者が織田軍の兵糧を石山本願寺に横流ししていたことがわかり、村重は信長に詫びようとしたが、家臣らがどうせ聞き入れられないと謀反に踏み切らせたとも言われている。現兵庫県伊丹市にあった有岡城に籠もった荒木村重の下に説得のため派遣されたのは大河ドラマの主役にもなった黒田官兵衛こと黒田孝高《よしたか》。この時、孝高は一年間牢に監禁される不遇を経験している。村重の謀反は当然のごとく不成功に終わった。有力な家臣の**中川清秀**と後にキリシタン大名として有名になる**高山右近**が信長の説得に応じてしまうのだ。高山右近は敬虔《けいけん》なクリスチャンで善政を敷いたことでも知られる。彼は思い切った行動に出ることで信長に許されている。「自分の下に戻ってこなければキリスト教を禁教にしクリスチャンを皆殺しにする」と言われた右近は、村重との義理を断ち切って降伏を決める。宣教師オルガンチノに付き添われ、信長のもとに降伏の釈明に向かった高山右近は、武士の象徴である髷《まげ》を切り落とし、刀も差さず、素足に草履《ぞうり》という貧相な姿だった。自らが追放され出家することで一族郎党を救ってほしいと懇願したのである。本来ならば自害であったがキリスト教徒であった右近に自害はできなかったのだ。信長は右近を高く買っていた。その目の確かさは後に秀吉も右近を重用したことで証明されている。それこそ秀吉がこんな姿で現れれば、小癪な演出と見られもしようが、右近が真摯であることはよく知られていた。信長は深い反省の姿に感銘を受け、右近の本領であった高槻《たかつき》を安堵《あんど》し、さらに芥川を与えている。

右近の清々しい姿とは正反対の行動をとったのが、今回の騒動の張本人、荒木村重だった。村重はとんでもないことに一族郎党を捨て、すたこらさっさと逃げてしまう。一族郎党は女子供問わずことごとく極刑に処せられるのだが、村重は逃げまわり、秀吉の時代まで生き延びた。ひどい男もいるものだ。

●そして頂天へ

この頃、本願寺と並んで信長の前に立ちはだかったのが中国の毛利。元々毛利と信長は同盟関係にあったのだが、本願寺との戦いで毛利は反信長に転ずる。木津川を上って本願寺に兵糧を補給しようとしたのが、毛利輝元指揮下にあった村上水軍だった。水軍に長けていない信長軍は、１５７６（天正四）年、村上水軍に完敗してしまう。これを克服するため信長が考案したのは鉄砲の弾も弓矢も跳ね返す鉄板で外壁を覆った前代未聞の巨大船、

鉄甲船だった。一説には世界でも初めての試みだったという。後に日本人は黒船を見て飛び上がるほど驚くのだが、なんてことはない、動力はともかく、大砲を擁した鉄製の大型船ということで言えば、信長の鉄甲船はそれに先立つこと二百五十年以上前に世に存在していたのだった。九鬼水軍の九鬼嘉隆に、鉄甲船を造らせた信長は、鉄甲船団で１５７８（天正六）年の夏には雑賀水軍を破り、秋には村上水軍と再び**木津川口で決戦**しこれを打ち破った。

この戦いの結果、本願寺はこれまでのような補給ができなくなる。そして１５８０（天正八）年、朝廷の仲介で両者は和解することになった。実に十年の歳月を費やした石山合戦の終結であった。なお、信長は石山本願寺を明け渡すことを条件に、一向衆が支配している加賀の本領を安堵し、寺院内にいた僧兵や門徒の命を保証した。顕如はもちろんこれを受け入れたが、顕如の嫡子であり法主《ほっす》となっていた教如《きょうにょ》は、これを不服とし、なおしばらく石山本願寺にとどまった。このことが遠因となって本願寺は東西に分裂している。また明け渡されるはずだった石山本願寺は失火で焼けてしまうのだが、これは教如の仕業であるとも言われている。

最大の敵を打ち破った信長にもはや恐れるものはなかった。１５８１（天正九）年、信長は正親町天皇臨席で御所にて盛大な**馬揃え**を執り行う。馬揃えとは軍事パレード。観閲式や観艦式の類と思えば間違いない。信長はこの年、更に二度馬揃えを挙行している。この時点での信長の敵は中国に毛利、越後に上杉。ただし、上杉は謙信が１５７８（天正六）年に厠《かわや》で卒中で亡くなっているため、景勝に代替わりしている。関東には北条。その手前に甲斐の武田。そして海を渡って四国の長宗我部と九州の島津。ざっとこんな顔ぶれが未だ信長に降っていなかったのだが、脅威となっている勢力はなく、あえていえば毛利攻めが目下の最重要課題であった。この時期の織田家は既に各方面軍の配置、編成が完了しており、北陸には柴田勝家や前田利家、**佐々成政**らが、関東甲信越には滝川一益らや信長の小姓として知られる森蘭丸《らんまる》こと**森成利**の兄である森長可《ながよし》が、そして中国方面軍には羽柴秀吉が、遊軍および畿内には明智光秀らが、それぞれの場所で任を務めていた。もはや信長がいなくても各方面軍はそれぞれ行動し版図を広げた。１５７９（天正七）年には光秀が丹後・丹波の二国を平定し、１５８１（天正九）年には秀吉が派遣した黒田孝高らが淡路を平定、**織田信雄**（この時点では北畠信意《のぶおき》）が伊賀を平定している。織田家中の内紛に苦労していた頃や美濃一国の平定に七年もかかっていた頃と比べると隔世の感がある。これも信長の柔軟な発想と人材活用術の賜物であると言えよう。考えてみれば、柴田勝家は元は裏切り者、羽柴秀吉は新参からの出世、明智光秀は足利義昭のお供。普通ならば使いこなせない一癖も二癖もある武将たちを使いこなしてしまうのが信長の信長たる所以《ゆえん》であろう。もっとも最後にはそれが仇になるのだが。

●武田家滅亡

そして１５８２（天正十）年を迎える。信長の次なる標的となったのはあの長篠の大敗から七年を生きながらえてきた武田勝頼であった。あれから七年生き延びてきたのだから勝頼は無能ではない。南の家康と手を組むことはできないが、勝頼は北の上杉・東の北条との外交工作も盛んに行った。しかし弱り目に祟り目。切り札のない状態では外交も強気に出ることはできない。家康はそんな武田の弱体化を知りつつ、頻繁に小規模な侵攻を繰り返す。その度に武田軍は対応せねばならず、兵は疲弊し、戦費調達のための増税で民の心も離れていった。一族郎党も沈みゆく船のごとき武田家を我先にと飛び出していた。

二月、勝頼家臣の**木曽義昌**が織田に寝返った。寝返りに激高するのは勝頼の悪い癖。長篠も元はといえば奥平信昌の寝返りに激怒したことからの出兵であり大敗であった。懲りない勝頼は自ら軍勢を率いて木曽征伐に出陣する。これが勝頼の、そして甲斐源氏の血を引く甲州武田宗家にとっての最後の出陣となった。出兵してきた勝頼に対し、信長は各方面から武田征討軍を出撃させる。信長自身も出陣するのだが、戦いは信長の到着前に決していた。滝川一益を目付とする信忠軍が進撃すると、武田方の武将は次々に城や砦を明け渡す。唯一奮戦したのは桜の名所として知られる高遠城に籠城した勝頼の弟の仁科盛信。しかし後詰のない状態では勝てるはずもなく高遠城は落ちた。

高遠城が落ちたことを知ると、勝頼は現山梨県韮崎市に築城したばかりだった新府城まで退却、さらに戦っても勝ち目はないと家臣**小山田信茂**の守る現山梨県大月市にあった岩殿城へ逃げこむこととなった。しかし勝頼は岩殿城へ入ることはできなかった。小山田信茂が裏切ったのである。もはや軍の体をなしていない勝頼一行は現山梨県甲州市の天目山を目指したが、信忠軍に追いつかれ、勝頼は妻子ともども自害して果てた。なお、勝頼を裏切った小山田信茂は後に織田家に帰参しようとするが不忠をなじられ自害させられている。勝頼は享年三十七の最期だった。辞世の句は、

おぼろなる月もほのかに雲かすみ　晴れて行くへの西の山のは

二十代続いた甲斐武田家も四百五十年の歴史を残して滅亡した。

ちなみにこの時点で信長はまだあの女城主の岩村にいて、木曽にも入っていない。かつては供回りの追いつくのも待たず真っ先に駆けた男もさすがに老いたのか。いや、そうではない。もはや織田軍団は信長不在でも行動できるシステマチックな組織として構築されていたのだ。もちろんその組織を作ったのは信長自身である。起業した経営者の究極の目標は自分がいなくても回っていく組織の構築にあるという。しかし自らが職人であり現場第一の名人であることが多い起業者にはそれが難しい。信長は二十一世紀の多くの起業家の夢も叶えていたことになる。若き頃は自身が先頭に立つことで活路を開き、老いては自らが構築した組織がうまく回るのを見守る。信長は厳密には一代でのし上がったわけでは

ないが、家中の取りまとめからスタートしていることを考えると半ば創業者と言ってもいいだろう。経営の手本に無闇矢鱈《むやみやたら》と戦国武将を持ち出すのは感心しないが、現在の経営者やビジネスマンが信長にそれだけの魅力を感じてしまうのも無理もないことだと言える。

●三職推任《さんしきすいとう》

甲斐の平定を終え、旅行がてらゆっくり安土に戻った信長に対し、朝廷から現在の実力にふさわしい地位に就いてはどうかと使者が来る。いわゆる**三職推任問題**である。三職とは征夷大将軍、太政《だいじょう》大臣、関白の三つの職、推任とはそれに任ずることを推薦するということ。ではこの時点での信長の公的な地位は何だったのか。実は散位《さんに》といって、官位は得ているものの職には任ぜられていない状態だったのだ。1577（天正五）年十一月、朝廷は信長を従二位に叙し、その数日後今度は右大臣に任じている。大河ドラマなどで信長が右府殿と呼ばれるのはここから来ている（ちなみに若い時の信長は上総介《かずさのすけ》殿と呼ばれる）。これはとんでもない出世で武士でありながら右大臣になったのは百人一首の鎌倉右大臣、源頼朝の子で源氏最後の将軍となった源実朝《さねとも》以来のこと。右大臣より上の官職は左大臣だが、こちらは万人恐怖で有名な信長とよく比較される室町幕府六代将軍足利義教、その子で応仁の乱のきっかけを作った八代将軍の義政の二名が任じられている。さらにその上の太政大臣になると平清盛と自らが皇位を超えた存在になろうとしたと言われる金閣で有名な三代将軍足利義満の二人のみ。源氏の血を引いていない武士としては、この時点で信長がナンバーワンの出世だった。

ところが翌年に信長はこの職を辞してしまう。それから四年間は官職にまったく関心を示していない（今回も信長が関心を示したわけではない）。朝廷としては不気味であったろう。あの足利義昭が副将軍職を薦めたのに辞退した時と同じ。たとえどんなに高位であっても、その職に就任すれば、それはその組織に組み込まれることを意味する。その間の信長の功績はそのまま信長が所属する組織の名誉にもなる。これでは自分が大きくなればなるほど、強くなればなるほど、組織もまた大きく強くしてしまう。一方、組織に属さなければ組織は焦る。組織に属していない者が活躍すれば、組織の権威と価値は下がる。組織に属することは必須条件ではないのだと世間の多くの者に認識されてしまう。そうなればあとに続く者が現れる。信長は誰もが認める天下一の実力者であり日本国に並ぶ者のいない権力者である。そんな者が朝廷の枠外にいる（官位は消えないが）ことを認めるわけにはいかない。信長と朝廷の政治的折衝には大きな意味があったのだ。だが、結論から言えば信長はこのうちのどの職にも就くことはなかった。物理的に就けなかったのだ。なぜならこの直後信長は命を絶たれてしまったのだから。信長の意志が征夷大将軍にあったか、太政大臣にあったか、関白にあったか、それともそれらを超える何かにあったのか、もはやそれを知ることはできない。

●人間五十年、本能寺の変

五月、信長は安土にて武田討伐の労をねぎらい家康を接待している。その後家康は僅かな供回りとともに京に向かう。信長もまた同じく僅かな手勢を引き連れて京に向かった。宿舎は本能寺。六月二日未明、本能寺の周辺が騒がしくなる。

「何事か」「おそれながら謀反にござりまする」「謀反……して誰か」「惟任《これとう》日向守《ひゅうがのかみ》様にござります」

謀反の主は明智光秀であった。中国方面軍の秀吉が苦戦中、その援軍に向かうべく一足早く安土城を発った光秀だった。光秀はなぜ謀反を起こしたのか。その理由は定かではない。ただし思い当たる節はありすぎるほどある。まず丹波攻めの折、降伏してきた波多野秀治を信長が殺してしまったこと。このとき光秀は波多野家に人質として母を差し出しており、波多野秀治を殺したことによって母も処刑され、信長は光秀にとって母の仇となったというもの。ただしこれは明智方の記録に残っていない。次に長宗我部氏との関係。四国の雄、長宗我部家は明智光秀の骨折りで織田家と同盟関係を維持していたが、信長が淡路平定あたりから方針を切り替えて、長宗我部攻めの準備に入り、光秀の友好関係構築への努力が踏みにじられてしまったというもの。光秀の家臣斎藤利三の妹は長宗我部元親のもとに嫁いでいるので、家臣思いの光秀ゆえに可能性としてなくはない。家康の接待の席上で信長に料理について咎められ、家康の見守る前で小姓による辱《はずかし》めを受けた恨みからというもの。ただしこれは話ができすぎているので創作の疑いもある。さらに中国攻めの援軍として光秀を差し向けるにあたって、信長は光秀の旧領を取り上げたというもの。代わりに新たな領土を与えたのだが、その新たな領土は現在まだ毛利方の領土で、すなわち、この時点では純然たる国替えではなく、ただの召し上げになっている。これが事実ならリストラに近いわけで、光秀が憤るのも無理はない。ただしこれについてもそんな事実はなかったという説もある。時折流行するのが黒幕がいたという説。その中では朝廷に近い公家が黒幕であるという説が有力ではある。いずれにせよ、一つだけはっきり言えるのは、信長が光秀を見誤っていたこと。忠誠心に対する買いかぶりもあれば、彼の忍耐力に対するそれもある。でなければ、光秀に対して警戒のそぶりもみえない少数の供回りだけ連れての本能寺での滞留に説明がつかない。信長という人は人の能力を見極め適材適所に配置することは得意なのだが、一方で人の情の機微には鈍感なところがある。それも無理はない。そもそも旧来の常識にとらわれぬということは、センスが人と異なるということである。それは喜怒哀楽を引き起こす要因とその容量においても当てはまるわけで、それが故に荒木村重や松永久秀の謀反においても、「あやつが何故？」と驚く羽目になった。ただこれまではその後の迅速な行動が被害を最小限に食い止めていたのだが、今回は相手もタイミングも最悪だった。

「光秀か……是非もない、弓を持て」。この手勢ではさすがの信長といえど、どうにもならない。では落ちるか？　しかし既に蟻の這い出る隙もないほど取り囲まれている。何より火の手も上がり始めている。信長は弓を持ち押し寄せてくる兵を次々に射ると、覚悟を決め奥に下がった。人間五十年、まさに夢幻の如き生涯であった。信長は自ら腹を切る。享年四十九。第六天魔王のあまりに人間的な最期だった。

　信長は神経質な男だった。細やかと言ってもいい。あの秀吉の妻ねね（おね）に宛てた「藤吉郎がおまえのような女房を持つことができたのは奇跡なのだから、嫉妬など無用にして陽気に美しさにふさわしく振る舞うがいい」という書状もそれを証明している。一方で１５７４（天正二）年の年賀において、朝倉義景・浅井久政・長政親子の首を囲んだという残酷な逸話もある。髑髏《どくろ》に金粉を施し盃にして酒を飲んだという話のモチーフとなっている逸話だ。この二つの逸話からみられる対照的な姿から信長の精神に統合失調症の気配を感じたり、多重人格者と捉える向きもあるが、そうではないだろう。なぜなら信長の中では軸はぶれていないのだ。その軸とは自らが考える筋に沿った行動は褒めそやし、反する行動は侮蔑するというもの。ただし信長は真面目で神経質故にそこにあそびがない。

　頭の回転が速い人物が好きだったこともわかる。比較的近くに置いたのは光秀や秀吉といった智将。逆に柴田勝家や滝川一益、前田利家といった武断派の印象がある諸将は遠ざけられている。故に本来なら光秀などは喜べばいいのだが、光秀もまた生真面目であり神経質な面がある。秀吉のように知恵がありながら楽観的な者がむしろ珍しいのだ。神経の細やかな者が信長の相手をすると、途方もない重圧に見舞われる。

なにせ行動や評価が読めないのだ。筋は通っているのだが、その筋は世間一般に知れ渡っているものではなく信長独自のものだから、良かれと思ってしたことで勘気《かんき》を被ることもあれば、愚弄と叱責を覚悟した行為で褒められたりもする。これでは気が休まらない。

１５７９（天正七）年に信頼する同盟者である徳川家康の正室である**築山御前**と嫡男松平信康に、武田に内通した廉《かど》で処刑を命じたことや、その翌年に重臣の佐久間信盛とその子の信栄を突如追放したことなどでも明らかなように、無能無価値と判断した者はあっさり捨てるのが信長なのだ。明智光秀も荒木村重も松永久秀も、馬鹿ではないので気がついてしまう。自分が気に入られているのは高い能力とそれに見合った成果を出しているからだと、この状態をいつまでも保つことはできないと。

いつか切り捨てられるのなら、まだ自分に力のあるうちに一矢報いたい。信長に対して謀反に及んだ者達の理屈はみなこれだったように思える。

天才とは凡人には理解し得ない発想と行動ができる者。それはすなわち孤独であることを意味する。光秀などはそんな孤独な信長が「もしかしたらこいつなら……」と見込んだ男だったのではないだろうか。

しかし光秀にも信長は荷が重すぎた。その発想に周りがついていけない、しかも理解させるために説明しようとはしないという点では徳川最後の将軍慶喜《よしのぶ》に近いものを感じる。そういえば両者ともに大きな時代の変革期に登場した。歴史はパラダイム・シフトを迎える時、それを担うべき人物を出現させるのかもしれない。

第七章

天下一統の継承
史上最大の出世
豊臣秀吉

●光秀の勝算と誤算

信長は天下布武を目前に本能寺で夢幻の生涯に終止符を打たれた。だが、全国統一への流れはもはや止まらない。信長の天下一統事業はある男によって継承される。稀代の人誑《ひとたら》しは如何にして史上最大の出世を成し遂げたのか。本能寺の変直後の京から話を始めたい。

織田家にとって不運だったのは、**本能寺の変**で、信長の長男で既に家督を譲り受けていた**信忠**も自害に追い込まれていたことだった。本能寺の変が起きた際、信忠は僅かな手勢とともに本能寺近くの妙覚寺にいた。光秀謀反の知らせを聞いて、すぐさま本能寺に向かう。だが時既に遅く信忠は道中で父信長の死を聞かされる。ポイントはここだ。この時点で信忠は南か西に動いていればよかった。南の堺では弟の信孝や丹羽長秀らが率いる四国討伐隊が渡海を目前に待機していた。西の播磨《はりま》では羽柴秀吉の中国討伐隊が**備中高松城**にて**水攻め**を行っていた。西はともかく南ならば楽に逃げられたはず。ところが信忠が向かったのは京の二条御所（二条城）だった。光秀に朝廷を押さえられるのを嫌ったのだ。ありえない選択肢ではなかったが、兵力差を考えるべきだった。親王救出に向かった信忠は二条で籠城するはめになり、結局自害に追い込まれている。信忠の名誉のために断っておくと、数に劣る信忠軍はよく戦い、明智家中の光秀の義弟と言われる明智孫十郎を討ち、光秀の従兄弟と言われる明智光忠を銃撃で重傷に追いやっている。だがいかんせん多勢に無勢。信忠は叔父に当たる織田有楽斎《うらくさい》こと**織田長益**に諭され自害に及ぶ。だが、信忠に自害を勧めた当の長益はちゃっかり逃げ延びており、後に京の人々にこの様子を「織田の源五は人ではないよ　お腹召せ召せ召させておいて　われは安土へ逃げるは源五（後略）」と詠われ非難を受けた。「源五」とは長益の通称源五郎から、「お腹召せ」は信忠への切腹の勧め。長益は後に秀吉の御伽衆《おとぎしゅう》となり、関ヶ原では東軍に属するものの、大坂の陣では総大将に担ぎ出されそうになる一幕もあった。だが長益は夏の陣前に大坂城を離れており、その世渡り術は織田家を滅亡から免れさせることに貢献している。信忠の死で信長の後継者の最有力候補が消えた。しかし、まだ候補となるべき人物はたくさんいる。

　事実上信長麾下《きか》の武将でありながら、形の上では対等な同盟者だった徳川家康。光秀謀反の黒幕説もあるにはあるが、さすがに無理がある。家康は本能寺の変の折、出入りの商人でブレーンの一人でもある茶屋四郎次郎など僅かな供回りとの京見物を終え河内にいた。信長死すの一報を聞き取り乱した家康は自害を試みたともいう。これは家康の行動を考えると演技であると思われるが、危機であることには変わりはなかった。頼みの三河武士団はここにはいない。逃げるしかない。家康は宇治から甲賀、さらに**伊賀越え**という難路を辿りやっとのことで三河へ帰国を果たしている。ここで生き延びたことで家康は信長後継者の有力候補の一人となった。

　この時点で後継者候補の大本命は謀反の張本人である明智光秀だった。ほぼ無傷で信長を討ち果たしたため、秀吉救出に向かうはずだった明智の大軍は、二条の合戦で多少の兵は失われたが、まだまだ十分戦える。畿内は光秀のテリトリー。織田軍団には光秀を上回る猛者《もさ》も知恵者もいるが、畿内においては人脈の上でも土地勘の上でも光秀が秀でる。だが、光秀にとって想定外の事態が起きた。当然味方してくれると思った畿内の諸将が動かないのだ。特に痛かったのは後に**細川ガラシャ**の名で知られる娘の珠《たま》を嫁がせていた**細川忠興**とその父の細川幽斎こと**細川藤高**が「信長の喪に服す」といって光秀の呼びかけに応じようとしないことだった。光秀と懇意にしており、あの松永久秀謀反の後は畿内でも有数の実力者となっていた筒井順慶も、光秀の期待に反し味方として馳せ参じることはなかった。講談では順慶は兵を率いて現京都府八幡市にある洞ヶ峠《ほらがとうげ》まで出向いたが、そこで日《ひ》和《より》見《み》し様子をうかがい、そのまま滞陣していたとされる。どちらに付くか態度を明らかにしないことを意味する「洞ヶ峠を決め込む」という成句の由来である。

　細川・筒井が援軍を出さぬのは計算外だったが、光秀も何もしなかったわけではない。**京極高次**らに命じ、信長の本拠地であった安土を中心とする南近江を明智方の諸将で固める。これは間違いではない。信長が近江を重視したのも、そこが守りに適し京へ駆け込みやすかったからに他ならない。近江は攻守のバランスが極めて良い地だった。近江を押さえれば、上杉景勝と対陣している北陸の柴田勝家への備えにもなる。滝川一益は関東で北条と合戦の最中。近江から京に向けて畿内を固めていく時間は十分にあったはずだった。

●奇跡、中国大返し

ところが、あの男がとんでもないことをやってのけた。中国方面軍の大将として毛利の橋頭堡であった備中高松城を攻めている秀吉である。京から二百キロ先にいる秀吉はまだ信長の死を知らない。いずれは知るだろうがそれまでの時間は稼げる。ところが秀吉はある人物のお陰で光秀の予想よりずっと早く信長の死を知ることになる。その人物こそ光秀本人だった。光秀は毛利に飛脚を送り、信長の死を毛利に知らせ、毛利とともに秀吉を挟撃しようとしたのだ。これは余計なことだった。放置しておけばよかったのだ。光秀は中国など放っておいて畿内固めに専念すべきだった。光秀の派遣した飛脚は備中高松城を取り囲んでいた秀吉の兵に捕獲される。あたりまえだ。城を落とそうと取り囲んでいるところへ、書を携えて城内に向かおうとする者がいれば捕らえられるに決まっている。この書状で秀吉は事の顛末《てんまつ》を知り驚愕する。この時、竹中半兵衛重治亡き後の秀吉の軍師的存在となっていた黒田官兵衛孝高《よしたか》は「殿の出番が参りましたな」と余計なことを口走ってしまい、以後秀吉の警戒を受け冷遇されたと言われている。できすぎた話で史実である可能性は低いが、そんな逸話があるということは、それだけ孝高の読みが恐れられていたということだ。現に孝高は後の関ヶ原の折に、九州において領土の拡張を図り、九州統一寸前まで取りまとめている。

信長の死を知った秀吉の行動は速かった。毛利方に悟られぬよう講和を急ぐ。既に備中高松城は降伏するしかない状態であったのだが、焦っているのを隠しつつ和議の実現を早めた。秀吉は城主清水宗治の切腹を見届けると、毛利方に気取られぬうちに素早く撤収を進める。落ち着いた風を装いつつ大軍は東へ向かった。敵は光秀、目指すは亡き主君信長の敵討ち。世に言う**中国大返し**である。幸いにして守戦に徹していた毛利からの追撃はなかった。伝令を先発させ、街道を松明《たいまつ》で照らさせる。マラソンの補給さながらの飲食で大軍は駆けに駆けた。そして黒田孝高の居城姫路城に到着、ここで一旦態勢を整える。

光秀もこの頃には秀吉が引き返してくることを掴んでいた。手勢を取りまとめて安土を出発し京に向かう。朝廷から戦勝祝賀を受けているのでこの時点での光秀は朝敵ではない。一方秀吉の軍勢も姫路城を出発。見込んでいた味方の参戦が得られない光秀に対し、秀吉軍には進軍中も摂津の諸将が次々に合流した。光秀が東の近江に気を取られ西の摂津を放置していたのも災いしている。高山右近、**池田恒興**、中川清秀らかつての荒木村重組の摂津諸将が参戦。四国に渡るために堺に待機していた信長三男**神戸《かんべ》信孝《のぶたか》**とその目付として滞陣していた**丹羽長秀**も合流。名目上の総大将を信孝とすることで弔い合戦の形を整え、戦の総指揮は秀吉が執った。

●This is 天王山、山崎の戦い

六月十二日、明智軍と羽柴軍は、摂津と山城の国境、現在の大阪・京都両府の府境、かつては名神高速道路の渋滞の名所だった天王山トンネル付近で、対峙・激突する。緒戦で見晴らしに長《た》ける天王山を取り合ったことや天王という言葉の意味や響きから、以後天王山という言葉は大きな勝負の帰趨《きすう》の分かれ目を指すようになる。

数の上では秀吉軍が圧倒的に有利だった。仇討ちということで士気も高い。一方光秀軍は数において不利であったのに加え、期待した味方は現れず、この一戦に際して仇討ちのようなわかりやすい大義名分も持ち合わせなかった。光秀は凡将ではない。領民には慕われており政治家としても一流である。だが、本能寺の変に際しては光秀にはその後の展望もビジョンもなかった。総大将の光秀にビジョンがないのだから、将兵においてはなおさら。末端で仕事に携わる者を動かすには、相応の煽《あお》りが必要だが、それを為すには光秀は生真面目でありすぎた。この点においては、天下に轟く逆臣と亡き殿の恩に報いるため散った男という違いはあるが、関ヶ原の敗者となる石田三成に似ている。以前は悪人としての評価が多かったが、近年になって特にインテリ層に人気が高い点も共通している。もっとも光秀には三成における島左近や大谷刑部《ぎょうぶ》に匹敵するような負けを承知で共に戦ってくれる友が存在しなかった。

後に**山崎の戦い**と呼ばれるこの戦いは、わずか一日で決着がついた。秀吉の圧勝である。光秀は態勢を立て直すべく、居城である近江坂本城まで落ち延びようとするも、山中で落ち武者狩りをする土民の竹槍に突かれ不名誉な死を迎えた。享年五十五。あまりにあっけない最期だった。なお、この後に光秀の首は首実検に処せられているが、損傷が激しかったという。そんなことから光秀生存説が生まれ、著名なものでは、徳川家康のブレーンの一人、南海坊天海＝光秀説があるが、光秀の年齢を考えるとさすがに無理がある。

世に光秀の三日天下と言われる。短期政権や一瞬にして権力の座から滑り落ちた者を指す常句として用いられている。現実には三日というのは誇張で、光秀の死までは本能寺の変から数えても十二日間ある。二週間弱なので短いといえば短い。「時は今　天が下知る五月哉《さつきかな》」の発句で有名な愛宕《あたご》百韻《ひゃくいん》と呼ばれる光秀主催の連歌の会があったのが五月二十八日から二十九日にかけてのこと。「時」は光秀の出自とされる土岐《とき》に通じ、「天が下知る」は天下を知るに通ずることから、このときには謀反を決意したとも言われる。行く先を知らされぬ兵たちに「敵は本能寺にあり」と宣したと言われるのが六月二日の未明のこと。そこから安土へ向かい再び上洛と大忙しで、山崎の戦いを迎えたのが十三日、そしてその日の深夜には土民に討たれている。三日はオーバーだがかなり短い。通常であれば戦の準備もままならぬほどの日数。こうしてみると光秀もかなり精力的に動いていたことがわかる。

やはり相手が悪すぎた。このわずかな間に講和を結び、移動し、味方を取りまとめ、着陣し、戦闘に及び、一日で勝利までもぎ取った秀吉が超人的だったのだ。もっとも光秀は名門土岐氏出身を自称するも、その前生には謎も多く、ここまで上り詰めたこと自体が幸運であり奇跡であったとも言える。それを可能にしてくれたのが外様《とざま》に対しても能力重視の人事を執行してくれた信長なのだが、光秀は自分を誰よりも高く評価してくれた男を自らの手で葬ってしまった。それもまた運命だったのだろう。

●奇策的中、清洲会議

光秀の死により、また一人信長の後継者候補が消えた。信長の事業を継承するのは誰か。この国の中心部のほぼ全域を領土とする日本最大の家中の家督を手にするのは誰か。それを決するため、織田家の家臣が集まり会議が開催されることとなった。六月二十七日、場所は信長が初めて奪取した城でもある清洲城。人気脚本家三谷幸喜氏の映画の題材にもなった**清洲会議**であった。戦国の世とはいえ、やはりモノを言うのは血統。この時点で信長の直系男子で家督継承候補者は二名いた。次男で北畠氏の養子となっている**信雄**《のぶみつ》と、三男で神戸氏の養子となっていた**神戸信孝**である。既に各地方における最大の勢力者に等しい織田軍各方面軍である織田家重臣から参加メンバーは、北陸方面軍司令官柴田勝家、信孝の目付として四国攻略軍の副司令官となっていた丹羽長秀、明智光秀の謀反とその死で不在となった畿内の最高責任者の代役として池田恒興、そして今回の仇討ちの立役者であり中国方面軍の最高司令官羽柴秀吉という堂々たる顔ぶれである。本来なら、この会議に臨席すべき関東方面軍司令官の滝川一益《かずます》は撤退に手間取り間に合わなかった。これにより一益の織田家中での発言力は著しく低下する。一益が無能や怠惰であったわけではない。巡り合わせの不運というのはどうしても存在する。「なんでその日に限って……」ということは得てしてあるのだ。人は運命には逆らえない。なお信長と並ぶ実力者であった徳川家康は、あくまでも独立した大名であり同盟者であったので、織田家内々の会議であるこの清洲会議には招かれていない。もし、ここで家康がオブザーバーとして参加していたら……、というのも興味をそそるｉｆの一つだ。

会議では柴田勝家が神戸信孝を強く推した。三男とはいえ、先の山崎の戦いでは立派に総大将を務めた。これに対し、次男の信雄は所領が伊勢だったため弔い合戦に間に合わなかったので発言力が弱かった。織田家きっての実力者である勝家と光秀討伐の功労者信孝の組み合わせで、早くも趨勢《すうせい》は決したかのように思われた。

しかし、これを覆せる男が一人だけいた。秀吉である。山崎の戦いでの事実上の総大将だった秀吉なら、勝家・信孝コンビに異を唱えることも可能だった。が、信雄では手駒として弱い。さしもの秀吉の口車でもどうにもならない。ところが、そこは秀吉。キラーコンテンツともいうべき擁立できる人材を隠し持っていたのである。その人物とは、長男信忠の遺児で信長直系の孫にあたる弱冠三歳の**三法師**《さんほうし》であった。後の**織田秀信**である。直系男子は強い。三歳の幼児に政治に対する意思などあるはずもないのだが、血筋がモノを言う世界ではそれを口にはできない。これより三百年後、徳川最後の将軍慶喜《よしのぶ》の大政奉還を受けて二条城で御前会議が開催される。その席で慶喜を擁護すべく粘った土佐の鯨海酔侯《げいかいすいこう》こと山内容堂は、焦れた挙句、幼き明治天皇を擁してモノを言う薩長の藩士や岩倉具視・三条実美といった公家《くげ》に対し、「幼君を担いで……」と真実を述べてしまい、すかさず「幼君とは無礼であろう」と追い込まれてしまった。幼君は政治的な考えを持てず自分の考えで物を言わぬだけに余計に始末に悪い。幼君相手では発言の揚げ足を取ることも矛盾をつくこともできないのだ。

自身に後継者の目がないと知った信雄は三法師推しに転じた。家督が信孝の元へ行ってしまってはどうにもならぬが、三法師なら簒奪《さんだつ》も可能である。理屈としても三法師・秀吉コンビなら信孝・勝家コンビより分がある。光秀討伐の功労者として信孝より秀吉のほうが貢献度は上であり、参加できなかった勝家は論外である。血筋の上でも信長の息子とはいえ傍系となり他家に養子に入っている信孝よりも、幼少ではあるが直系の三法師の方が強い。そもそも信長は既に織田家の家督を信忠に譲っていたではないか。信忠から信孝への移譲は傍系のそれであり信忠から三法師への移譲は直系のそれである。完全に三法師に分がある。とはいえ、最後は実力がモノを言う社会。ここで残る実力者の丹羽長秀が信孝を推していればまだわからなかった。が、丹羽長秀は三法師・秀吉ラインに付く。結局、信孝が三法師の後見をするということで、落とし所とし、清洲会議は終わった。三法師を担ぎ出してきた秀吉の作戦勝ちであった。

なお会議の結果、信雄は尾張を信孝は美濃を領することとなった。三法師には近江の一部と安土が、秀吉の養子となっていた信長四男の羽柴秀勝にも明智の所領だった丹波が与えられている。柴田勝家は従来の越前に加え、秀吉の所領だった近江長浜を獲得、さらに北近江に三郡を得る。丹羽長秀は若狭に加え近江の一部を得た。池田恒興は摂津に三郡を加増される。秀吉は自らが奪った播磨と山城を獲得した。こうしてみると領土の上で秀吉はあまり報われてないように思える。しかし、そうではない。まず羽柴秀勝や三法師さらに池田恒興の所領は事実上秀吉の思うがままになる。また山城国は京を擁する。畿内が騒然としていた頃の京は維持に手がかかり御所を守る責任を負い、旨み以上に負担も大きい場所だったが今は違う。南近江と摂津・播磨を押さえているので侵略の心配は四国から堺経由のラインを押さえておけばよい。石山本願寺も既になく三好や松永久秀のような者もいないので保守に困難はない。そしてメリットとしては朝廷及び公家との折衝が容易になる。現に京に入った秀吉の元を多くの公家が戦勝祝いに訪問している。秀吉も見せ掛けの数字より実を取ることに成功した。

こうして見せかけの和解は成立し、各々が決められた所領に立ち戻る。しかし既に諸将が並の大名以上の力を持ってしまっている織田軍団だけに、要を失えばそれがバラバラになるのは避けられぬことだった。ここでも先んじたのは秀吉だった。十月には血統上織田家の身内でも何でもない秀吉は、京の大徳寺で盛大に信長の葬儀を挙行する。現代でも葬儀には家庭での葬儀と会社など故人が所属した組織による葬儀がある。このうち後者は対外的なＰＲに利用される。秀吉が葬儀を仕切ったことで、朝廷や公家、京の人々の間では信長の後継者は秀吉という空気が醸し出されるのであった。

ライバルの勝家も何もしなかったわけではない。長浜の獲得に固執したのは、明らかに秀吉への備えである。しかし秀吉はその一枚上を行った。長浜城主を籠絡《ろうらく》し長浜城を取り戻してしまうのだ。雪で動けぬ勝家は、秀吉に時間稼ぎのため使者を派遣するが、秀吉はこれをも懐柔《かいじゅう》し取り込んでしまう。秀吉おそるべし。

●賤ヶ岳の戦い、勝家の最期

秀吉への反感を抱いていたのは勝家だけではない。翌年になって岐阜で信孝が、伊勢で滝川一益が、秀吉の横暴を許すなと兵を挙げている。これに対し秀吉は、岐阜を短期間で鎮め、伊勢の滝川攻めに乗り出した。そうこうしているうちに雪の心配がなくなると北陸から勝家が動く。だが、秀吉は勝家に対しても十分に備えていた。街道沿いに勝家軍の進行を防ぐべく砦を築いていたのだ。そして予定より早く勝家が動き出したと知ると、伊勢の備えは織田信雄に任せて北近江へ向かう。決戦の場は現在は滋賀県長浜市に編入されている木之本、琵琶湖北東の小さな湖である余呉《よご》湖を挟んで向かい合う形で両陣営は対峙した。

三月十二日、**賤ヶ岳《しずがだけ》の戦い**の始まりである。ここで秀吉にピンチが訪れる。岐阜の信孝が性懲りもなく再び兵を挙げたというのだ。幸い余呉湖の戦況は膠着《こうちゃく》状態。動く気配もない。秀吉は一目散に岐阜を目指す。だがそれを見逃すほど勝家方の武将たちは呑気《のんき》ではない。佐久間盛政の提案で勝家軍は中川清秀の守っていた砦を襲う。砦は落とされ清秀は討ち死にした。秀吉軍の前線は木之本を守る秀吉の弟、羽柴秀長のところまで後退する。佐久間盛政は勢いに乗って、勝家の制止を聞き入れず、どんどん秀長陣に攻め入る。一方、岐阜に向かっていた秀吉本隊は大雨のために大垣に足止めされていた。何が幸いするかわからない。秀吉軍は味方の敗勢を聞き大垣から木之本に引き返す。五十キロの行程を五時間で駆けたという大垣大返しは中国大返しの再来であった。同じ頃、琵琶湖を船で渡って秀長の元へ丹羽長秀の援軍が到着。秀長隊はどうにか持ちこたえる。佐久間盛政は慌てて引き返す。仕切り直しの後に再度決戦の幕が切って落とされるはずだった。ところが、秀吉本隊が到着すると、勝家方に付いていた前田利家隊が寝返る。秀吉との友情と勝家とのご近所付き合いを秤にかけて友情を選んだのか。これを機に柴田勢は総崩れになり、勝家は退却を余儀なくされ、居城である北ノ庄城まで逃れた。なおこの賤ヶ岳の戦いで活躍した秀吉方の若手武将を賤ヶ岳の七本鎗と呼んでいる。**加藤清正**や**福島正則**、**加藤嘉明**らが名を連ねているが、必ずしも手柄のあった七人が挙げられているわけではなく、語呂と人数合わせの人選とも言われている。

波に乗る秀吉の軍勢は二日後には北ノ庄城を包囲する。信長麾下《きか》で中国播磨攻めに当たっていた頃から秀吉の城攻めにおける徹底した包囲は定評があった。「三木の干殺《ひごろ》し、鳥取の餓《かつ》え殺し」などと恐ろしい言葉まで生んだ蟻の這い出る隙もない包囲である。ここに至っては柴田勝家も命運を悟るしかなかった。ところで勝家のもとには、あの信長の妹お市の方が浅井三姉妹を連れて再嫁してきていた。お市と三姉妹にとっては二度目の落城である。敵は同じ秀吉。秀吉はお市を救出しようとしたが、お市はこれを拒否し勝家と運命を共にした。四月二十四日のことである。三姉妹は秀吉に助けられている。長女の茶々は後の秀吉側室淀殿。秀吉の子である秀頼を産み、天下人の妻として後に母として栄華を極めるが、三十三年後、大坂の陣において人生三度目にして最後の落城を経験することになる。次女の初は京極高次の正室となり後に常光院を称する。三女の江は信長の家臣佐治一成に、次いで秀吉の養子の一人豊臣秀勝に嫁いだ後、三度目に二代将軍となる徳川秀忠の正室となる。三代将軍家光やその弟の駿河大納言忠長らを産み、お江与《えよ》と呼ばれ、出家後は崇源院を称する。歴史メロドラマ「大奥」を始め何度となく女性向けの歴史ドラマの題材とされる女性でもある。佐久間盛政は逃亡中に捕らえられて首をはねられる。滝川一益は開城の後に越前大野に追放された。岐阜の信孝は信雄に開城に追い込まれ、知多半島の内海に送られそこで自害した。

賤ヶ岳の戦いに勝利した秀吉の元へは思わぬ人物からも祝賀の使者がやってきた。中国の覇者毛利輝元である。毛利といえば信長麾下の将としての秀吉が最後に戦った相手である。あの本能寺の変の折、秀吉は毛利方の備中高松城を落城寸前に追い込んでいた。その後の秀吉の迅速な和睦と撤退、後に信長の死を知り毛利勢は大いに悔しがり秀吉に追軍を向けることを提案した者さえいた。だが、それは秀吉の実力を目の当たりにしたということでもある。秀吉の恐ろしさをナマで目撃し体験したということである。ここまでの毛利家の栄光は輝元の祖父であり実質先代の毛利元就一代によって築かれたものであって、それがゆえ毛利家には成り上がり者を見下す家風はなかった。元就ならば、複雑な感情やライバル心もあって秀吉を素直に認めにくかっただろうが、輝元は立場が違う。輝元の立場で成り上がり者を否定することは元就の否定にも繋がる。輝元は一族の重臣を人質に差し出し秀吉に臣従した。

●小牧・長久手の戦い、秀吉生涯唯一の黒星

こうして秀吉は最大のピンチを乗り越え反対勢力を一気に片付けてしまった。もはや織田家には信雄しかいない。信雄は今のところ秀吉の思うままに動いてくれる。残る気がかりはあの男。嫌な予感は的中するもの。信孝が死んだことで信雄は舞い上がった。これで信長の後継者になる資格があるのは自分だけになったと。自分こそが天下布武を謳う織田

家の跡取りであると。だが、わずか一年の間に状況は大きく変わっていた。もう信長麾下の織田軍団は存在しない。光秀は謀反の張本人であり、勝家は北ノ庄でこの世を後にし、滝川一益は蟄居《ちっきょ》の身。残っているのは秀吉とそれに味方する丹羽長秀や前田利家のみ。その秀吉は自分をないがしろにしつつある。自分の行動が招いた事態とはいえ、信雄にはこのまま家臣筋の秀吉の臣下に降《くだ》る気はなかった。といって自分には秀吉に抗《あらが》う力はない。どうすればよい。いた、秀吉に対抗しうる男が。徳川家康である。信雄は家康に支援を呼びかけ、反秀吉の同盟を結び立ち上がった。１５８４（天正十二）年、**小牧・長久手の戦い**の始まりである。

秀吉・家康の両雄にとって生涯ただ一度の直接対決だった。三月十三日、家康が清洲城に到着。一方、秀吉方の池田恒興は犬山城を占拠。現存十二天守の一つでありわずか四つしかない国宝指定されている天守を持つ犬山城。背後には眼下に木曽川を眺め、清洲にも程近い。家康は平地の清洲城を出て、その犬山城にさらに近い丘陵地の小牧山城へ向かう。偶然だが、清洲城から小牧山城という経路はあの信長が美濃攻めの際に辿った道筋でもある。秀吉方も指をくわえてみていたわけではないが、徳川譜代の榊原康政や**酒井忠次**らの活躍で小牧山城は家康の手に落ちた。

この頃、秀吉はまだ大坂にいる。前年に築城を開始し概《おおむ》ね完成した大坂城に秀吉はいた。ここに城を築いたのはもちろん十年の長きにわたり信長を苦しめた石山本願寺に倣ってのことである。二十一日に大坂を発った秀吉は一週間で犬山城に到着する。しかし既に家康方の砦や馬防柵や塹壕《ざんごう》は完成しており、さしもの秀吉といえども容易に手を出せない。戦いは睨み合いの状態となる。

都市伝説の一つに土佐犬のような犬に睨まれたら先に目をそらせてはいけない、というものがある。科学的には定かではないが、勝負において先に焦れて動いたほうが負けるということはよくある。この戦いで先に動いてしまったのは秀吉だった。秀吉に動くことを提案したのは秀吉の甥の**羽柴秀次**とも池田恒興とも言われている。彼らは中入りを試みたのだ。中入りとは敵の不在時に本拠地を突く作戦。家康がここで対峙しているということは本領三河は手薄のはず。ここからなら三河は遠くない。秀吉本隊が家康軍をクギヅケにしている間に別働隊が三河岡崎城を落とせばいいと。悪い作戦ではない。ただし条件がある。中入りをうまくやるには、まず味方の本隊が相手の本隊をしっかり足止めしておかねばならない。相手の本隊が動く素振りが見えたら必ず叩くこと。次に別働隊はとにかく一目散に敵の本拠を突くこと。進軍が遅かったり途中の支城で攻略に時間を費やしてしまうと、逆に敵の追撃に遭ってしまう。

この時の別働隊の面《めん》子《つ》も悪くなかった。まずは池田恒興とその息子の元助・輝政兄弟。**池田輝政**は後にあの世界遺産姫路城を築城する男である。次に本能寺に散った森蘭丸こと森成利の兄であり、織田軍の武田討伐では大活躍し、本能寺の変の後の撤退ではドサクサに紛れて東美濃を統一してしまうという剛の者、鬼武蔵こと森長可《ながよし》。そして**堀秀政**を目付にして大軍を預かる秀吉の後継者候補筆頭の羽柴秀次。作戦の実行に障害はなさそうだ。ところが戦は何があるかわからない。彼らは失態をやらかしてしまうのだ。別働隊は、現愛知県日進市にあった岩崎城に到着。こんな城には目もくれないか後詰だけ残して進軍すればよかったのだが、血気盛んな面々は、この城に手を出してしまい、攻略に三日も費やしてしまう。これは中入りでもっともやってはいけないこと。結論から言えば、この三日が文字通りの命取りとなった。三日あれば家康本隊は楽に追いつくことができてしまう。悪いことに別働隊の最後尾は経験が浅い羽柴秀次隊だった。本来ならばもっとも安全な位置だったはずの秀次隊は、先鋒がもたついたせいで、敵に追いつかれもっとも過酷な戦いを強いられる。百戦錬磨の家康譜代榊原康政隊に背後から襲撃された秀次隊は壊滅。秀次自身はなんとか逃げ延びるも秀吉に大目玉を喰らった。このことは後の秀次排斥の遠因の一つになったと言われている。２００５（平成十七）年に「愛・地球博」の会場となった長久手の広野が主戦場となり、そこでは森長可、池田恒興・元助といった諸将が討ち死に。秀吉本隊が長久手に駆けつけた時には既に戦いは終わっていた。

この後、素早く小牧山城に戻った家康に、城攻めの名手秀吉も手が出せない。やってやれないことはないが味方の犠牲は多大になる。それでは共倒れを招き別の大名に漁夫の利を与えてしまう。秀吉はここでの勝利を諦めて大坂に撤退した。

その後も各方面で戦闘は続く。尾張では家康方が優勢だったが、秀吉も負けっぱなしではない。信雄の所領である北伊勢を襲ったのだ。筒井順慶、**蒲生《がもう》氏郷《うじさと》**、**藤堂高虎**といった錚々たる顔ぶれに加え、秀吉が頼みとする実弟秀長が相手と来ては信雄も分が悪い。岩崎でしくじった中入りの雪辱といえるこの攻撃は大成功。信雄は落ち、家康に無断で秀吉との講和に応じてしまった。これが十一月のこと。信雄が戦線から脱落すると、家康は戦いの大義名分を失ってしまった。信雄の求めに応じて兵を挙げたわけで、その信雄が和解してしまってはどうにもならない。かくして信雄は秀吉に勝つ千載一遇のチャンスを棒に振ってしまった。一方、秀吉はその生涯における唯一の黒星を喫し、それ故、家康には死ぬまで気を遣い続けることになる。家康は城攻めの秀吉に対して野戦の名手として名を轟かせた。この時の秀吉と家康の講和で家康から人質代わりに秀吉の養子に差し出されるのが後の**結城《ゆうき》秀康《ひでやす》**である。なお、勝手な幕引きを行ったダメ男信雄は秀吉の臣下に降って生き延びる。関ヶ原では中立を維持するも大坂の陣では徳川方に着き、家光の代まで長生きし天寿を全うしている。処世術には長けていたのかもしれない。

●そして関白に

織田家家中に既に敵はなく、また最大のライバル家康に勝てなかったまでも矛を収めさせることに成功した秀吉はいよいよその実力に相応《ふさわ》しい地位を模索する。しかし武家の棟梁である征夷大将軍になるにはあまりにも出自が低すぎた。同じ成り上がりでも数代経ての成り上がりなら家康のように系図をごまかすことでなんとかできた。だが秀吉の場合、一代でここまで登りつめたわけでごまかしようがない。となると残された手段は形式的に養子に入ること。源氏がベストだったが、源氏の血を引いている家柄の多くは信長や秀吉自身が滅ぼしてしまっていた。庶家では生き残っている家系もあったが細川家のように既に秀吉の臣下に降ってしまっていた。臣下の家に養子や猶子《ゆうし》に入るわけにも行かない。残る候補は信長に追放されて毛利の庇護を受けていた足利義昭なのだが、出自にプライドを持つ義昭が秀吉を養子にしてくれることなどあり得ない。この時期の義昭はまだ自分が将軍のつもりだったし、それを支持している公家や武将も存在した。どうやら源氏は無理なようだ。では公家の線で摂関家はどうか。そこで秀吉の宮中工作のブレーンとなっていた菊亭晴季《きくていはるすえ》こと**今出川晴季**が、藤原氏五摂家の一つ近衛家の**近衛前久《さきひさ》**に、秀吉を猶子にできぬか諮《はか》った。意外にも近衛前久はこれを受諾する。公家でありながら信長と深い親交を持っていた前久は政治的な判断力に長けていた。この時期の公家は困窮していたので金を積むことも功を奏した。こうして秀吉は羽柴姓から藤原姓に改姓することに成功する。摂関家の養子になったことで摂政・関白に推挙される資格も得た。１５８５（天正十三）年七月、秀吉は朝廷から従一位の位に叙され、関白宣言ならぬ**関白宣下**を受ける。尾張中村の半農半士、足軽の小倅《こせがれ》が人臣最高位に登りつめたのだった。これ以降秀吉はあの人当たりのよい人格が豹変し、恩人や信頼の置ける家臣や友人を次々に粛清してしまうのだが、この菊亭晴季も後の秀次謀反事件において、秀次に娘を嫁がせていたため連座を免れず一度は追放されている。

関白に就任できたのがよほど嬉しかったのか、さすがに関白となると出自において気後《きおく》れがあったのか、この時期秀吉は微笑ましくさえあるような愚かな行動をとっている。それは自身の伝記を作ること。嘘によって出自の辻褄を合わせるためのものである。秀吉が口述し右筆《ゆうひつ》の大村由己《ゆうこ》に書かせたこの伝記は『関白任官記』と呼ばれる。「秀吉の祖父は萩の中納言という公家。中納言は同僚の讒言《ざんげん》によって尾張に左遷される。その際に実の娘を連れて行くがこの娘が後の秀吉の母である。中納言の冤罪《えんざい》が晴れると娘は京に呼び戻され宮仕えをする。その際に貴人の種を宿し、出産のため尾張に戻り、誰あろう秀吉その人を産み落とした」とまあよくもここまでという出鱈目な話だが、自ら創作口述した点は評価に値する。関白になるほどの男は多才であった。

関白となった秀吉は各地で**検地を実施**。石高を把握し財政の安定と人事の際の貴重な資料を得た。諸大名の転封《てんぽう》や配置換えは天下を取ってからの秀吉の得意技になるのだが、その際に各地の石高を把握していることは大きく役立った。

●四国平定と越中討伐

秀吉の天下統一の動き

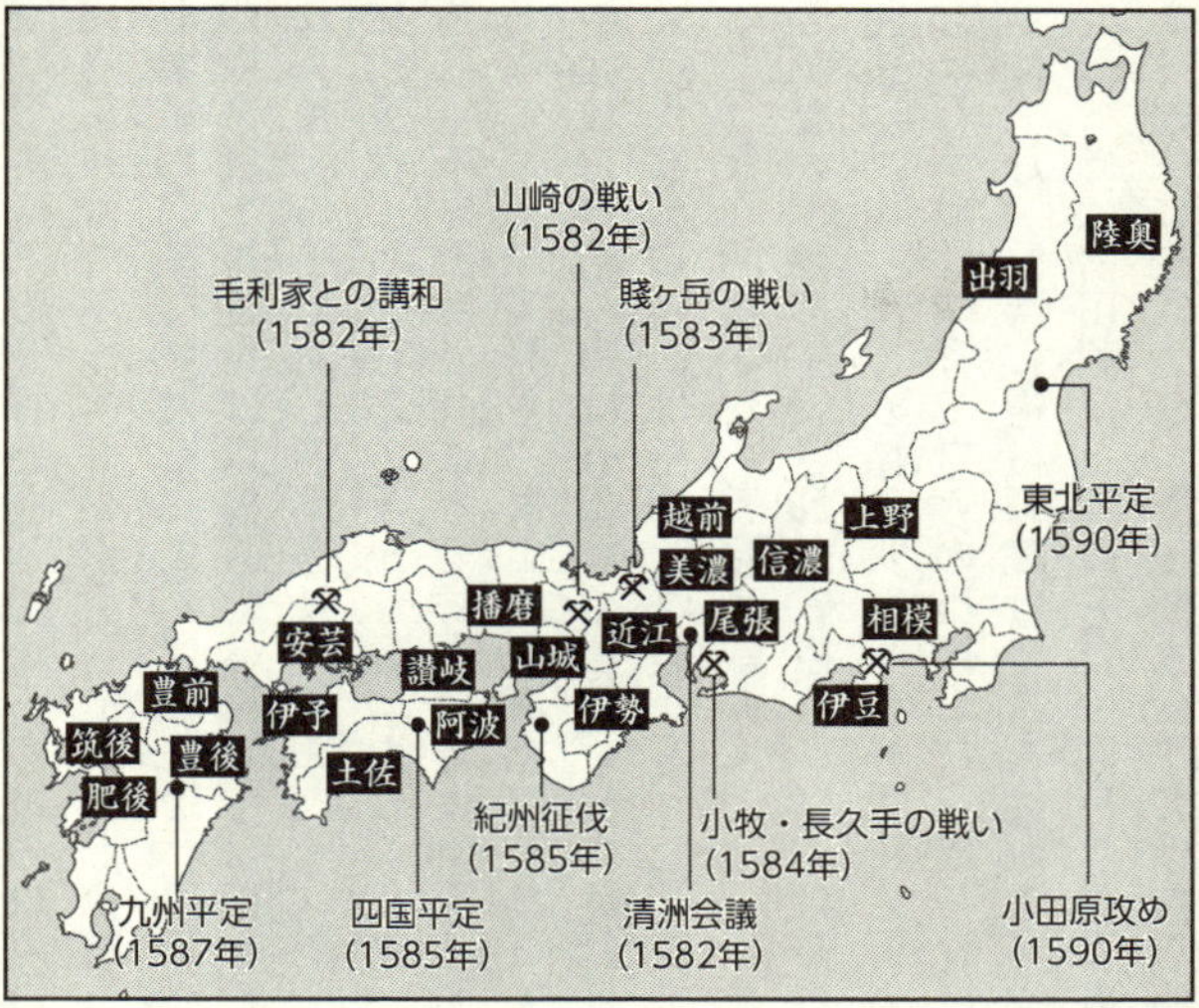
山崎の戦い
(1582年)
毛利家との講和
(1582年)
賤ヶ岳の戦い
(1583年)
陸奥
出羽
東北平定
(1590年)
越前
上野
美濃
信濃
播磨
尾張
近江
相模
安芸
山城
讃岐
伊勢
豊前
伊予
阿波
伊豆
筑後
豊後
土佐
肥後
紀州征伐
(1585年)
小牧・長久手の戦い
(1584年)
九州平定
(1587年)
四国平定
(1585年)
清洲会議
(1582年)
小田原攻め
(1590年)

この年は四国平定も行っている。長《ちょう》宗《そ》我《か》部《べ》元親《もとちか》によってほぼ統一されていた四国。元親は小牧・長久手の戦いでも信雄・家康側を支援しており、海を挟んで隣国にあたる紀州の根来《ねごろ》衆や雑《さい》賀《か》衆を通じて間接的に秀吉の邪魔をしていた。秀吉はまずこの根来衆・雑賀衆を攻める。石山本願寺を倒すために紀州を攻めた信長を参考にしていたのかもしれない。なお水軍封じのために毛利勢も手勢を派遣している。秀吉は根来衆・雑賀衆の拠点となっていた現和歌山市にあった太田城を得意の水攻めで攻略する。人夫を動員し紀の川の流れを堰《せ》き止め、太田城を孤島状態にしてしまう。備中高松城水攻めの再現だった。秀吉は城攻めの名手と言われるが、信長麾下の一将となってからの彼の攻略ははっきりしていて、まずは敵将を籠絡《ろうらく》し、次に物量作戦で圧倒するのが秀吉流。いわば戦う前に決着をつけてしまうやり口で、これは他の武将に真似のできるものではなかった。太田城を落とされ根来寺に次いで拠点を失った根来衆・雑賀衆は以後秀吉へ反抗するのをやめる。この地には和歌山城が新たに築城され、秀吉の弟である羽柴秀長が治めた。

紀州征伐で長宗我部の手足を奪った後、いよいよ秀吉は四国攻めに入る。時期はちょうど関白宣下を挟んでのこと。秀吉自身は出馬せず、羽柴秀長を総大将に**宇喜多秀家**、黒田孝高らの大軍が淡路や和歌山から海を渡った。並行して伊予方面からは毛利勢も長宗我部方の諸城を攻略。戦は秀吉軍の圧勝。兵の錬精度も武具の性能も兵の数においても秀吉軍と長宗我部軍の間には圧倒的な差があった。長宗我部元親は秀吉とただの一度も弓矢を交えることなく降伏した。元親は敵《かな》わずとも戦う意向であったが、秀吉軍のこれまでに見たことがない軍容に圧倒された家臣らに、もはや戦闘への意欲は残っていなかった。長宗我部元親は土佐一国を安堵されて秀吉の臣下に降る。信長も果たしていなかった**四国平定**を秀吉はわずか数ヶ月で自らの出馬もなく成し遂げてしまったのだった。

更に八月、秀吉に逆らい続けてきた男がようやく軍門に降った。その男とは佐々成政。信長配下では前田利家と共に秀吉の同僚。佐々成政は北陸方面軍に組み込まれ、現富山県である越中に配置され、柴田勝家配下で活躍。勝家配下であったので本能寺の変以降は秀吉と敵対。賤ヶ岳においては直接対峙し、小牧・長久手の戦いでは秀吉方に宗旨替えした旧友前田利家の末森城を攻撃するなど終始反秀吉に徹している。圧巻は「さらさら越え」。小牧・長久手の戦いで、秀吉と家康が和解してしまうと領国越中にいた成政は、家康に秀吉との戦いを継続させるため自らの手で家康を説き伏せようと、とんでもない行動に出る。そのとんでもない行動とは厳寒の北アルプス越え。当時とは比較にならぬほど登山技術が発達している現在においても困難とされるこの難行に佐々成政は自ら挑んでいる。確かに富山から浜松に向け直線を引けば北アルプス越えの道筋にはなる。従来の加賀―越前―近江―美濃―尾張―三河経由では、沿道はことごとく秀吉方、家康のもとに無事辿り着ける可能性は極めて低かっただろう。それはわかる、わかるのだが、やはりこれは暴挙としか言いようがない。秀吉云々以前に、遭難するか凍死してしまう。成政の秀吉への憎しみの深さがわかる。さらにすごいことにこの男、なんとこの厳寒の北アルプス越えに成功してしまう。これはあらゆる戦国大名を凌駕する快挙と言っていいだろう。おっと、大事なことを語り忘れていた。無事家康のもとにたどり着いた成政は、秀吉と和することの愚を切々と家康に説く。だが、家康は成政を篤くもてなしはしたものの、秀吉との和解に関して気持ちが動かされることはなかった。成政の命懸けの行動は無駄に終わったのだった。

　そんな熱い成政に敬意を抱いたわけでもないのだが、このわずか一国を領するのみ、放置しておけば勝手に上杉に潰されるだろう成政を、秀吉は自らはるばる越中まで出向いて屈服させている。因縁の前田利家を始めとする十万の軍勢が富山城を取り囲む。その中には秀吉と和解したばかりの織田信雄もいた。禍根のある秀吉と成政だけにさぞや激しい戦いが繰り広げられるかと思いきや、既にさらさら越えが無駄に終わった時に精も根も尽き果てていたのか、成政はほとんど戦火を交えぬうちに信雄を仲介に秀吉の軍門に降っている。意外にも秀吉は成政を赦し、大坂に招き寄せ自らの御伽衆《おとぎしゅう》に加えた。成政もその心意気に打たれたのか、この後は九州征伐で秀吉のために戦い、その功に報いられ大名に復活している。もっとも、久々の領国支配で力が入ったのか、早急な改革が領民の反感を呼び一揆が発生、その責めを負わされて自害させられているのだが。戦国大名の中でも成政はかなり熱い男だったと言えるだろう。

●天敵懐柔

既に人臣最高位の関白となった秀吉。法の上ではもはや彼に異を唱えることのできる者は存在しない。しかし、時代は戦国の世。力という裏付けのない権威が通用する時代ではない。その力においても秀吉はもはや天下一であった。ただし天下「唯」一ではない。実力ナンバーワンはもう一人いる。信長の後継者を決める戦いで次々に対立候補を叩きのめしてきた秀吉が唯一勝てなかった相手が徳川家康だった。この時点の秀吉なら家康と再戦すればおそらく勝てただろう。前回は持ってなかった朝廷の権威を持ち合わせ政治的動員力も増している。だが、それでも絶対というわけではない。秀吉が負ける可能性も僅かとはいえ残っている。何より前回の敗退は秀吉にとって苦い記憶だった。さらに家康に勝つにしても、ただ勝てばよいのではなく短期決戦で勝つ必要があった。戦いが長期化すれば応仁の乱のときのように諸将を巻き込み、全国に戦を拡大してしまうおそれがある。そうなってしまったら家康に勝っても天下一統事業のやり直しをさせられるハメになる。最悪日本が東の家康政権と西の朝廷の権威のもとでの秀吉政権の二つに割れてしまう。それでは信長上洛以前に逆戻り。ようやく近代の兆しが見えてきたこの国が再び中世に回帰してしまう。

　秀吉は対家康戦には慎重にならざるを得なかった。絶対に勝つ、いや絶対に負けない方法を取らねばならなかった。そんな方法があるのか。一つだけあった。それは戦わぬことである。戦いさえしなければ負けはない。面子の上での負けはあるが、そこは工夫でどうにかなる。とはいえ現在の状態で放置しておくわけにはいかない。成政のような直情径行型の大名ならともかく、計算高く人誑《ひとたら》しのできる大名や公家がいつ家康を担ぎ出さぬとも限らない。家康がそういった勢力と結びついて軍事行動に出ぬとも限らない。

　秀吉は交渉という手段を選んだ。秀吉の交渉能力は極めて高い。情報収集、分析、説得とすべてにおいて彼の右に出る者はいない。そんな秀吉にも今回の交渉は容易ではない。家康を少なくとも形の上で臣下に降らせるには、並大抵の条件では足りない。交渉というものは自分が得るメリットよりも大きいメリットを相手に得させてこそ成立するもの。いつもは名を捨てて実を取る秀吉だったが、今回は実を捨てて名をとった。諸将や世間に対して家康が秀吉に降伏したように見せられればよいのだ。そのためには自分が家康の元へ向かうのではなく、家康を大坂城に呼び出さねばならない。だがそれを実行しようとすれば家康譜代の者達が黙ってないだろう。となると、必要となるのは人質。それも重臣の子息クラスでは足りない。秀吉にとってＶＩＰレベルの人質を家康に差し出す必要がある。

　秀吉が出した結論はとんでもないものだった。既に他家に嫁いでいた血を分けた妹の**朝日姫**を離縁させた上で、家康に差し出したのだ。家康もこれを受け入れた。１５８６（天正十四）年五月のことである。女好き、それも年増好きの家康だったが、さすがにサルと呼ばれた秀吉の中年の妹を受け入れるには厳しいものがあった。だが、それは男としての話である。大名として政治家として考えるなら、これは受け入れるしかない。しかも相手が関白であり、その妹が嫁いでくる以上、側室でというわけにもいかない。

　家康にはかつて築山御前と呼ばれた妻がいた。家康がまだ松平元康という名で今川義元の人質だった時代のこと。義元の姪に当たる女性。すなわち名門今川家の令嬢である。この女性、家柄も容姿も申し分なかったのだが、嫉妬心が強く、また家康を格下に見ていたため、家康にとっては心が安らぐ女性ではなかった。名門の家の婿養子の境遇、人からはうらやまれるがそれなりに肩身は狭い。その後家康は信長に接近。それもあって、今川家出身の築山殿との夫婦仲は余計に悪くなった。そしてその結果悲劇が起きる。家康と築山殿の間に生まれた息子、信康の嫁であった信長の娘の**徳姫**が、父信長に自分の旦那である信康と姑《しゅうと》である築山殿に謀反の疑いありと告発したのである。信長・家康連合の敵である武田方に内通しているというのだ。信長はこれに激怒し、家康は息子信康とその母であり妻の築山殿を信長の命で死に追いやる羽目になった。ちなみに徳姫はその後も兄弟や秀吉らに保護されて天寿を全うし、江戸幕府三代将軍家光の代まで生き延びている。

この築山御前を自らの手で死に追いやって以降、家康は正妻を持たなかった。ゆえに、秀吉から朝日姫の輿入《こしい》れの提案があった時、家康は今で言うバツイチ状態で朝日姫を正妻として迎え入れるには支障がなかったのだ。更に秀吉の攻勢は続く。朝日姫を嫁がせても大坂に来ようとしない家康に、秀吉は今度は実母**大政所《おおまんどころ》なか**を朝日姫の見舞いの名目で送りつけた。これにはさすがに家康も動かぬわけにはいかなかった。母親まで人質として差し出された以上、それに報いねば今度は家康が非難を受ける。しかも大政所は秀吉の関白就任に伴って形を整えるべく従一位に叙せられていた。形式的なものではあるが大政所は殿上人であり無位無冠の私人ではないのだ。

家康は十月**大坂城に参内**する。そして諸将の見守る中で秀吉に拝謁。これにより家康は秀吉の臣下に降った。なお、この後、家康が岡崎に無事戻ると大政所も解放され大坂に返されている。また朝日姫は後に秀吉政権が盤石化し、家康との関係も良好化固定化したことから、大政所の病気を見舞う口実で返されている。

●天下人、豊臣秀吉

臣下に降ったといえば、越後の上杉景勝も家康より早く六月に秀吉に臣従を決めた。こちらはもともと良好な関係。というのも上杉景勝はご存知、越後の虎こと軍神上杉謙信の養子なのだが、謙信没後、同じく養子候補であった上杉景虎との後継者争い、御館《おたて》の乱で消耗し、背後には北条や武田、前面には織田軍団と前後を敵に囲まれ、危機的な状況にあった。その状況を救った形になったのが秀吉なのである。なぜなら織田軍団の北陸方面軍の司令官は秀吉の宿敵だった柴田勝家、さらに越後の隣国越中を任されていたのはあの佐々成政だった。この両名を成敗したのが秀吉。敵の敵は味方ということもあって、景勝は既に賤ヶ岳の頃から秀吉と誼《よしみ》を通じていた。秀吉と景勝を結びつけたのは双方の陪臣《ばいしん》であり外交官僚だった**石田三成**と直江山城守こと直江兼続《かねつぐ》だったと言われている。後にこの二人は関ヶ原で家康の野望を打ち砕かんとそれぞれの主君のために立ち上がるのだが、皮肉なことに彼ら二人の行動は家康の天下取りに格好の口実を与えてしまう結果となった。なお三成は処刑されているが兼続は関ヶ原の敗戦後上杉家が徳川家に服従したこともあり、無事生き永らえ、後には徳川譜代の本多氏から自らの養子に嫁をもらえるまでに徳川との関係を良化させている。

既に関白となっていた秀吉だが、この年はさらに**太政大臣に就任**し、それにふさわしい姓として朝廷から豊臣姓をおくられた。ここに天下人、豊臣秀吉が名実ともに誕生した。なお武士ながら太政大臣に就任したのは秀吉の前には平清盛と足利義満の二人のみ。後にも徳川家康・二代将軍秀忠・十一代将軍家斉《いえなり》の三名しかいない。こうした事実を見るにつけ、秀吉が出自の極端な低さに反して、意外にも朝廷や公家にはそれなりに好かれていたことがわかる。人誑しの所以《ゆえん》であり交渉術の成果であった。

●九州平定

もはや日本の中心部は秀吉色に染めぬかれた。残すは九州と東国である。秀吉はまず九州から平定に乗り出す。九州では関門海峡を挟んだ大内氏が力を振るったり、佐賀から興った龍造寺氏が西北部に台頭したりと、他の地域とは異なる闘いが繰り広げられていたのだが、秀吉が関白に就任したいわゆる桃山時代には既に二大勢力に結集されていた。北の大友氏と南の島津氏である。１５８５（天正十三）年、関白の名で二大勢力に「停戦および九州地方における私闘の禁止」を呼びかけた秀吉に対し、劣勢にあった大友氏はこれを受け入れたが、攻勢であった島津氏は断固としてその受け入れを拒否した。そこで翌年、秀吉は恭順してきた大友宗麟の懇願に応じる形で、**島津討伐**に乗り出す。軍師黒田孝高を派遣し、地に利のある中国勢や平定したばかりの四国勢を動かす。中国からは毛利輝元はもとより、他家に養子に入り家督を継いだ毛利の両川《りょうせん》と呼ばれた吉川元春と小早川隆景も出陣。四国からは四国平定時に秀吉方に助けられたあの三好長慶の甥の讃岐の十河存保《そごうまさやす》、四国平定目前にして秀吉に降った土佐の長宗我部元親も最愛の息子信親を伴って出陣している。なお、九州での島津勢との戦いにおいて十河存保は討ち死にし、長宗我部元親は難を逃れたものの最愛の息子信親を戦死させてしまう。

決して戦下手ではない彼らがこのような敗戦を被ったのは、秀吉から軍監として派遣されていた、マンガ「センゴク」の主人公として最近は人気が高い**仙石久秀**の愚策によるものだった。仙石久秀は自らのせいで劣勢となった自軍を見捨てて逃走し、秀吉の激昂を買い、高野山に追放されている。だが後に赦され、小田原攻めや築城で手柄を立て、大名に復帰している。関ヶ原では早々と家康に付き、遅参した秀忠をかばったことから秀忠の覚えもめでたくなり、仙石家は明治維新を無事に迎えられた。

逆に久秀のせいで息子を失った元親はその落胆のあまりに混乱し、反対する一族や家臣を粛清して、次男と三男を差し置き、後に結果として長宗我部家を滅ぼすことになった四男の**盛親**に家督を譲渡してしまう。もちろん久秀にも良い所はあり、元親にも敗戦の責任はあったが、それにしても両者のその後を見るにつけやるせなさは募る。

秀吉の島津征伐先鋒隊が乗り出した時、島津氏は九州平定まであと一歩に迫っていた。それもそのはず、島津氏はこの時期、当主であった島津義久を長とした**義弘・歳久・家久**

の島津四兄弟による最盛期を迎えている。筑前も攻略、残すは現大分県に当たる豊後《ぶんご》と同大分県と福岡県の一部からなる豊前のみ。ここでも島津勢は奮闘し豊後をほぼ手中に収める。しかし家康が秀吉の臣下に降り、後顧の憂いがなくなった秀吉は、1587（天正十五）年に本格的に島津討伐軍を形成する。秀吉自らが出陣すると旗色は変わった。圧倒的な軍勢と広大化する戦線に島津勢もついに追い込まれ、当主島津義久は秀吉への降伏を決めた。これに対し秀吉は薩摩・大隅の二国と日向の一部の所領のみを認める仕置きをしているが、その際に薩摩は島津義久に、大隅は島津義弘に与えている。これは島津の分断を図ったものだった。もっとも秀吉の軍門に降った島津氏だったが、仲違いや方針の違いはあっても一族間に深刻な対立が起こることはなかった。秀吉は上杉の越後から会津への国替えに際しても、陪臣である直江兼続に米沢を与えているが、こちらも君臣が袂《たもと》を分かつには至らなかった。さしもの人誑しにも分断できない間柄があったと思うと少しは気持ちも晴れる。

●京の復興、内政の充実

九州平定を終えた秀吉は前年から工事に着工していた**聚楽第《じゅらくだい》の落成**に伴い、京に移る。同時に応仁の乱以降、荒廃した京の街を区画整理し再興。京には諸大名の出先屋敷が設けられ、彼らの妻子は事実上の人質となった。言うまでもなく後の江戸幕府の参勤交代政策はこれを踏襲・発展させたものである。さらに信長の馬揃えに勝るとも劣らない豪勢な一大茶会を北野天満宮で主催。世に言う**北野大茶会**である。翌年には**後陽成天皇**の聚楽第への行幸を仰ぎ、後に秀頼の母となるお市の方の忘れ形見、茶々を側室に迎えるなど我が世の春を謳歌した。

　東国を除いて全国統一をほぼ成し遂げた豊臣秀吉は内政に関する規制を次々に発する。九州平定直後には後に伴天連《ばてれん》追放令と呼ばれる**キリスト教布教の禁止**を、１５８８（天正十六）年には**海賊禁止令**と**刀狩令**をそれぞれ発布。支配者としての強硬かつ明確な姿勢を示すとともに、**兵農分離**を徹底し、国内に住むあらゆる階層・職種の民を自身の管轄下に置き、下剋上の再発を徹底して封じ込めた。

　秀吉はキリスト教に対して元々は信長の路線を継承しており寛容な姿勢を示していた。にもかかわらず、九州平定直後に伴天連追放を布告したということは、九州で秀吉の考えを変えさせる何かがあったのだ。まずはキリシタン大名。高山右近を始め秀吉配下にもキリシタン大名はいたが、畿内のキリシタン大名はキリスト教の一神教的排他性をあまり感じさせぬものだった。ところが、九州においてはキリシタン大名の政策としての神社仏閣の破壊やキリスト教を軸にした家臣団の統一もみられ、本願寺や一向一揆、さらに比叡山の僧兵に手を焼いた生々しい記憶を持つ秀吉にとって、大名レベルでのキリスト教拡大は脅威であった。またポルトガル人の中には人身売買を行う者もいた。当時フィリピンをほぼ支配下に収めていたスペインへの警戒もあった。

海賊禁止令を思い立った理由も容易に推測できる。なにせ、四国平定の直前には紀州征伐を行った秀吉である。水軍には大いに苦しめられた。一方で臣下に降った後の毛利水軍のように味方につけ支配下に置けばこれほど心強いものはない。元来、船乗りは拘束・束縛されることを好まない。また港湾には独自の利権が存在し、それらは慣習的なもので領主さえ口を挟めなかったのだが、関白となり東国を除く全国を平定した秀吉にとって自分の支配が及ばぬ者の存在を認めることは到底できなかった。以後日本において海の民は秀吉もしくはその臣下の大名の家臣団に加えられることとなる。

刀狩令は兵農分離を推し進めたもの。ただし同時期に秀吉は私闘も禁じており、自分のように下剋上の末に天下を脅かす存在が登場するのを防ぐことの他に、既に天下が平定されたのだから民間防衛と自力による復讐を禁じ、武士以外の階級職種には文治政策を組み込み始めたとも言える。これにより、半農半士はもとより仕官することで農民や町人が武士になることもなくなる一方、権力者である武士の横行はあるものの、一応の太平の世を実現した江戸幕府の政策の土台ができたとも言える。

この世のすべてをほぼ手中にした秀吉だったが、唯一後継者たる男児には恵まれなかった。が、１５８９（天正十七）年、秀吉はついにその男児をも授かる。浅井三姉妹の長女、側室に迎えたばかりの茶々が男児を出産。あえて縁起の悪い名前をつけると長生きが期待できるという言い伝えにあやかり**棄丸**《すてまる》と命名。一度形式的に棄てて更に拾うというオカルトじみた風習にまで頼っている。棄丸を出産した茶々への褒美は京の西南にあった古城を修築した淀城だった。この城にちなんで茶々は淀殿とか淀の方、淀君と呼ばれる。秀吉の子息の実母としてその発言力も大きくなっていった。

●小田原征伐

１５９０（天正十八）年、絶頂を極めた秀吉は畿内を支配した誰もが成し得なかった東国の完全支配に乗り出す。越後の上杉が臣下に降り、甲斐の武田や駿河の今川が滅亡した今、関東に残るのは北条氏。鎌倉幕府で執権職を担った北条氏と区別するため後北条氏と呼ばれるようになるこの一族、当代は五代**氏直**の時代。その父氏政も隠居の身ではあるが健在。氏直も相応のバランス感覚の持ち主で、決して秀吉を甘く見て蔑《さげす》むようなことはなかった。氏直は秀吉との接点を模索し何度となく交渉にも臨んだが、関東を家康に預ける（それは同時に家康を関東に追い払うことでもある）ことを決めていた秀吉の北条討伐の決意は揺るがなかった。北条氏直は朝敵の汚名を着せられ天下号令の戦の相手をせねばならぬところに追い詰められた。いわゆる**小田原征伐**（小田原の役、小田原合戦）の始まりである。この時、北条を生かしておけば徳川への牽制になったのだが、そうなれば家康と氏直の間に小競り合いは生じただろう。となれば、戦乱の世に逆戻りする火種を残すことになるので、やはり秀吉には北条氏を滅ぼすしか方法がなかったのかもしれない。戦は秀吉の戦の集大成であった。敵方の家臣や諸将を籠絡。圧倒的な動員力の差を見せつけて敵の戦意を喪失させて城に追い込み、籠城を決め込む敵を徹底した物量作戦で囲い込む。天下人なればこそできる戦だった。

東海道筋からは三島の日本百名城の一つにも数えられている山中城が不肖の甥、豊臣秀次や池田輝政、徳川家康によって落とされ、次いで箱根の鷹ノ巣城、足柄城も難なく攻略。この部隊はいち早く小田原にたどり着く。長宗我部元親、九鬼嘉隆の水軍部隊は、海から伊豆半島の突端にあった下田城を攻略。織田信雄、蒲生氏郷、細川忠興らが攻めた早雲ゆかりの韮山《にらやま》城こそ容易に落ちなかったものの、各方面からのオールジャパン軍の攻撃に十重二十重に置かれた北条方の守りの砦は次々に陥落した。

圧巻は日本海側から南下してきた北陸勢。前田利家、上杉景勝らが率いたこの部隊は、現在走り屋の聖地になっている碓氷《うすい》峠付近で真田昌幸・信幸親子らの信州勢と合流、碓氷の松井田城の守将大道寺政繁を降伏させると、彼を道案内にして現在の群馬県にあたる上《こう》野国《ずけのくに》の諸城を矢継ぎ早に落とし、現在の埼玉県や東京都を中心とする武蔵に突入。江戸城も攻略し、現埼玉県南部にあった鉢形城や八王子城を攻略。北国勢の強さを見せつけた。

昨今、城址を訪ねることがブームとなっている。城郭巡りはパワースポット巡礼と称され、やはりブームになっている神社仏閣巡りと共に、歴史を学ぶ機会を与え健康増進にも役立ってくれる素晴らしい趣味である。しかし、そんな城郭巡りもうっかりすると危険を伴う。まず城跡は一般的にかなり広い。都市の真ん中にある平城でさえ隈なく見て回るにはかなりの歩数を要する。歩くのに適した履物で向かいたい。更に山城となると難易度は増す。付近に駐車場が用意されている場合でも、それなりの山道を歩くことになる。登城はまさに言い得て妙の言葉だと思えるほどには。先ほど挙げた城の多くは日本百名城にも登録されている城なのだが、だからと言って整備が進んでいるとは限らない。城跡を整備することは従来の姿を破壊してしまうリスクも伴うため、あえて未整備だったり軽い整備にとどめている城もあるのだ。登山レベルには至らないが相応の心構えで臨むのがいいだろう。また近年、環境の変化で城跡においてクマやスズメバチに遭遇する機会も増えている。こうした動物や昆虫から身を守るために、服装と持ち物にも気をつければ城址を安心して楽しめるだろう。安易な喫煙をしない、ゴミを捨てない、落書きをしない、などは言うに及ばないことなのだが、もう一つ大切なことがある。それは城址と古の人々に対する敬意を持つことだ。今しがた紹介した八王子城などは井戸が血に染まったという伝説のせいもあって心霊スポットとして訪れる人もいる。確かに八王子城の攻防では多くの老若男女が犠牲になっているが、それを言うなら世界史上、最も多くの人命が一夜にして消えたのは他ならぬ東京の中心部である。特に１９４５年三月十日の空襲では広島・長崎の原爆投下による犠牲者の数を遥かに上回る十万人が死傷している。しかし、東京の中心や下町が心霊スポット扱いされていることはない。誰もが普通に仕事をし歓楽に耽る生活を営んでいる。城址で古の武将や兵達に思いを馳せ犠牲になった人々に追悼の祈りを捧げることは素晴らしいが、心霊呼ばわりして変におののくことは彼らに対する冒涜《ぼうとく》であり慎みたい。日本の城郭は西洋のそれとも中国のそれとも異なる独自の姿を持つ歴史的文化的に優れた遺産なのだ。大切に受け継いでいけるよう見学に臨みたい。

　話を小田原攻めに戻す。多くの支城攻略が成功した中、唯一の失敗が現埼玉県行田市にあった**忍《おし》城攻め**である。映画化され話題になった『のぼうの城』の舞台でもある。この忍城を攻めたのが石田三成。秀吉に倣って水攻めを敢行したが失敗に終わった。実は忍城攻めには三成の他にも大谷刑部こと**大谷吉継**、真田昌幸・信繁（幸村）親子と名だたる顔ぶれが揃っている。後に前田利家、上杉景勝、直江兼続も合流しているのだが、この面子、実は関ヶ原で裏切りなど一切考えていなかった西軍の面子に他ならない。前田利家は関ヶ原前に死亡しているが、利家が家康の横行に対する防波堤になっていたことを考えると、実質西軍としてもいいだろう。三成以外の面子は戦においても名を残した人物たち。にもかかわらずなぜ落とせなかったか。それは水攻めという戦法をとってしまったがゆえだった。水攻めでは諸将の勇猛さは意味を持たない。水攻めで重要なのは土木技術と天候条件である。水攻めはその性質上落とすまでに時間がかかる。結局、忍城の開城は小田原陥落後になり、忍城攻略組は小田原に参陣できなかったのだが、水攻めとはそもそも時間のかかるものなのだから、それも無理はない。責《せめ》を負うべきは水攻めを選択した将なのだが、これは三成に見せ場を与えたかった秀吉の提案と言われている。派手好きの三成びいきの秀吉。三成が奉行職での功績と裏腹に戦場で大きな手柄を立てていないことに苦慮し、その場を与えたというのは十分有り得る話である。もっともその心配りが仇になり、後に関ヶ原で三成の元に諸将が集わなかった遠因になってしまうのだから、歴史は皮肉なものなのだが。

舞台を小田原に移す。諸大名の大部隊が二重三重に取り囲んだ小田原城。もはや城内には一欠片《かけら》の戦意も士気も残っていなかった。秀吉は小田原包囲の陣で茶会まで催す。一方城内では宿老や一族郎党がいつ果てるともなくどうすれば無事に降伏できるのかを延々と論議、ここからいつ果てるともない話し合いに対して使われる**小田原評定**という用句が生まれた。

三月から始まった小田原合戦は七月十六日に北条氏政・氏直親子が降伏・開城することで終わる。氏政は自害、氏直は高野山へ追放され、戦国大名の代名詞でもあった後北条氏は滅亡した。信長麾下《きか》にあった秀吉自身が滅亡に追い込んだ浅井《あざい》氏もそうなのだが、どうも親子での籠城というのは良い結果に繋がらない。浅井の場合も信長に親近感を抱く長政に対して朝倉との義理を選んだ久政の過信が滅亡を招いている。新たな時代の流れに対応しきれない旧世代が新世代の芽までも摘んでしまう。これも人の世にありがちなこと。

●奥州仕置、完全なる全国統一

北条氏を滅ぼしたことで、秀吉は六百年に及ぶ武士の歴史の中で、誰一人成し得なかった西国と東国の双方を統治下に治めるという偉業を成し遂げた。信長はおろか、足利義満も源頼朝も平清盛も成し得なかった空前の偉業である。そしてそのまま秀吉は全国統一を完成させる。武家政権発祥の地鎌倉に入り祈祷、そこから宇都宮へ移動し、関東・奥州（現在の東北地方）の諸大名の配置、配分を定める**奥州仕置《しおき》**を行う。日和見《ひよりみ》のため小田原に遅参した独眼竜こと伊達政宗の臣従を許したが、私闘禁止を呼びかけた惣無事令《そうぶじれい》に逆らった切り取りを認めず、所領は半分に削った。一方、その政宗の叔父にあたる山形の**最上義光**や地名に名が残る現在の福島県の相馬氏、秋田県の**秋田氏**、青森県で覇権を競っていた北部の**津軽氏**と**南部氏**らは本領安堵《あんど》を認められた。またこの地方への備えとして蒲生《がもう》氏《うじ》郷《さと》が会津へ配置換えとなり、北条氏の旧領はそっくり家康に与えられた。もっともこれは家康の旧領と引き換えで、後に結果として家康に幸運を招くものの、この時点では交通が整備され商業が発展した東海道沿いから、武蔵野という野原であった関東への左遷でもあった。

秀吉による奥州仕置は急激かつ一方的なものだったので従わぬ者もいた。その代表が南部氏の郎党であった**九戸《くのへ》政実《まさざね》**である。そもそも南部家は南部宗家の代表を共に頂く同君連合のような形を採っていたのだが、秀吉の仕置はその時点での南部宗家の代表であった南部信直を大名として認め、以後は信直の子孫のみが南部宗家の頭領となれるようにしてしまったものなので、同格を自任していた九戸政実には容認できるものではなかった。政実は南部信直の留守に乗じて反乱を起こす。帰国した信直は自力で反乱鎮圧を試みるも失敗。翌年、秀吉に助けを求めた。秀吉にとって本州の果ての南部家の一族争いなど取るに足らぬことではあったが、これを放置すると私闘の容認に繋がる。それが前例となれば惣無事令に従わぬ者が次々に出てきかねない。諸大名への見せしめのためにも、これは徹底して潰しておかねばならなかった。

甥の秀次を総大将に、前田利家・利長親子、徳川家康、上杉景勝という錚々《そうそう》たる顔ぶれが出陣。さらに目付を兼ねて石田三成、大谷吉継、佐竹義宣といった面子も加わり、案内を兼ねて伊達政宗、最上義光、蒲生氏郷といった東北勢も参戦。先の小田原征伐には及ばぬものの戦国武将オールスターズといっても過言ではない面々が南部一族の一武将の討伐に駆り出された。もちろん結果は秀吉軍の圧勝。九戸政実は助命を条件に城を明け渡すも、そんな約束が守られるわけもなく一族郎党揃って処刑され、ここに秀吉による完全なる全国統一が達成された。以後、秀吉に面と向かって逆らう者は国内には存在しなくなり日本から戦の火が消えた。

●天下人の孤独

秀吉が完全なる全国統一を成し遂げた1591（天正十九）年は秀吉が孤独に苛まれる年ともなった。人も組織も絶頂の後にあるのは下り坂である。位人臣を極め、誰もが成し得なかった全土の制圧を達成した秀吉にとってもそれは例外ではなかった。

まず年明け早々、頼りにしていた実弟大和大納言こと豊臣秀長が病で先立つ。秀吉の親戚筋には有能な者は少ないのだが、この秀長は例外で戦においても政治においても秀吉に匹敵する才の持ち主だった。また何より秀吉に対して唯一堂々と意見ができる人物でもあった。この人物を失ったことでただでさえ迷走を極める晩年の秀吉の行動に誰も歯止めがかけられぬようになり、豊臣家は滅亡へ向かう。

歴史というのは不思議なもので異なる時代においても多くの共通点や法則性を見出すことができる。成り上がった英雄に思慮深い弟や子が歯止めをかけるというのも一つのパターンで、武家として初めて太政大臣に就任し政権を握った平清盛も嫡男重盛を失ってから驕り高ぶり平氏を滅亡させてしまう。室町幕府の創始者となった足利尊氏にも直義という弟がいて、彼と共存できていたうちは軍事は尊氏で執政は直義と二頭体制が機能していたが、その後、尊氏が陪臣高師直《こうのもろなお》の讒言《ざんげん》を認め直義と袂《たもと》を分かつと、南北朝の混乱に拍車をかけている。やはり権力者には、一人でもよいので物言える存在が必要なのだろう。

秀吉に先立った肉親はまだいる。年をとってからできた跡取り息子、名を**鶴松**に改めていた棄丸もわずか三歳でこの世を去った。生来病弱であったとはいえ、ようやくできた跡取りの早世に秀吉はすっかり落胆する。もはや子ができることはないだろうと甥の秀次を養子に迎えて関白位を譲り、自身は太閤として大御所政治を行うこととした。この人事には国内の政治向きは秀次に任せて自分は海外進出への準備にとりかかる目的もあった。山城国に**伏見城**を築城。秀吉は京の中心からは若干離れたこの地で政務につくようになる。最愛の一人息子を失った悲しみと国内にもはや征服すべき土地がなくなったことからの空虚感はわからぬでもないが、こうした人事が思わぬ波紋を呼び起こしてしまうのは、つい百年前に室町幕府八代将軍足利義政の例にもあったこと。そしてそれは現実となってしまうのだ。

　秀吉の孤立化はまだ続く。今度は天命によるどうしようもないものではなく、自分自身が招いた孤立。堺の商人出身で信長時代から茶の湯の指南役となり、侘茶《わびちゃ》を大成させた**千利休**こと千宗易。北野大茶会を大成功に導いた功労者でもある彼は秀吉にとって頼りになるブレーンでもあり二人の仲は良好であった。しかし、秀吉の出世が進み黄金の茶室など秀吉の悪趣味が表立つようになると徐々に蜜月に終わりが訪れる。秀吉は利休に蟄居を命じると、利休は詫びることも媚びることもなく、京を船出し故郷の堺に隠居する。多くの大名の師匠でもあった利休に、誰もが秀吉に詫びを入れることを勧めるのだが、利休の首が縦に振られることはなかった。秀吉の怒りは収まらず、利休は京に呼び戻され、聚楽第で切腹を申し付けられる。利休はこれに応じ、その首は市中で晒された。秀吉は親友とも言える人物を自らの手で喪失したのだった。なお利休への怒りの原因は多々挙げられている。具体的な事件としては京の大徳寺の山門に利休が自分の木造を配置し、これが秀吉を上から見下げる形となるため不遜であると憤ったという説が有名。政治的な事情からは、有力な大名の多くを弟子にし、彼らに師と仰がれる利休のカリスマ性と発言力を秀吉が恐れたという説。目利きとしての名声を利用して一文の値打ちもない茶器に高価な値をつけ私腹を肥やす不届きな行いがあったという説。他にも多々あるのだが、結局は天下人となり誰からも意見されることのなくなった秀吉と、天下人といえども踏み込めぬ美学という領域、特に茶の湯に関してのこだわりが捨てきれなかった利休ではこうなることは時間の問題だった。なお利休の弟子として利休七哲が有名で、国宝犬山城の麓に移築されている国宝指定を受けた茶室如庵が名高い信長の弟の織田有楽斎こと織田長益や、細川ガラシャの夫としても有名な細川三斎こと細川忠興はその中でも著名だが、なんといっても因果を感じさせるのは利休第一の弟子であり、アニメ化もされた人気マンガ『へうげもの』の主人公でもある**古田織部《おりべ》**こと古田重然《しげなり》だろう。大名でもあった彼は秀吉の勘気も恐れず、細川忠興と京から堺へ旅立つ利休を見送っているのだが、利休亡き後の秀吉の茶の指南役に抜擢され、後に家康や秀忠にも茶を指南する。ところが、利休のように影響力が大きくなったことを警戒してか、家康もまた織部に大坂の陣において大坂方の間者を務めていたとの濡れ衣で自害をさせている。家康ほどの人物でもこの振る舞い。武人は自らにないものを持つ文化人を恐れるものなのかもしれない。

この年、九年前に日本を旅立った若者たちが帰国を果たしている。伊東マンショ、千々岩ミゲル、原マルチノ、中浦ジュリアンの四人。**天正少年使節**である。彼らは閏《うるう》一月に聚楽第にも招かれており、秀吉を前に西洋音楽を奏でた。ハープやオルガンなどの西洋楽器や活版印刷機、海図などを日本に持ち込んでくれたのだが、派遣された時と異なり、日本はキリシタン禁制の国となっていた。改宗を受け入れられなかった彼らは揃って九州天草の修練院でイエズス会に入会。その後はそれぞれ別々の人生を歩んでいる。伊東マンショは布教活動の長旅に疲れ、長崎にて四十三歳で病死。千々岩ミゲルは関ヶ原の翌年にイエズス会を脱退。原マルチノは徳川幕府の禁教令に際してマカオに脱出するも現地で客死。中浦ジュリアンは禁教令発布後も国内に留まり布教活動を続け、六十四歳まで生き延びたが最後は中吊りの刑に処せられ殉教を遂げている。

●朝鮮出兵

秀吉は日本国における絶対的な支配者である。絶対的な支配者の不幸はまた日本国にとって、そこに住む民にとっての不幸をもたらす。１５９２（文禄元）年、日本国の金銀財宝、富と人命を海に投げ捨てるような愚行が開始される。唐入り、**文禄・慶長の役**、いわゆる朝鮮出兵である。

これは愚行であった。なぜなら、戦略が存在しない挙兵だったからである。ビジョンはあるにはあった。明国を支配下に収め、後陽成天皇を明国の皇帝として迎え、甥の秀次が関白としてこれを補佐する。日本では親王を即位させ、秀吉の姉の子で弟秀長の養子となった豊臣秀保が関白として政務を担当する。朝鮮は宇喜多秀家か姉の子であり秀吉の養子となっていた豊臣秀勝が治める。まったく無謀で大言壮語としか言いようがない。ここまで考えるのなら、さぞ朝鮮半島や中国大陸の事情に詳しいのだろうと思いきや、さにあらず。持久戦になることや補給路が延びてその維持が局地戦での勝利以上に大変になることなど考えてもいない。もっとも秀吉がそうなったのも無理はない。秀吉が苦戦した戦と言ったら小牧・長久手の戦いまでで、それ以降はほとんど横綱相撲。戦う前から勝ちが決まった状態で、大名オールスターズを動員して、自身は物見遊山・観光がてらに出陣。戦えば戦うだけ領地も金銀財宝も増えるとあっては、誰だってやめられない。そこへ来て唯一諫《いさ》められた可能性のある秀長が先立ってしまったのだから、もはやどうにもならなかった。あえてもう一人止めることのできる可能性があった人物といえば**北政所《きたのまんどころ》ねね**だが、彼女はよくも悪くも欲がない。豊臣家の安定だの豊臣家を如何に後世に残すかなどにあまり関心がない。既にこの時期は秀吉の近くには淀殿もいて、ねねに秀吉を止める役割を期待するのは無理だった。

秀吉は朝鮮・明国では飽きたらず、インドにまで攻めこむ気であったという。そのために現在のフィリピンであるルソンを支配していたスペイン総督のところに、原田喜右衛門なる怪しい貿易商に国書を持たせ使いに出している。唐入りが始まってから余裕がなくなりこの件は有耶無耶《うやむや》に終わるのだが、「従わねば明国を征服したついでに滅ぼすぞ」とスペインに脅しをかけているのだから、ここまで来ると逆にあっぱれですらある。もっとも秀吉だけを責めるわけにはいかない。苦労して這い上がった独裁者から苦労を取り除けばこうなるのもまた歴史の常である。

朝鮮出兵に先立って、秀吉は前年から現佐賀県唐津市にあたる肥前名護屋の地に巨大な城郭を造る。天守も置かれたこの城は**名護屋城**と呼ばれ、城の巨大さもさることながら、周囲には諸大名の仮屋敷や陣屋が立ち並び、日本中の大名と兵が集められたため、何もなかった肥前の片田舎は京のような賑わいを見せる。大名目当ての出入りの商人の仮店舗や兵のための酒場や遊郭も立ち並び、名護屋は天皇を除くあらゆる政財界のＶＩＰが集う事実上の日本の都となった。

秀吉以外のほとんどの大名が避けたいと思う戦である。なんとかして戦にならぬよう工作した者もいた。朝鮮との橋渡し役を務めた対馬領主の**宗義智**である。彼は事を穏便に済ませるために、朝鮮に秀吉の全国統一を祝う祝賀使節を送るよう伝える。これに応じて朝鮮から祝賀使節がやってくる。宗義智は秀吉にこの使節を服属・臣従の使節であると紹介した。無論偽りである。苦肉の策である。だが秀吉はこれに対し、かつて元寇《げんこう》に際して元が高麗に先鞭を命じたように、朝鮮に明攻略の尖兵役を言いつける。明の属国である朝鮮がこれに応じるわけはなく、交渉は決裂した。秀吉はまず言いつけに従わぬ朝鮮を攻めることにする。これが朝鮮出兵の経緯である。秀吉の当初の目標は朝鮮ではなく、あくまで明にあったのだ。

朝鮮半島への十万を超える大軍勢の派兵を可能にしたのは、数万の兵に対する船や食料の調達配分という難解な作業を滞ること無く処理した石田三成らの働きであった。だが、いきなり問題が起きる。加藤清正が先陣を飾りたいと申し出たのだ。ところが三成が選んだ一番隊は**小西行長**や宗義智で編成され、加藤清正は鍋島直茂とともに二番隊に編入されていた。これが遺恨となり、後の関ヶ原において、清正が豊臣恩顧の武将でありながら家康に味方する原因の一つとなる（ただし関ヶ原で戦いが起こった時、清正は九州にいたため出陣はしていない）。

真っ先に朝鮮半島釜山に上陸した小西行長隊は、加藤清正隊の到着を待たず、進軍を開始してしまう。戦いは連戦連勝。それもそのはず、この時期の日本の武士は、生まれた時からずっと戦乱の世に生きてきたわけで兵としての実戦経験も練度も高かった。南蛮から導入した鉄砲や大筒も既に国産化、それも大量生産化に成功しており、武装の上でも申し分なかった。一方の朝鮮は長らく明国の庇護下にあって戦いらしい戦いはしていない。また王侯貴族は家系のみで出世が決まり、日本のように戦場で手柄を立てれば出世できるわけでもなかった。かくして小西隊は次々に城を打ち破り首都京城を目指す。一方の清正隊も小西隊に追いつき追い越すことを目標に無為な戦いは避け一路京城を目指す。途中で追いついた清正は行長に大激怒、あわや内ゲバの危機が訪れたが、鍋島直茂がこれを諫め、小西・清正両隊はそれぞれ別の進路で京城に向かうことで合意した。清正隊は近いルートを選択。小西隊は遠回りルートを選択した。清正隊が先着するかと思われたが、清正隊のルートは確かに近いのだが、途中に大河があり渡河も難しく、結局迂回を強いられた。一方の小西隊は初めから迂回したルートで道中に障害はなかったため小西隊が先着してしまった。しかし、首都京城はもぬけの殻。既に王侯貴族は逃げ延びた後だった。この後も両軍は順調に進軍する。元が堺の商人の子である小西行長は、途中何度か朝鮮王朝に講和を呼びかけるがことごとく失敗する。そもそも朝鮮王朝に明皇帝の意向を問うことなく外交上の決断ができるわけはなかった。一方根っからの武断派である清正の隊はひたすら進撃した。

　こうして五月には現在の北朝鮮南部の開城を制圧する。この頃には黒田孝高の息子、**黒田長政**が率いる三番隊、島津義弘らの四番隊、福島正則や長宗我部元親の五番隊、小早川隆景や**安国寺《あんこくじ》恵瓊《えけい》**ら毛利勢の六番隊、毛利輝元率いる毛利本隊の七番隊、宇喜多直家亡き後に秀吉に可愛がられ猶子となっていた備前宰相こと総大将宇喜多秀家の八番隊が合流。各方面から進軍を再開し、現在北朝鮮の首都である平壌に至った。

●戦線、苦境へ

連戦連勝で怒涛の勢いで進撃する日本軍だったが、二つの落とし穴があった。一つは李舜臣率いる水軍の存在である。この時期の日本の武士の戦闘能力は極めて高かったのだが、それは陸に限定してのことだった。水軍に関しては日本と朝鮮の事情は逆になる。前期倭寇やそれを名乗る自国や明の海賊である後期倭寇に悩まされた朝鮮は国営水軍を整備していた。潮の流れなど地の利も朝鮮水軍にあった。水軍は日本軍の補給船を襲い日本軍を苦しめる。

今一つの落とし穴は明国の参戦だった。もし明軍が参戦してこなかったら、この戦は日本軍の勝利に終わっていただろう。水軍により苦しめられたとはいえ、陸における戦力差はあまりにも大きく、激しい水軍の攻撃にあっても日本との物資流通の拠点である釜山は死守されている。戦闘が長期化すれば現地での生産も不可能ではない。意外だが、現地の人々は日本軍に敵意を持たず、日本軍もまた非戦闘員を無駄に襲うことはなかったのだ。これを可能にしたのは兵農分離である。職業戦士である武士には個々に略奪を果たさなくとも主君からの報酬が約束されていた。規律を乱せば逆に手柄を立てても職と命を失う恐

文禄の役　日本軍の進撃

慈城
鄭文孚
加藤清正の兵
義州
李如松
寧辺
成允文
咸興
相良頼房
金命元
李元翼
鍋島直茂
加藤清正
平壌
小西行長
南復興
曹好益
伊東祐兵
大友義統
朔寧
沈岱
襄陽
黒田長政
開城
島津義弘
李廷馣
幸州山城
萬成傳
金千鎰
宇喜多と三奉行
中山秀政
蜂須賀家政
福島正則
生駒親正
長宗我部元親
尚州
安東
稲葉貞通
木下重堅
錦山
金山
慶州
洪州
毛利輝元
羽柴秀勝
権慄
全州
鄭仁弘
金沔
陜川
蔚山
崔慶曾
金時敏
長谷川秀一
釜山
図凡例）
日本軍の拠城
朝鮮軍・明軍
日本軍連絡路
朝鮮軍・明軍の進路

れもあった。この点、徴兵における兵ではそうはいかない。徴兵とは素人を無理やり駆り出す行為であり、兵の練度も士気も戦場戦地におけるモラルも一切期待できない。徴兵は人数を集めることができるが、戦において必ずしも効果的ではないのだ。

　しかし現実には明軍は参戦してきた。朝鮮が明の子分である以上、守らぬ訳にはいかないのである。だが平壌で日本軍が明軍を撃退すると明国は講和に乗り出す。七月には戦線が膠着《こうちゃく》状態に入り八月には休戦が実現する。だが条件がまとまらず、翌年には戦闘が再び活発化。戦いの最中に何度も休戦協定が模索されたが、決着は容易につかなかった。

●秀次の不幸

　秀吉の横暴さを更に悪化させたのが、朝鮮出兵始まって間もない頃の大政所なかの死であった。七十半ばを過ぎており、この時代では十分な大往生。しかし、母親には格段の情愛を持っていた秀吉だけにその衝撃は大きかった。

　この世を去っていく者がいれば、生まれてくる者もいる。前線の兵士の命や苦労など考えもしない秀吉に思わぬ朗報が届いた。一昨年鶴松を失ったばかりの淀殿が再び男の子を産んだという。１５９３（文禄二）年八月三日に生まれたこの男児は、棄丸の早世に懲りたのか**拾丸**と名付けられた。後の**豊臣秀頼**である。秀頼の誕生はめでたいばかりではなかった。後継者問題を発生させたのだ。そもそもの戦国時代の端緒となった応仁の乱勃発のきっかけもまたこのパターンでの後継者争いにあった。一世紀を経て秀吉の手で国家が統一されても、人を悩ませる種に変わりはない。ただ幸いなことに秀吉は応仁の乱の折の足利義政のようにどっちつかずの態度を取りはしなかった。後継者は血を分けた我が息子しか考えられない。だが一度決めてしまった跡取りである。さすがの太閤殿下といえど理由もなく廃嫡はできない。だが秀吉はそれをやってしまう。築城した伏見城で政務を行うようにすると、諸大名には伏見城の周辺に伏見屋敷を建てさせ、聚楽第に居住する秀次と諸大名の切り離しを進める。こういう工作も日本史上ではよく見られる。一つだけ例を挙げると、嵯峨《さが》天皇が平城《へいぜい》上皇を追い込んだケースがこれに近い。１５９５（文禄四）年、秀吉は謀反の疑いで秀次を呼び寄せる。秀次にとって秀吉は叔父、会って話をすれば誤解も解けるだろうと、のこのこ伏見に出向いてしまうのだが、もちろんこれは秀吉の罠だった。秀吉は秀次を呼び寄せておきながら会おうともしなかった。秀次は申し開きの機会さえ与えられぬまま高野山へ蟄居《ちっきょ》させられる。これだけでも十分酷いのだが、秀吉は蟄居に素直に従った秀次に対して切腹を申し付ける。秀次を担ぎ出す勢力を前もって防ぐ、いわゆる後に禍根を残さぬための処置なのだが、政治的には正しいとはいえ酷い話である。秀吉の残虐さはこれにとどまらない。切腹した秀次の首を切り落として晒し、その妻子は皆殺し、側室の親族までも連座して罰した。ついでに言えば聚楽第はまだしも秀次のかつての居城であった近江八幡城までも取り壊している。近江八幡城はこの時既に京極高次の居城になっていたにもかかわらず。

従来は秀次が行ったという悪行と、それゆえにつけられたという殺生関白というあだ名から、これもやむなしと考えられていた。秀次が秀吉暗殺のためにあの有名な大泥棒石川五右衛門を差し向けたという逸話もある。ちなみに石川五右衛門は個々のエピソードには創作が多いが釜《かま》茹《う》でにされたのは史実であり実在の人物である。昨今では秀次の行状は後付けのでっち上げと考えられている。確かに秀次が本当に謀反を企《たくら》んでいたのなら、秀吉の呼び出しにホイホイ出かけていくはずはない。また秀次の元へ参じた使者も僅かな手勢でしかなかった。謀反の企みが事実なら、大勢の手勢を連れて行ったはず。やはりこれは秀吉の我が子可愛さのあまりの愚行だったろう。それにしても度が過ぎる。だいたい、秀頼が成年するまで生き延びられる保証はない。現に鶴松は夭逝《ようせい》している。この時点で秀吉と同じ血筋を持つ成人男子は秀次のみ。血のスペアとしても秀次は必要だったのではないか。確かに秀次が生き延びれば秀頼が天下人に成れぬ可能性もある。秀吉の処置は一概に間違いとは言い切れない。だが、秀次がいなければ秀頼を補佐する親戚筋は皆無に近い。なにせ秀吉は高齢である。仮に長生きできても秀頼の成人時まで権勢を保てたとは思えない。疑心暗鬼を生ずとはよく言ったものだ。この秀次事件によってただでさえ一族郎党に乏しい豊臣家はより弱体化する。そしてこの事件での遺恨は関ヶ原において多くの豊臣恩顧の大名を徳川方に走らせる。因果応報もまたこの世の習いなのだ。

しかし、始末に悪いのは権力者に対する因果応報というのは、往々にして何の罪もない人々を巻き込んでしまうということ。これは組織やコミュニティに属している人ならすぐに思い当たることだろう。トップや上司の不祥事や不幸というのは、所属する組織やコミュニティの評価自体をも下げてしまったり、後始末や失地回復のための負担増で下部に属している自分自身により多くの負担を負わせるもの。敵や同格のライバルならその不祥事や不幸が自分自身にとってはメリットになることはあるのだが。だから上の者が無能であったり悪虐であることは始末に悪い。ましてその人物が同時代において比類なき権力を持っていたとするならば。

●難波のことも夢のまた夢

1596（文禄五→慶長元）年、伏見を大地震が襲う。マグニチュード7を超える大震災だったと推定されるこの地震は**文禄の大地震**とか慶長伏見地震などと呼ばれている。この天変地異をきっかけに文禄という元号は不吉とされ慶長に改元される。伏見には当時最高のランドマークの一つであった伏見城が建っていたが、この地震で崩壊している。しかし、これで秀吉に苦しめられていた武士や民がいい気味だと溜飲を下げることはできない。秀吉はこれまで伏見城が建っていた指月《しづき》というところから程近い木幡《こはた》山に伏見城を再建する。民にとっては普請のための税と労役の負担が増すだけ。秀吉自身は痛くも痒くもなかった。一説には秀吉はこの地震に大いに狼狽《ろうばい》し、謹慎中だった加藤清正が一も二もなく秀吉の元に駆けつけ、どさくさ紛れに謹慎を解かれたばかりか、秀吉の信任を却《かえ》って大きくしたという。ちなみにその清正を謹慎に追い込んだのは石田三成や小西行長ら朝鮮の役での和平推進派の面々。三成ら和平派と清正ら好戦派の対立がよくわかる。

その朝鮮の役、一度は双方が休戦に至ったものの、話し合いは物別れに終わり戦闘が再開されてしまう。原因は秀吉と明皇帝の認識の相違にあった。この認識の相違は自然に生まれたものではなく、双方の和平推進派が無益な戦を避けるため苦肉の策を用いたゆえの結果であった。秀吉も明皇帝も相手が屈服したと嘘の報告を受けていたのだ。もちろん、そんな嘘は使節が来ればバレる。こうして慶長二年、諸国の大名に再び朝鮮出兵の動員令が発布される。ここで重要なのは出兵先は朝鮮だが、相手は明となっていること。本来の秀吉のビジョンに合致した形となったわけだが、人道的見地を別にしても、この文禄・慶長の役と呼ばれる出兵はやはり戦略的にも無理があった。対朝鮮に限定しての戦績においては日本が圧倒している。が、それも当然でこの時期の朝鮮は軍事においてほぼ明に丸投げの状態なのだ。朝鮮を制圧すれば明が本気になって参戦してくるのも自明の理。明は大陸にある。一方、日本は島国。本国からの海路輸送を必要とする日本にとって、明が対外拡張期にあるならいざしらず、そうでないのなら、やはり半島進出のメリットはない。ナポレオンやヒトラーがロシアの凍土に進軍し自らを地に貶めたように、朝鮮半島は日本にとって鬼門の地なのだろう。

なお戦いの動向だが、前回と同じ様相を呈している。すなわち途中までの進軍は実に速やかで、前回の失敗に懲りた日本は蔚山に橋頭堡を築くべく大規模な築城をする。この蔚山倭城と呼ばれる城は、完成前から明軍の攻撃を受けたが、加藤清正らがよく持ちこたえ、秀吉軍の拠点となった。ここを足がかりに再びの大量派兵で一大攻勢をかけようと秀吉は計画する。しかしその計画が実行に移されることはなかった。

１５９８（慶長三）年、還暦を超えていた秀吉は、北野大茶会に匹敵する大アトラクションを催す。**京の醍醐寺三宝院における花見**。北政所ねね、淀殿、松の丸殿こと京極竜子ら愛妾が勢揃い。さらに現在も金沢では抜群の人気を誇るおまつ様こと前田利家の正室**まつ**（後の**芳春院**）ら諸大名の正室、側室、家中の女らが勢揃い。女好きの秀吉にとって生涯最高のそして最後のイベントとなった。

日本史上、日本人として空前絶後の大出世を遂げ、青年期は人誑しとして信長を始めとする多くの人々に好かれ、晩年は狂老害としてあらゆる我儘と思いつきで人々を恐怖と不幸に叩き落とした一代の英雄であり梟雄《きょうゆう》。そんな彼も年齢と病という自然の摂理には勝てなかった。花見以降、床に臥《ふ》せることの多くなった秀吉の心残りは、年老いてから生まれた幼君秀頼だった。いわゆる**五奉行・五大老**のシステムも自分の亡き後この秀頼を保護するため、実力者同士を牽制させるためのものであった。五月、その五奉行と五大老を集め、遺言状を認《したた》め、彼らから血判の上で誓紙を集める。こんな紙切れが何の意味もないのをもっとも知っていたのは権謀術数の限りを尽くし天下を取った秀吉本人だったろう。しかし、もはやそれしかできることはなかった。人の情を悪用し踏みにじり天下を取った男が、その天下を守るために人の情にすがるしかなかった。無駄な試みは繰り返される。七月、伏見城に諸大名を集め、諸大名の見守る中、家康に秀頼の後見を依頼する。よりによってもっとも依頼してはならない男に依頼したのは秀吉の目が老いと病で曇りきっていたゆえではない。もはやそうするしかなかったのだ。秀長に先立たれ、秀次を自らの手で葬り、結城秀康らせっかくの忠義心の高い猶子達を他家の養子に出してしまったとき、既にこの悲劇は予定されていた。誰のせいでもない、自分自身が蒔《ま》いた種であった。八月五日、秀吉は五大老に再び遺言を記す。

　秀頼事、成り立ち候やうに、この書付の衆として頼み申し候、
　何事も、この他に思ひ残す事なく候
　返す返す秀頼の事、頼み申し候
　名残り惜しく候

　叶わぬ願いと知りつつ、今生最後の願いを秀吉は徳川家康、前田利家、毛利輝元、宇喜多秀家、上杉景勝という五大老の面々に伝える。そしてこれはお市を娶《めと》るという願いとともに彼の生涯においてたった二つだけ叶わなかった夢の一つとなった。

慶長三年八月十八日、秀吉はその生涯を終えた。享年六十二。辞世の句は、

露と落ち　露と消えにし　我身かな　難波のことも　夢のまた夢

一人の男の夢に多くの公家と大名と民が希望と絶望をみた時代が終わりを告げた。

第八章

天下分け目の合戦
家康 五十五年の
雌伏より目覚める

●忠の人、前田利家

１５９８（慶長三）年、伏見城にて日本史上後にも先にも例を見ない大出世を遂げた男がこの世を去った。豊臣秀吉、享年六十二。秀吉の死は秘匿された。多くの武将たちは秀吉の命により朝鮮に出征している。朝鮮との戦闘状態は継続中である。この時点で秀吉の死を明るみに出すわけにはいかない。速やかな休戦と撤退が望まれた。だが朝鮮からの撤退は壮絶を極めた。休戦の和議は現場レベルまで浸透せず、最前線にいた小西行長隊は四方を敵に囲まれ、島津義弘や立花宗茂の海上からの救出によってようやく脱出に成功した。帰国した諸将を豊臣家の官僚である石田三成らが出迎える。しかし、そこに秀吉はいない。尾張の頃からの秀吉恩顧の大名、加藤清正や福島正則は秀吉の死に目に会えなかったことに落胆し、自分たちが朝鮮で死と隣り合わせの戦闘を繰り広げていた最中にも、安穏として日本でそろばんをはじいていた奉行らに激しい苛立ちを覚えた。清正ら現地組が三成ら内地組に反発を感じるのは無理もない。至極当然のことだ。が、三成らも遊んでいたわけではなかった。史上最大規模の大軍を渡海させるにあたっては綿密な部隊編成と船の手配、食料物資の供給が不可欠であり、これは文人肌である三成ら官僚にしかできないことだった。海外への派兵自体が古代以来のことであり、これだけの大軍の派遣は前代未聞だったから、文字通り夜も眠れぬ労苦もストレスもあった。が、それは武人には伝わりにくい。

その労苦の質がわかりにくい。現在でも営業や製造など現業に携わる人たちと、経理等に携わる人たちの間の部署による対立はよくあること。官僚と軍人、奉行と武将の間に亀裂が生じたのもやむをえないこと。これがもし、秀吉が朝鮮出兵など試みなければ、国内の統一とともに戦禍が消え、軍人から官僚への権限やポストの移譲も自然な形でなされたのであろうが、朝鮮出兵は稀に見る過酷な戦地と内戦の恐れのない内地とを作ってしまった。これもまた秀吉晩年の大失態だった。

　秀吉亡き後の豊臣政権は、トップに幼君秀頼をいただき、そのもとに意思決定機関として前田利家、徳川家康、毛利輝元、上杉景勝、宇喜多秀家の五大老が、そして行政の実務は、石田三成、**増田長盛**、**長束正家**、**前田玄以**《げんい》、**浅野長政**ら五奉行が担う形となった。が、当然のことながら幼君秀頼に政治的な意思決定能力はない。そこで秀吉亡き後の豊臣政権において行政の規範とすべき法のような扱いを受けたのが太閤の遺訓である。だが、遺訓はあくまでも遺訓でしかない。日々変わる情勢を受けてその都度出されるものではない。そもそも秀吉の遺言には天下国家の動静云々はなく、如何にして秀頼成長まで豊臣家の地位と政権を保つかだけが目的のものである。それも実力者である五大老の相互抑止と誠意に期待したものであり初めから危ういものだった。

　１５９９（慶長四）年、伏見城にて諸大名の年賀の挨拶を受けたのは秀頼を懐に抱いた前田利家だった。亡き秀吉の戦友で義に篤き加賀の老将。この時点で豊臣政権を支えていたのはこの男だった。利家が健在であるうちは豊臣政権もまた安泰だったのだ。

その律義者利家は亡き太閤の遺言に従い、秀頼が大坂城に移ることを進言・決行する。慣れ親しんだ伏見城を離れたくないという淀殿と野心ゆえそれに同調した家康の反対を押し切ってのことだった。難攻不落と謳われた大坂城に秀頼が入城した。これは名実ともに秀頼が秀吉の後を継ぐことを天下に示したものであり、家康といえどもこの時点では利家には逆らえなかったことがわかる。

その家康は、諸大名の勝手な縁組を禁じた太閤の遺言に背き、積極的に大名家と縁組を進める。横山光輝によって漫画化された隆慶一郎の小説『捨て童子』で有名な家康の六男松平忠輝が独眼竜で有名な奥州の伊達政宗の長女と縁組。加藤清正と並ぶ秀吉恩顧の武闘派である福島正則の養子福島正之にも家康は養女の満天姫を嫁がせる。さらに阿波踊りの産みの親とも言われる阿波の古狸こと蜂須賀家政の子**蜂須賀《はちすか》至鎮《よししげ》**にも養女を娶《めと》らせた。これは豊臣政権下での家康の派閥拡大工作に他ならない。亡き太閤の遺訓に背くものであり私心の企てであると石田三成らは激高し、前田利家を担ぎ出し家康を詰問した。これに対しさすがに老獪《ろうかい》な家康。豊臣政権の安定を図るために諸将との関係を深めているのだと答える。自分は亡き太閤に信頼され秀頼の補佐を頼まれた者であり、その自分の行動に異を唱えるのは、それ自体が太閤の遺訓に背く行為ではないかと逆に切り返す。あくまでも「最大勢力の自分に逆らうとは何事か」ではなく「秀頼様の御為の所業である」と建前を貫いた上での言い訳になっているのが心憎い。この家康の言い分に唯一言い返せる力を持つのが前田利家。豊臣配下の諸侯は利家派と家康派に分かれた。大坂城の利家の下には五奉行の他、毛利輝元・上杉景勝・宇喜田秀家という残りの大老、四国の長宗我部盛親、キリシタン大名であり堺出身で朝鮮でも最後まで活躍した小西行長、その行長を朝鮮で救うなど奮闘した筑後柳川の立花宗茂、親秀吉であり親三成である水戸の佐竹義宣、そして豊臣恩顧朝鮮激闘組からも加藤清正、細川忠興、加藤嘉明・**浅野幸長**らが集まった。一方、伏見城の家康の下に馳せ参じたのは、伊達政宗、藤堂高虎、黒田官兵衛こと黒田如水、豊臣恩顧組からは福島正則、池田輝政、如水の子黒田長政など。

　この顔ぶれを見てあることに気がつく。関ヶ原における東軍と西軍の顔ぶれに非常に近い組み合わせになっているのだ。実際の関ヶ原では、この状態から東軍に後に二代将軍となる徳川秀忠や家康次男の結城秀康《ゆうきひでやす》ら一族の諸侯と井伊や榊原といった徳川譜代の諸侯が加わる。さらに利家派から当の利家の前田家を始め、加藤清正、細川忠興、加藤嘉明、浅野幸長といった面々も東軍に移る。一方の西軍は、毛利輝元が名目上の大将となるものの参陣はせず、佐竹義宣は日和見的な行動に出る。開戦のきっかけとなった上杉景勝も東北にとどまり関ヶ原には参加せず、五奉行に至っては三成以外は家康に内通しつつの日和見《ひよりみ》。西軍が勝てなかったのも道理と言えよう。

　もっともこの時点で利家が開戦に踏み切っていたなら話は変わる。加藤清正の三成憎しの気持ちは強いが、ここで利家の下に参じたことからもわかるように、利家への信頼は強かった。清正が説得すれば家康の下を訪れている盟友福島正則も利家に付いたろう。この時点で上方にいる上杉景勝も毛利輝元も大戦力として立派に機能する。逆に徳川の親族や譜代は戦には間に合わない。利家の寿命が尽きぬ前に決着がつく短期戦となることが条件であるが家康の敗北が濃厚である。豊臣びいきには夢膨らむ想像なのだが、そもそも利家が既に病んでいて軽々しく動くタイプではなかったことを考えると、やはり空想でしかない。とは言え、歴史における勝敗というのは、ほんの一つのボタンの掛け違えで変わるものであることがよくわかる。

　利家派と家康派に分裂した豊臣政権だが、当の利家と家康には戦に発展させる気はなく二月になると和解が成立した。誓書を取り交わし、利家が加藤清正や細川忠興らを引き連れ、伏見の家康の下屋敷を訪ねる。家康は伏見城に程近い向島の小城に移ることとなった。利家の病状が悪化したのはこの直後のことだ。ただでさえ危ういバランスの上に成り立っている豊臣政権内での平和が揺るごうとしていた。三月、家康が利家の病気を見舞う。一説には、この時利家は自ら家康を暗殺することを考えていたという。また三成も家康暗殺を企てていたと言われる。だが両者が暗殺を決行することはなかった。豊臣方の家康暗殺の千載一遇の好機は何事もなく過ぎ去ってしまい、翌月の閏《うるう》三月家康を抑えられる最後の大物である前田利家は大坂の前田屋敷で息を引き取った。享年六十四。信長の小姓から柴田勝家の配下へ、槍又左の異名をもつ槍の名手で、賤ヶ岳で盟友秀吉に寝返り。以後豊臣政権下の重鎮となり加賀百万石に繋がる礎石となった。その人生に悔いはなかったろう。

●七将、三成襲撃

前田利家という要が失われると、豊臣政権内の武人派と官僚派の対立、武人達の反三成の動きへの歯止めはなくなった。加藤清正、福島正則らは行動に出る。両名は細川忠興、加藤嘉明、池田輝政、浅野幸長、黒田長政らとともに三成の屋敷を襲撃する。七将による**石田三成襲撃事件**である（加藤嘉明、池田輝政の代わりに藤堂高虎、蜂須賀至鎮が参加したとする説もある）。三成が秀吉恩顧の武将たちに如何に嫌われていたか改めて思い知らされる。三成は秀吉のお気に入りであり第一秘書のような存在だった。現場で戦う武将たちには虎の威を借る狐のように思えていたことだろう。晩年の秀吉にはおかしな命令や納得しがたい論功行賞が多々ある。それらは本来秀吉の責任なのだが、諸将へは三成を経由して伝えられる。リストラにあった者が、人事を決した者ではなく解雇通知をした者を逆恨みしてしまう様にも似ている。もっとも嫌われ者の三成も外様の大名には意外に好かれている。秀吉が発した国替えの命に際し、国を挙げての引っ越しなど勝手がわからず難儀している諸大名やその陪臣《ばいしん》達。それを持ち前のアタマの回転の速さと事務仕事の巧みさで大いに助け、時には自らが現場に足を運び、引っ越し先との交渉もまとめてくれたのが三成だった。三成本人は自身の評価を上げようなどとは思っていない。国替えに際する彼らの秀吉への反感を下げ忠誠度を上げるために奮闘しているのだが、外様の大名たちは三成に恩を感じた。だが逆に豊臣恩顧の諸将がこれを見れば、外面だけよく身内に冷たい官僚にしか見えない。世の中には本人に悪気はないのだが、なぜかその人が善行を施すと事をこじらせる結果に繋がってしまうタイプの人間がいる。三成はまさにこのタイプだった。後に三成は結果的に豊臣家を滅ぼす立役者になってしまう。皮肉といえばこれ以上皮肉な話もないが、コアなファンや狂信的な支持者というものは応援されている本人の側からは案外厄介な腫れ物のように思われているもの。三成も豊臣家への狂信的に近い忠誠心が仇になってしまったといえる。

さて、七将の襲撃を受けた三成だが、事前にその情報を得ており、辛くも脱出に成功している。だが彼の所領の現彦根市の近江佐和山まではさすがに逃げ切れない。大坂城という手はあるが秀頼を巻き込んでしまう。三成が選んだ逃亡先は驚くべき場所だった。反豊臣勢力の中心人物である家康の下へ転がり込んだのだ。これは見事な策だった。この時点でもっとも三成を必要としたのは他でもない家康だったからだ。家康には転がり込んできた三成を斬ってしまうことは容易だった。だが、それをやったら、豊臣家中の分裂の種が消えてしまう。豊臣政権内での家康の地位は更に盤石になる。が、それだけでしかない。それでは家康は豊臣政権内で事実上のナンバーワンになれるだけなのだ。そんなことは三成の命を奪うまでもなく前田利家の死とともに既に実現している。家康が望んだのは豊臣政権から独立した上での豊臣政権に取って代わる徳川政権の樹立であった。ならば三成には生きて豊臣家中をかき回してもらわねば困るのだ。三成がいれば豊臣恩顧の諸将が一枚岩になることはない。さらに派閥闘争が激化すれば、家康はその一方に近づき豊臣政権を簒奪《さんだつ》できる。豊臣政権内の問題児三成はこの段階での家康にとってありがたい存在なのだ。三成の不幸は自分が頑張れば頑張るほど、忠義を尽くせば尽くすほど、結果として家康に利をもたらすことになるという皮肉に気付くことができなかったことにある。

かくして、家康は三成を匿《かくま》う。さすがの血気盛んな七将も家康には逆らえない。七将の三成暗殺は失敗に終わった。だが三成も無傷というわけにはいかなかった。騒ぎを起こした責任をとらされ、奉行を辞職し、近江佐和山へ隠居することとなった。

●家康、大坂入城

三成の隠居からわずか数日後、待ってましたとばかりに、家康は向島を出て伏見城西の丸に入る。大坂城と並ぶ豊臣家の居城で政務を執るようになった家康に面と向かって歯向かう者はもはや誰もいなかった。しかし家康は油断をしない。旧五大老中でナンバーワンとはいえ二・三位連合を組まれてはかなわない。家康は安芸百十二万石の毛利輝元、更には九州薩摩の島津四兄弟の島津義弘・忠恒親子とも誓書を取り交わしている。さらに家康は、朝鮮での失態を咎《とが》められ所領を削られた大名たちに、領地を回復し名誉も取り戻してやった。本来それは家康が単独で決めていいことではない。だが、伏見城にいる家康は豊臣政権の政務としてそれをなしたのだ。もちろん領地と名誉を取り戻した大名は出処である豊臣家ではなく決定を下した家康個人に感謝した。自分の懐は傷めず恩を与えるという公の立場にいるからこそ使える技だった。また六月からは諸将に働きかけ国許へ帰らせた。朝鮮戦役以来、領国経営が心許なくなっていた大名は少なくない。八月には会津に転封になったばかりの上杉景勝や前田利家の後を継いだ嫡男前田利長らも帰国している。

そして九月九日を迎える。この日は一月七日、三月三日、五月五日、七月七日と並んで五節句に数えられている重陽《ちょうよう》の節句の日だった。**家康は秀頼への挨拶に大坂城に登った。**このとき事件は起きる。家康に対して、前田利長、浅野長政、淀殿の乳母の息子で後に大坂の陣の一方の主役となる**大野治長**、そしてかつて信長の次男信雄《のぶかつ》に仕え小田原城攻め以降秀吉配下となった**土方雄久**《ひじかたかつひさ》の四名が暗殺を計画している、という密告があったのだ。密告の主は五奉行でありながら家康に通じていた増田長盛だった。謀反の咎で大野治長は下《しも》野《つけ》の結城秀康に、土方雄久は常陸《ひたち》の佐竹義宣に預けられる。なお、この大野治長、のちの大坂の陣では大坂方の事実上の最高責任者となるのだが、関ヶ原では東軍に従軍してちゃっかり手柄を立てている。武勇を褒めるべきなのか、節操のなさに呆れるべきなのか。浅野長政は隠居させられたのだが、問題はもう一人の前田利長であった。

この暗殺計画は事実無根だった。噂の出処は増田長盛の讒言《ざんげん》とも家康自らのマッチポンプとも言われている。が、家康はあえて警戒するふりをして、節句の挨拶を終えた後、そのまま大坂城内にとどまっている。ちなみにその場所は石田正澄の屋敷。石田正澄とは堺奉行を務めていた官僚で石田三成の実の兄である。正澄はこの時に堺に退いているので家康は正澄を大坂城内から追い出したことになる。そして同じ月のうちに、秀吉未亡人となった北政所《きたのまんどころ》が西の丸を退去すると、家康は、秀頼補佐の名目で自分が西の丸に入ってしまった。家康は、三成の大きな情報源である正澄を追い出し、自らは伏見城よりさらに中枢の大坂城に入り込み居座ることに成功している。家康は得しかしていない。さらに暗殺未遂を疑われた四人は極刑を受けていない。既に年配で幸長に家督を譲っていた浅野長政は別として、他の三人は後に名誉回復を受け加増までされている。これはマッチポンプ説が当たっている可能性が極めて高い。仮にそうではないにせよ、家康が暗殺の噂を本気で信じていたとは思えず、うまく利用してやろうという腹であったことは間違いない。

●加賀、屈する

十月、家康は前田討伐、加賀への出兵を決める。国許にいた前田利長はこの濡れ衣に大いに憤った。当初は家康を迎え撃とうと奮い立つ。が、利家未亡人で出家して芳春院と号していた母おまつと重臣らに諫《いさ》められる。利長はこの時三十八、老獪《ろうかい》な家康とはとても渡り合えぬとお家を危ぶんでのことだった。前田家家老**横山長知《ながちか》**が弁明の使者として家康の下を訪れる。これに対する家康の回答は、芳春院を江戸の人質として差し出すこと、利長の養子利常と徳川秀忠の娘である珠姫《たまひめ》の婚姻を進めること、だった。前者は前田家にとって極めて過酷な条件だった。が、既に服従と決めた以上、呑むしかない。かくしてまた一つ、家康は天下取りに向けて盤石の体制を整えた。

鞭《むち》の後は飴《あめ》である。家康は独断でセレクトした数名の大名に加増する。その際あてがわれたのは蔵入地《くらいりち》と呼ばれる豊臣家の直轄地であった。家康の懐は少しも痛むことなく徳川家への恩を売ることができる。小狡《こずる》いやり方だが、今でも同様な手法は頻繁に用いられている。極めて腹立たしいことだが、道義等を排して純粋に戦略的に判断すれば、自らの財を減らすことなく多くの人の支持を得られるこの手法は巧みなものといえる。家康はそれをなすために、あくまで豊臣家の名のもとに執政を行った、名より実を取るこのやり方は生真面目な三成には到底真似できないものだった。

そして１６００（慶長五）年を迎える。この年、正月の参賀で諸大名は大いに頭を悩ませた。大坂城に出仕する。ここまではいい。問題はここからだ。本丸には秀吉の後継者秀頼君が御座している。だが西の丸には政務決定における事実上のナンバーワンとなった家康公が控えている。果たしてどちらから挨拶に行けばよいのか。大坂城に家康が入った意味はやはり大きかったのだ。既に大半の大名は豊臣家の名のもとに家康が執政を行うことに何の疑念も抱かなくなっていた。そしてお家の存続のため、自らの出世のためにどちらに付くべきか、趨勢《すうせい》を窺うようになっていた。

●義の人、会津中納言景勝

次に家康の標的となったのは五大老の一人に数えられる会津の上杉景勝だった。前田にせよ上杉にせよ、家康が見事なのは、彼らを領国に帰させておいて事を荒立てているところ。相手が大坂にいないのだからやりたい放題。相手は申し開きをしようにも現地から遠く離れているのだから時間がかかる。もちろん使者には信頼でき頭の回転も速い者が選ばれるものだが、それでも家康のような大物と堂々と論戦したり条件交渉をすることなどできやしない。さりとて大名自らが大坂に登るとなると準備も費用も莫大になる。大軍を擁して大坂に登れば謀反を追認する口実を与えてしまう。ある意味、大坂を離れざるを得なかった時点で勝負はついていたとも言える。室町時代の守護達はこれが嫌で領国ではなく京にとどまった。人事裁量権を持つ幕府の近くにいなければ何をしでかされてしまうかわからなかったからだ。では、京にとどまればそれで済んだかといえば、事はそう簡単ではない。守護らは領国には代官として守護代を置いたが、領国をほったらかしにする守護は、この守護代にことごとく所領を横領された。守護代が国人《こくじん》を取りまとめ領国を実質支配し守護を追い出す。さらにその守護代が現地の徴税監督を請け負った国人などに所領を奪われる。これが下克上《げこくじょう》の戦国の世なのだ。いやこれは戦国時代に限らない。古くはあの新皇を名乗り武士の力を世に知らしめた平将門《たいらのまさかど》の反乱も、本を正せば、将門が京に出仕している間に叔父が所領を押領したことがきっかけだった。政治の中心地にいなければ情勢を知ることもそれを左右することもできない。と言って、領国経営を疎《おろそ》かにすれば収入も軍備を整えることも覚束《おぼつか》ない。多くの大名がこのジレンマに悩まされたのだが家康はその点において幸運だった。彼には多くの忠誠心の高い譜代の武将たちと大勢の息子たちがいた。対する豊臣はこれらをほとんど持たなかったのだから、話にならなかった。

　話を上杉景勝に戻す。景勝には大河ドラマの主役にもなった直江兼続《かねつぐ》という忠誠心においても執政能力においてもパラメーターの値がマックスに近い陪臣がいた。ならばこの変動の時期、景勝が大坂を動かないという選択肢もあったのではないだろうか。実際にはそれは無理だった。なぜなら上杉家は謙信ゆかりの越後から会津へ国替えを受けたばかりだったのだ。そこへ来て家康自らの「いろいろと気がかりでござろう、一度お国許へお帰りになられてはいかがか、留守はこの家康へお任せあれ」という帰国の勧め。渡りに船と帰国してしまったのは軽率だったが、それは結果論であって非難できるものでもない。ここは家康を褒めるしかないだろう。

「新年の挨拶に来ない。会津では道路の整備、軍備の拡張、城の増強、など謀反と疑われてもしかたのない所業が行われているという噂を聞く。会津中納言殿に限ってそのような不心得はないと思われるが、諸大名への示しもつかぬ。一度、大坂に参られよ、その上で申し開きをなさるがよい」

上杉家にとってみれば青天の霹靂《へきれき》でしかない。何より国許へ帰ることを勧めたのは当の家康ではないか。領国の整備も国替えの後であれば当然のこと。これは言いがかりでしかないと。前田の時と同じである。が、異なるのは前田家の事実上のトップが利家未亡人の芳春院という女性だったこと。若い頃から御家大事に育ち務めてきた女性には現実的で保身的な選択ができる。一方で上杉家の意思決定者は、先代謙信公の義を重んじる家風を受け継ぎ、一方ではその先代へのコンプレックスを密かに抱える景勝と、三成とよく似た理詰めでものを考える直江兼続であった。名誉と義と理を重んじる彼らに、家康に従属するという選択肢は、この時点ではありえなかった。上杉家は武門の家柄ゆえという自信もあった。

●直江状

家康は上杉討伐を画策する。五大老のうち在坂の毛利輝元と宇喜多秀家に、その議を諮《はか》る。豊臣家の御為の行為として行動するには、煩わしいが必要な手順だった。家康の意向に対し、毛利輝元も宇喜多秀家も異議を唱える。国替え直後の土木工事は自然のことであってこれを咎めるのはおかしいと。仕方なく家康は使者を派遣することとした。直江兼続とも親しい僧侶、西笑承兌《せいしょうじょうたい》に詰問状を書かせる。これを使者が持参し会津に向かった。

この詰問状に対する上杉家の回答が関ヶ原の戦いの直接的なきっかけとなる。直江兼続の筆によるその書状こそ高名な直江状である。直江状はとにかく長い。そしてくどい。ただし理路整然としていて明快な書状ではある。その内容を端的にまとめれば以下のようになる。

曰く　噂は事実無根。当家に恨みを抱く者の讒言でしかない。

曰く　そちらの都合で何度も往復させられてはたまったものではない。まして雪の季節に大坂へなど赴くことができるはずもない。

曰く　当家は義の家柄である。大恩ある豊臣家に謀反の心など抱くはずはない。

曰く　讒言者の言葉を証拠もなく安易に信じ、謀反の疑いを抱くということは、それほどまでに讒言を信じたい思惑があるのか、自らに謀反の心得があるのか。

曰く　どうせ使者を出して申し開きをしても、はじめから信用する気がない人に対しては無駄なこと。また誓書を出しておいて表裏相反する行動を取るような恥知らずなことは当家にはできない。

原文はオブラートに包んだ表現にはなっている。が、読む人が読めば誰のどんな行動に関して皮肉を言っているのかはわかる内容で、嫌疑への断固とした否定と讒言者への怒りがしたためられている。前田家への仕打ち、言いがかりの数々とその企《たくら》み。そしてそれに応じる諸将への批判と皮肉。

ついでにいえば、おそらく後世の作であろう追伸の文面も世に広く知られている。史実だけが歴史ではない。講談の世界で語られてきたことは、日本人共通の文化であり、その人物がどのように見られていたか、どのような期待を受けていたかを教えてくれる。そんなわけでここでは追伸も紹介したい。

曰く　聞くところによれば、内府殿（家康）か中納言殿（秀忠）が当地にまいられるご様子、委細はその際に決しましょう。

もはや果たし状でしかない。この追記が実在したとすれば、胸がすく話なのだが。ついでにもう一つ後世の創作の可能性は高いが痛快なエピソードを。この時、既に西の石田三成と東の上杉景勝・直江兼続の間には、東西から家康を挟み撃ちにするという約束が結ばれていたという逸話だ。これはスケールが大きい。現実にそれに近い状態を想定して上杉の戦略は立てられていた。また上杉景勝、直江兼続と石田三成が旧知の間柄であったことは事実で、上杉家の領地替えにあたって三成は現地まで出向き骨を折っている。互いを知る両者が、それぞれ互いが義のために立つことを信じて自らも立ったとしても不思議ではない。ここはそちらを信じたい。

●上杉討伐軍出陣

さて直江状を受け取った家康は当然のごとく激怒。五月に会津討伐へ出陣することを諸将に命ずる。これを受け多くの武将が領国へ帰り出陣準備を整えた。六月六日、家康は大坂城西の丸に諸将を集め上杉討伐軍の陣立てを発表した。東北の諸将は家康に先立って出発した。十六日、家康は大坂城を出立し伏見城に向かう。この際に秀頼から軍資金が授与されている。家康のスタンスはあくまで豊臣家のため逆臣上杉を討つというものだったが、豊臣家もこれを追認してしまっていたということだ。この保身的な煮え切らない態度が豊臣家を滅亡に追い込むのだが。

伏見城に到着した家康は、ここで留守居役の**鳥居元忠**と酒を酌み交わし今生《こんじょう》の別れを遂げる。鳥居彦右衛門こと元忠は幼少より家康の傅役《もりやく》。六十年近くにわたる付き合いだった。自らが東に下れば必ず三成が兵を挙げる。そのとき真っ先に狙われるのはこの伏見城。元忠に託された使命はこの伏見城を数少ない手勢で守り、より多くの敵の将兵を討ち、より多くの時間を稼ぐこと。つまり捨て石の役割を求められたのだ。こういう役目を嬉々として受け入れる者がいるのが徳川家の強み。これが豊臣家だったらそんな役目を請け負いそうな者はほとんど見当たらない。せいぜい三成、清正、正則くらいのもの。そのもっとも豊臣家に忠誠心の高い者同士の仲違いが豊臣家を滅亡に導くのだからまったくもってやるせない。十八日、家康は伏見城を出陣。昼には大津へ、さらに現滋賀県湖南市（かつての甲賀郡）にあたる石部で夜を明かそうとする。だが、この地に城を持つ**長束正家**の奇襲の噂を耳にすると家康は夜半即座に陣を立つ。こういう機動力も家康に天下を取らしめた要因といえるだろう。

その後家康は四日市から海路で旧領三河に到着すると、そこからは再び陸路を辿り東海道を東へ。途中の各所で領主である**堀尾忠氏**、**山内一豊**らの饗応を受け、六月末には鎌倉に入る。この頃には源氏を名乗るようになっていた家康としては、建前上父祖による開幕の地である鎌倉を素通りはできなかった。鎌倉では源氏の守り神こと鶴岡八幡宮（頼朝直系の実朝《さねとも》はまさにこの地で命を絶たれ、ここで頼朝系の血筋が途絶えたのだが）で戦勝祈願、七月二日には秀忠らが待つ江戸城に入城した。

●奇妙な戦

改めて考え始めると関ヶ原ほど妙な戦いはない。この時点で家康は諸侯を従えて会津へ向かっている。しかもそれは豊臣家の名代としての行動。この時点で既におかしい。だが家康の狙いは上杉討伐ではない。家康は留守中に背後で兵を挙げる者がいることを期待、いや確信している。その上でそれを叩き、豊臣家中の反家康勢力を一掃することこそ家康の究極の目的であった。しかしよくもまあここまで先の先を読んだものだ。実際に西で挙兵はなされた。その中心人物は石田三成、紛れもなく家康が仮想敵将としていた人物に他ならない。だが、この時点での三成は隠居の身で無職である。近江佐和山二十万石の領主なのだから、昨今流行りのニートや自宅警備員ではないのだが、公的には市長でしかなく知事ですらない。いくらかつての政権内でブレーンとして大活躍した人物であるとしても、その失脚後に首相へのクーデターを呼びかけたとして、大臣や大物知事がほいほい話に乗るものなのか。少なくとも現在の感覚では考えにくい。当時は身分社会であり階級社会なのだから今以上にその傾向は強かっただろう。つまり三成が西軍の主導者になれる可能性、三成が西軍を率いて事を起こすことができる可能性は、冷静かつ客観的に考えると極めて低かったと言える。だが、家康はそれを予期していた。期待と言ってよいほどに。とすると、逆説的だが、日本で最も三成を評価していたのは家康だったと言える。なにせ相手は石高にして自分の十二分の一、身分も不釣り合い、年齢も人脈も比較にならない。もし家康と三成が逆の立場にあったなら、三成は家康を敵と仮定することすらしないだろう。型を重んじる三成では「あいつはそのような職にない」「人には分相応というものがある」と、過ぎたる家臣とまで言われた島左近や盟友である大谷吉継から「家康には気をつけろ」といくら忠告を受けても、鼻で笑っていたはず。だが、家康はそうしなかった。それを可能にしたのは本多正信ら優秀なブレーンたちであり、インテリジェンスと呼べる諜報能力であり、理想を排し型にとらわれず（それでいて大義名分を整えるための茶番は重視できる）現実と向き合う分析能力と決断力であろう。そこに運が味方してようやく事は成就するのだが。

●三成、友と立つ

家康が江戸城に入った頃、案の定、三成は挙兵に向けて工作を始めている。盟友大谷刑部こと大谷吉継を佐和山に招き、家康討伐の決意を明かす。大谷吉継は越前敦賀五万石、三成と同郷の近江出身、長浜時代に秀吉に出仕し、初期は武人として後に奉行として、文字通り文武両道の活躍を見せた。秀吉政権下では家康との折衝の使者も務めていて、家康の能力に心服していた。この時も吉継は上杉討伐軍に参加するため兵を率いて北陸道を下り美濃路を東に向かっていた。隠居の身である三成の代役として上杉討伐に参戦すると考えていた三成嫡男石田重家を引率するつもりで、その到着を関ヶ原に程近い垂井で待っていた。そこに佐和山へ来るよう知らせが届き、行ってみたらとんでもないことを聞かされたのだ。家康を熟知し高く評価している吉継は三成に諫言《かんげん》する。「無理だ、やめろ」と。吉継と三成は刎頸《ふんけい》の友。吉継は三成の知力も高く買っていた。その上で三成の欠点、即ち融通が利かぬこと、それゆえ人から恨まれやすいこと、筋論に固執して臨機応変な決断・行動ができないことを踏まえ、三成の現在の石高や身分を考慮した上で「おまえについてくる者はいない」と諫めたのだ。

吉継は一端佐和山を去る。が、吉継には三成に恩があった。朝鮮攻めの折、博多で吉継は秀吉に諫言し不興を買ってしまう。謹慎を申し付けられ落胆していた吉継を職務に復帰させるべく三成は秀吉に働きかけた。茶の湯好きの吉継のために博多の豪商、神屋宗湛《かみやそうたん》に依頼し吉継が見たがっていた茶器を見せてもらえるよう手配した。吉継は大いに喜んだという。こんな逸話もある。吉継は難病を病んでいた。そのために関ヶ原の折にはほとんど目が見えなかった。講談の世界では吉継は崩れた顔を覆う頭巾を着用している。秀吉が主催した茶会の席でのこと。吉継が茶を服した折に、膿《うみ》が茶にこぼれてしまった。これを見た諸将は廻された茶に口をつけるふりをして飲むことをしなかった。病は伝染《うつ》ると信じられていた。仕方のないことだった。三成の元に茶が廻った。すると三成は逡巡もせずこれを飲み干した。この時吉継は三成の友情に深く感謝したという。この話には、落としたのは鼻水であり飲み干したのは太閤だったという異説もある。が、いずれにせよ、吉継が業病を病んでいたことは間違いなく、三成との間柄は衆道《しゅどう》の関係を疑われるほど熱いものだった。吉継は計算や家名でなく友情と恩に報いることを選んだ。十一日、吉継は垂井から引き返し佐和山に向かう。そして三成と命運を共にすることを誓った。

●西軍諸将集う

秀吉に百万の兵を預けてみたいと言わしめたという伝説のある大谷刑部少輔《ぎょうぶしょうゆう》吉継。三成にとって頼もしくも大きな戦力とはいえ二人では戦はできない。三成は他の諸将に家康討伐軍への参戦を働きかける。安国寺《あんこくじ》恵瓊《えけい》が、宇喜多秀家が、増田長盛が、小西行長が、島津義弘がこれに賛同した。

安国寺恵瓊はその名からわかるように元は僧侶である。毛利家の外交顧問として使者として信長麾下《きか》の秀吉と交渉を重ねるうち、その才を買われ大名となった。僧侶が政治や軍事に絡むことはこの時代ごく自然なこと。有名処では今川義元を東海一の弓取りと呼ばれるところまで押し上げた太原雪斎《たいげんせっさい》や直江状の箇所で触れた西笑承兌などがいる。家康は西笑承兌の死後は黒衣の宰相と恐れられた金地院《こんちいん》崇伝《すうでん》も重用しているし、後にこの崇伝と対立する南光坊天海も戦場に随伴させるほど篤く用いた。三成と恵瓊の交流は信長軍団の中国方面司令官として秀吉が毛利攻めに当たっていた際に始まっている。秀吉のメッセンジャーであった三成と毛利方の外交僧恵瓊。あの本能寺の変の直後、水攻めで落城寸前だった備中高松城。逆臣明智光秀を討つために世に言う秀吉の大返しをなすべく、毛利方との講和を急いだ折のことだった。三成が恵瓊に期待しているのは恵瓊自身の戦力もさることながら背後に控える毛利の戦力だった。毛利百十万石が味方に付けば家康とも十分に渡り合える。毛利なら自分には不可能な旗頭にもなりうる。しかし、この策は半分成功するが残り半分は失敗に終わる。それは関ヶ原の大きな敗因となるのだった。

五大老の一人、宇喜多秀家。備前岡山五十七万石。信長軍団の中国攻めの折、初めは毛利方に付いたものの後に織田方に降伏し配下に組み込まれたのが宇喜多家。しかし当主直家はその直後病死、嫡子秀家はまだ十に満たぬ幼児だった。秀吉は傘下《さんか》に組み込まれたこの幼将を可愛がり、自らの養女であった前田利家の娘を妻とさせるなど厚遇している。秀家が秀吉に恩を感じるのも当然のことだろう。しかも、秀家には家康を憎む理由もあった。宇喜多家ではこの直前、宇喜多騒動と呼ばれるお家騒動があった。この時、家康譜代の榊原康政と大谷吉継が仲介を務めるのだが、家康は榊原康政を突如江戸に戻らせ手を引いてしまう。そして調停が不和に終わると、自らが乗り出し、秀家が処分しようとした家臣らを庇《かば》い軽い処罰にとどめた。このこともあって秀家は三成に付くのだが、これも家康の挑発の一端だったのかもしれない。

小西行長、元は堺の豪商の子。外商の折に宇喜多直家に見込まれ武士となり、直家の使者として秀吉と謁見するうちに引き抜かれ秀吉配下の武将となった。近江の出身ではないものの、堺奉行を務めていた三成とは縁もあり、朝鮮では先鋒を務めている。この際同じく先鋒となることを希望した加藤清正との間に因縁も存在し、この人も付くべくして西方に付いたと言える。キリシタン大名としても有名である。

島津義弘は薩摩を統一し島津家の中興を遂げた島津貴久の次男。いわゆる島津四兄弟の一人。秀吉とは九州攻めの際に対決。最後まで秀吉に屈しなかったが、降伏後は一転し、島津家中で親秀吉派の最右翼的な存在となる。島津家の大坂城代的役割を果たし、在坂期間も長かったことからそうなったのだろう。朝鮮でも奮戦、鬼島津と恐れられた。小西行長は撤退の際、彼に救われている。

●西軍の実態

これらのメンバー、家康方と比べると若干見劣りするものの、形になってきた感はある。だが実際にはそうではなかった。増田長盛は三成と同じ近江出身で五奉行の同僚でありながら真っ先に家康に三成挙兵の知らせを送っている。宇喜多秀家は先程述べたようにお家騒動の直後。島津義弘は島津家当主ではないので島津の本隊を動かせるわけではない。なお、島津義弘は当初東軍に付き伏見城の鳥居元忠を救援しようとしたが断られたため西軍に与《くみ》したという説もある。そしてもっとも問題だったのが毛利。毛利家は謀略で名高い事実上の先代である毛利元就《もとなり》が養子政策を用い、吉川《きっかわ》と小早川の両家を乗っ取り、両家が毛利の両川《りょうせん》と呼ばれるほど、毛利・吉川・小早川の三家は一枚岩に近かったのだが、このうちで吉川家の家督を継いだ吉川広家が大の家康びいきだった。そのため毛利本家の当主である輝元を西軍の大将に担ぎ上げようとする安国寺恵瓊と激しく対立する。結局毛利本隊は出陣はせず大坂城で待機することとなった。代わりに家中の毛利秀元と吉川広家が関ヶ原に向かうのだが、吉川広家は黒田長政を通じて、終始家康に「毛利家はやむを得ず担ぎ出されたに過ぎず、家康に弓をひくことはない」と本領安堵の密約をし、実際に関ヶ原で対陣するものの西軍のために戦うことはなかった。もっとも後に家康から本領安堵の約束を反故《ほご》にされ、吉川広家は危うく毛利家を潰してしまうところだったのだが。なお毛利の両川のもう一方の小早川家は秀吉の甥が名将の誉れ高い小早川隆景の養子に入ることによって事実上乗っ取られ、関ヶ原の頃には毛利家中ではなくなっている。この小早川家の家督を相続した男こそ、後に関ヶ原の命運を決める金吾中納言《きんごちゅうなごん》こと**小早川秀秋**に他ならない。

家康という柱を持つ東軍に比べ、西軍は寄せ集めの印象が強い。西軍に味方した大名には日和見的な大名もいれば、成り行きで西軍に付かされた者もいた。四国の長宗我部盛親などは東軍に味方するつもりで瀬戸内海を渡ったが、近江で五奉行の一人である長束正家に説得されて西軍に与し、後にお家取り潰しの憂き目にあっている。笑ってしまうことに、盛親を誘った当の長束正家は増田長盛と同じく家康に内通しており、そのため長束正家の背後に陣を敷いた長宗我部盛親は関ヶ原で一歩も動くことができなかった。全くもって不運というしかない。官僚という存在の行動には今も昔も一貫性がないことがよくわかる。もっとも官僚にも三成のような異端もいるのだが。

●毛利輝元、大坂入城

安国寺恵瓊の必死の説得で毛利輝元が動き、七月十六日に大坂城に入城する。翌日、毛利輝元、宇喜多秀家、増田長盛、長束正家、前田玄以《げんい》の連名で、諸大名に家康の行動の違法性を説き、家康こそ逆臣であり、秀頼公の御為に家康を討つべし、という檄文《げきぶん》とも言える書状が発信される。この書状が俗に「内府ちかひの条々」とか「内府十三箇条のちかひ」と呼ばれるもの。批判の内容は、単独で石田三成、浅野長政を隠退に追い込んだこと、前田利長に謀反の罪を着せ人質をとったこと、無理のない釈明をしているにもかかわらず上杉討伐に踏み切ったこと、勝手に大名への加増を行ったこと、伏見城に勝手に自分の部下を入れたこと、大坂城西の丸に入り天守を建てたこと、私心からくる婚儀や誓書の取り交わしなどを多々行っていることなど。これをもって形式的にも西軍が誕生し、その挙兵がなされたことになる。ここから先は三成の私兵でも単独の企てでもなく豊臣家による公式の家康追討軍となるわけだ。ただしややこしいことに、家康もまた秀頼の名代として上杉追討軍を組織し挙兵したことになっている。つまり両者ともに豊臣家の意向をその根拠であり動機としていて、形の上では豊臣家内部のお家騒動の様相を呈している。これも関ヶ原が複雑かつ奇妙な戦であることの一つの要因。それもこれも豊臣家のどっちつかずの煮え切らない態度が引き起こしたもの。豊臣びいきの立場から見るならば、何度かある決断のチャンスの内、一つでも確固とした意思表示をしていれば……となるところだが、よくよく考えてみれば、そんな優柔不断の豊臣政権では関ヶ原や大坂の陣で勝利を得たところで長続きしなかったことも間違いない。なおこの大坂の動きは先述の通り、こともあろうに五奉行の一人増田長盛が密使を送り真っ先に家康に報告している。

●悲劇の人、ガラシャ

決起した西軍はまず大坂在住の上杉討伐軍に従軍している諸将の妻子を人質として大坂城に拘束するべく動く。しかし、事態を予期していた諸大名の大坂屋敷には既に大坂挙兵の折の手筈が申し伝えられていた。その行動は速く、ある家では奥方を男装させ、またある家では樽に詰め込み脱出させたため、成果は得られなかった。それどころか、東軍従軍の諸将に三成への憎悪を再認識させ世論も敵に回してしまうような悲劇も起きている。それが細川ガラシャことお珠の一件。珠は東軍に従軍している細川忠興の正室。彼女の悲劇の原因は父と亭主、そして自身のあまりにも美しい容貌にあった。彼女の父は明智光秀、織田信長を本能寺の変で葬った光秀である。現在でこそ、光秀は智将であり良き領主として人気も高いのだが、当時は織田の後継者である豊臣家の天下であったから光秀は謀反人扱いされていた。当の秀吉と山崎で戦っているのだからなおさらである（もっとも秀吉も賤ヶ岳の後、信長の子である神戸《かんべ》信孝を自害に追いやっているのだが）。その謀反人の娘ということで珠には世間と細川家主従から厳しい目が集まった。亭主の細川忠興は武人としてはもちろん文化人としても一流の人物である。しかし光秀と秀吉の天下継承の戦となった山崎の戦いの折に、筒井順慶らと共に光秀から味方として大いに期待されていたのだが、忠興はこれを裏切り中立を維持して、消極的ながら光秀を死に追いやった。戦国の世とはいえ、父を裏切った亭主へ愛情を注ぐことができなくなっても仕方のないことだろう。それでも珠が通常の容貌で忠興の思慕も強くなければ、珠には離縁されて尼になる生き方もあった。が、忠興の珠への恋慕の思いは並大抵ではなく、珠を離縁することはなかった。これはこれで立派な面もある。謀反人の娘を正室にとどめていることで忠興が受けた風当たりは決して小さいものではなかったのだから。が、そこまでして尽くしても珠には通じない。珠にしてみれば、なぜ父を見捨てたのだと。忠興は嫉妬深い男でもあった。それも珠への恋心の深さゆえのことだが、他の男の目に触れさせたくはないと珠に外出を許さず、珠に挨拶をしたというだけで庭師を斬ってしまっている。

　この救いのない生活の中で、珠がすがったのはこの頃新しく海外から伝わった伴天連《ばてれん》の教えだった。キリスト教である。珠はキリスト教に帰依《きえ》し洗礼も受けた。細川ガラシャという名はハーフだからということではなく洗礼名なのである。デウスの教えは彼女の心を救った。誰も彼もデウスの子ならば彼女は謀反人の子ではなくなる。デウスには自分がきっかけの夫の罪深い行動も許す器量の大きさがある（その代わり自らを信じ敬《うやま》わぬ者に対しては厳しいのだが）。ガラシャがこの教えに夢中になったことはごく自然なことだった。だが、キリスト教への帰依はガラシャの心の安泰を約束してくれた代わりに、夫婦仲をより悪化させることにもなった。ただでさえ嫉妬深い忠興にとって、自分をほったらかしてデウスなどという異国の神にうつつを抜かす珠への怒りは、恋慕が深い分、より激しいものとなる。1587（天正十五）年には秀吉が伴天連追放令を発布しているので、公的にはキリスト教はご禁制でありキリシタンとなり活動することはご法度《はっと》であった。つまりこれまたガラシャの行動は忠興および細川家の名に泥を塗りお家に危険をもたらすものとなる。こういう複雑かつ悲しい家庭環境の中、忠興が従軍に際して在坂家老に出した指示は「決して人質になることは許さない、脱出が不可能な折は自害（さ）せよ」というものだった。その時が来るのを覚悟し待ち構えていた他家と異なり、ガラシャがこんな調子である細川家は脱出前に取り囲まれてしまった。そこでガラシャは自らに与えられた夫忠興の無慈悲な指示の内容を知る。しかし彼女はキリシタンである。キリシタンには自害は許されない。命はデウスから与えられたものであり自分自身であっても自由にしてよいものではないとされたからだ。彼女は家臣の手にかかって命を絶たれる。そして細川屋敷には火がかけられた。人々は悲劇を知り、西軍は人質回収作戦の継続を断念するのだった。

●西軍失態、戦力分散

七月十九日、西軍は出陣する。まずとりかかったのは**伏見城の奪還**だった。家康の思惑通りである。冷静に考えると、城兵が少ないことがわかっているのだから、適当な手勢で取り囲んでおいてさっさと東下すればよいように思うのだが、まあ緒戦に勝利することは士気を高めるし、大坂城と並んで豊臣家を代表する居城である以上、素通りはできなかったのだろう。宇喜多秀家、小早川秀秋、島津義弘らの四万の大軍が伏見城を囲む。これに対し、伏見城を守る鳥居元忠の手勢は二千にも及ばない。しかし忠義に篤く合戦の経験も十分すぎるほどある元忠はよく持ちこたえる。一方、寄せ集め感のある西軍は士気が上がらない。ついには三成自身も指揮をとるために参陣、ようやく伏見城が落ちたのは八月一日のことだった。鳥居元忠らは揃って討ち死にし武士の本懐を遂げている。

　また七月二十日には小野木《おのぎ》重勝こと**小野木公郷《きみさと》**率いる別働隊が、現京都府舞鶴市にあった細川忠興の父の**細川幽斎**が守る丹後田辺城の攻略に向かっている。わずか数百の手勢を一万五千の軍勢で取り囲み、これまた容易に落ちるはずだったのだが、伏見城よりも難儀を極め落とすことができなかった。その原因は細川幽斎にある。幽斎は当代超一流の歌人であり、西軍に属していた攻め手諸将にも幽斎の弟子は多かった。小野木公郷自身も幽斎を歌道の師匠として尊敬している。そのため攻め手の士気は高まらず、公郷同様幽斎の弟子で攻め手に加わっていた**谷衛友《たにもりとも》**などは実弾ではなく空砲を撃ってその場をごまかしていたという。これが俗に言う谷の空鉄砲。寄せ集め部隊である西軍の無様な実情だ。細川幽斎の才を惜しむ者は歌を嗜《たしな》む武士だけではなかった。彼の才能は公家や朝廷にも高く評価されていたのだ。ついには後陽成天皇が御自ら調停に乗り出し、これによって幽斎は城を明け渡すのだが、その時既に九月十三日。関ヶ原での最終決戦は九月十五日のこと。もちろんこの丹後田辺城攻略部隊が間に合うわけがない。かくして西軍は一万五千もの戦力を無駄にしてしまったのだった。戦いにおいて一番やってはいけないことは戦力の分散。それをものの見事にやってしまっているのだからどうにもならない。なお戦後、小野木公郷は井伊直政らが命乞いをしてくれたものの、父に矢を引いたことは許せぬと細川忠興によって自害させられ、谷衛友の方は空鉄砲が功を奏し一命を取り留めている。本気で取り組んだ者がバカを見るのだからやるせない。

●運命の軍議、小山評定

話は変わって上杉討伐軍。上杉討伐軍の将であった家康は七月二十一日に会津へ向けて江戸を発つ。二十四日には今は亡き小山ゆうえんちで有名な下野《しもつけ》小山に着陣。ここで西軍挙兵の知らせを受けた。想定していたこととはいえ、いざ事が起きてみると、これは一大事である。上杉討伐軍の諸将はあくまでも豊臣家からの借り物。そのほとんどが豊臣恩顧の大名たちである。上杉討伐には秀頼のためという形を整えて付き従わせることに成功したが、今度は名目上の総大将が毛利輝元で実質兵を動かしているのは石田三成であるとはいえ、敵はほぼ豊臣家そのものに近い。本来西軍に属するはずだった諸将を方便と策略で自陣に留めなければならない。この日の家康は眠れなかったことだろう。翌日、小山にて諸将が集められる。その場で西軍挙兵の報告がなされ、これに伴う今後の行動を決定する軍議が開かれている。世に言う**小山評定《ひょうじょう》**。これこそまさに家康の命運をかけた知力と弁舌の戦いだった。

膠着《こうちゃく》長期化の恐れもあった小山評定だが、あっけなく家康の思うままになる。最大の功労者は福島正則。秀吉の従兄弟でもあった正則が、三成憎しの気持ちのあまりに真っ先に家康に味方すると宣言。これにより諸将の良心の呵責《かしゃく》も取りはらわれ、上杉討伐軍はそのまま東軍となった。この時に「大坂までの途上にあるから」と自らの城と領地を家康に献上した男がいる。この男、関ヶ原ではほとんど戦功を挙げていないにもかかわらず大出世を遂げている。大河ドラマにもなった「功名が辻」の主役、千代の亭主である山内一豊である。東海道掛川五万石から戦後土佐十万石（後に二十万石）に大加増。一豊の申し出を家康が大いに喜ぶと、他の東海道上に領地を持つ大名らも慌てて同じ申し出をしたが、一豊ほど報いられることはなかった。もっとも同じ一番名乗りでも福島正則の方は報われず、関ヶ原で先鋒を務め、西軍の主力である宇喜多秀家軍と堂々と渡り合ったことなどもあって、安芸備後《あきびんご》五十万石への加増を受けるも、後に城を無断で修復したという些細な咎で二代将軍秀忠から改易を命じられている。影響力の強さが警戒されたのだろう。なお山内一豊のアイディア、元々はやはり東海道上の浜松に居城を持った堀尾忠氏のアイディアだったという。若い忠氏は老練な一豊の口車に乗せられ、ほいほい自分の会心のアイディアを喋ってしまったのだと。こういうことは多々ある。優れたアイディア、会心のアイディアは安易に人に話してはならない。忠氏にも発言の機会を窺っているうちに先を越されたという落ち度はある。こうと決めたらもたもたしないことが肝要。もっとも堀尾忠氏も松江二十四万石に転封加増を受けたのだから結果オーライではあった。

●上杉の策、実らず

翌日、東軍（以後は上杉討伐軍改め東軍と呼ぶ）諸将は続々と西へ向かう。これに面喰らったのは、家康軍の到来を今や遅しと待ち構えていた上杉軍だった。家康軍を領地会津に招き入れての大戦。そのための計略も普請も十分に準備できていた。兵士の士気も頂点にあり、あとは家康軍がおびき寄せられて入ってくるのを待つだけだったのだ。上杉の策は徒労に終わった。三成の友であり上杉の陪臣直江兼続は家康を追撃し背後から襲うことを提案する。しかし、これは主君景勝によって戒められた。上杉の作戦は敵を誘い込んでこそ成立する。追撃戦は有利ではあるが、もともと想定していなかったために危険も大きい。また上杉が会津から動けば、背後の伊達政宗や最上義光が手薄な会津を攻める。上杉軍にできることは城の備えを厳重にし、伊達・最上両軍を迎え撃つことだけだった。

ここにおいて三成の大望は夢と終わった。このとき、家康は次男結城秀康を奥州の備えとして残している。なお、この後、実際に伊達、最上は立つ。伊達は南下して甘糟《あまかす》氏の白石城を攻略し旧領を回復。さらに領地の切り取りに励む。最上は直江兼続と直江領米沢と最上領山形の間にあった**長谷堂城**にて激突。東北の関ヶ原とも呼ばれるこの戦の最中、兼続は関ヶ原で西軍が敗けたことを知らされる。不幸中の幸いだったのは最上方より先に知ったことだった。兼続は敵に気取られぬうちに命懸けの撤兵を挙行、九死に一生を得ている。ちなみに戦後上杉景勝は家康によって許され、米沢二十万石に大減封を受けたが、お家は存続し、大坂の陣では東軍に付いている。

●三成動かず

八月五日、家康が江戸に到着。一方、西軍の三成は十一日に関ヶ原の南、近江米原に程近い美濃の西端の大垣城に入城している。この頃、北陸では家康の臣下に降った前田利長と西軍の丹羽長重による**浅《あさ》井《い》畷《なわて》の戦い**が起きている。北陸の関ヶ原とも言われているこの戦いでは丹羽軍が勝利する。前田軍は多大な犠牲を払って金沢に戻った。だが、関ヶ原では西軍が敗退。長重の労は報われず戦後改易を受ける。救いは後に丹羽長重が大坂の陣で手柄を立てて加増されたことか。

西軍が戦力を分散していた八月十四日、ついに東軍の先鋒福島正則隊が居城である清洲城へ帰城する。これを受けた三成は大慌て。各地に散っていた西軍諸将を大垣に招集するのが精一杯。本隊合流前の先鋒隊を単独で打ち破ることはできなかった。

実はこの時点で家康はまだ江戸にいる。西軍が戦力を分散させることなく速やかに美濃に集結できていれば、正則先鋒隊を難なく叩くこともできたろう。気がかりは関ヶ原を素通りして大坂を突かれることだが、そこには毛利輝元本隊がいる。東軍が陸路をとっていることがわかった段階で、西軍は戦力の集結を図るべきだった。敵が清洲に入ってから招び集めていたのではどうにもならない。

口では勇ましいことを言うものの、直接対決で家康を打ち破るという形にとらわれてか、城攻めが苦手で野戦が得意と言われた家康に対しその固定観念にとらわれたか、はたまた現存戦力だけで事を為す覚悟がなかったか、三成は大垣城に滞留したまま目立った軍事行動を取らない。一方の福島正則らの先鋒隊も家康の指示がなくては動くことができず、時間だけが過ぎていく。一向に到着しない家康に福島正則は痺れを切らしたが、十九日に使者が到着。場の空気を読むことなく使者が語ったその内容は「各々方は敵を前にしてなぜ何もしないのか、それでは家康はお味方であると信用し行動することはできぬ、二心がないのであれば速やかに眼前の敵を討つべし」と。これもまた家康の賭けだった。好意で味方をし先鋒を務めてくれている援軍に、助けてもらっている側が述べていい口上ではない。福島らへの目付として同行していた家康譜代の**井伊直政**や**本多忠勝**はこの口上を聞いて顔を真っ青にしたことだろう。だが、これが吉と出る。この無礼な口上も激高しやすく粋に感じやすい正則の性格を見越してのことだった。正則はもっともであると納得。翌日には軍議に臨み、翌々日には岐阜城の攻略に発っている。

この間、家康はなにもしないで手をこまねいていたわけではない。彼は彼でまた戦をしていた。武器は文である。家康は諸将にせっせと手紙を書き送っていたのだ。今でも筆まめであることはよきリーダーの条件の一つと言われる。大物政治家や名監督が部下の妻の誕生日に贈り物を添えて手書きの感謝状を送ったなどというエピソードは飽きるほど聞く。信長でさえそうだった。秀吉の浮気を愚痴る正妻ねねを褒めちぎりたしなめた手紙は有名である。異性にも同性にもマメなやつがモテるのは今も昔も変わらない。

正則軍は二十二日、岐阜城を落とした。ちなみに岐阜城を守っていたのは岐阜中納言こと織田秀信。あの清洲会議で秀吉に擁立された三法師のその後の姿である。あの時秀吉に利用された幼児は立派に成長し岐阜城主として独り立ちしていたのだ。もっとも秀信も当初は東軍に従軍するつもりだったらしい。が、長宗我部盛親同様、出発が遅れたため西軍の説得を受け西軍に付くことになってしまった。秀信隊は河田島で東軍の木曽川渡河を制止できず米野の戦いで敗退。岐阜城籠城戦となったが二十三日に岐阜城は落城する。この目と鼻の先で行われている戦いにおいても、小競り合いであると称し三成は動かなかった。この時、前線には島津義弘の派遣した部隊があったが、三成はそれも見捨てている。これに対し義弘は激しく憤った。こういう冷たさが諸将の日和見を招いた原因なのだが、情より理で動く三成にはそれがわからない。秀信は信長の孫であることもあり、戦後命を奪われることはなかった。だが、政治の表舞台からは姿を消し、数年後二十代の若さで夭折《ようせつ》している。

岐阜城を落とした東軍先鋒隊は大垣城と一里程しか離れていない美濃赤坂まで軍を進める。二十四日には宇都宮から家康三男秀忠が父の軍師本多正信と共に三万六千の大軍を率いて中山道からの行軍を開始。江戸の家康も岐阜城落城の報を聞きようやく重い腰を上げる。九月一日ついに三万の大軍が東海道を西へ向かった。

●西軍諸将、美濃に集結

この間、三成は佐和山に戻り大坂の毛利輝元へ出陣の催促をしている。しかし、その使者までも東軍に捕まって家康へ情報は筒抜けだった。毛利本隊が本気で動けば数から言えば西軍の勝利は間違いなかった。焦《じ》れる三成の気持ちはわかる。だが、来ないものはどうしようもない。九月三日、結果として西軍で唯一実働した大軍となる宇喜多秀家軍が大垣に到着。伏見城攻めから伊勢路を通り、現在の三重県の県庁所在地である津市にあたる安《あ》濃《の》津《つ》の城を八月二十五日に攻め落としての到着だった。さらに頼みの大谷吉継も北陸方面から引き返し関ヶ原近くの山中村に着陣。ようやく西軍の戦力も美濃に集結した。東軍に比べ距離の上ではアドバンテージのあった西軍だが、戦力の分散が裏目に出た格好だ。しかし、この段階でもまだ東軍は家康軍も秀忠軍も到着していない。ちなみに家康は小田原から三島に入る頃、秀忠は信州上田で真田昌幸に開城要求を突きつけそれを拒まれていた。秀忠軍は結局関ヶ原に間に合わなかった。返答を引き延ばされ挙句に挑発を受けると、１５８５（天正十三）年に同じ上田で同じ昌幸に煮え湯を飲まされた徳川としては是が非でもこの城を落とさないわけには行かなかった。熱くなる秀忠に素通りを提唱する者もあったが、秀忠の熱気に逆らいきることはできず、秀忠軍は真田軍と一戦交えることになる。真田のとった戦法は以前と同じ。敗退と見せかけて退却し敵を城に引きつける。敵が十分に近づいたところで、城内で待ち構えていた兵が延びきった秀忠軍の最前線を集中攻撃。これを何度も繰り返し。秀忠軍が真田の真の目的が時間稼ぎにあったことに気づいた時は既に遅し。秀忠軍は中山道を急ぎに急いで行軍するが間に合わず、秀忠は家康から大目玉を喰らった。一方の昌幸・信繁親子は本多忠勝らの助命嘆願の結果、紀州九度山に蟄居《ちっきょ》させられている。

九月七日、毛利秀元・吉川広家の毛利別働隊、五奉行の一人長束正家、さらに長宗我部盛親といった伊勢路組が到着。その数二万弱。しかし彼らは南宮山に着陣する。関ヶ原付近には小高い山が多い。そのうちで三成が陣を敷く笹尾山や家康が本陣を置く桃配山《ももくばりやま》は山と言っても丘陵である。南宮山は標高自体が高いわけではないが丘ではなく立派に山。大垣城まで見通せるという地の利はあるものの、本気で戦いに参加するにはあまりにも消極的な場所。ここに陣を敷いた段階で毛利勢が本気で戦う気など毛頭なかったことがわかる。ちなみにこの頃家康はジュビロ磐田で有名になった磐田市にある中泉御殿にいた。この時点で……いや、もう虚しい妄想はやめておこう。

家康本隊は九日には故郷岡崎に、そして十日には信長出陣の地でもある現名古屋市熱田区にあたる熱田に到着、翌日には清洲に、十三日には岐阜に至った。ここまで来るともうどうにもならない。一方の西軍は同じ日に、東軍に寝返った京極高次の守る大津城を攻めている。攻め手は毛利元就の八男毛利元康、九男筑後久留米十三万石の毛利秀包《ひでかね》、筑後柳川十三万石の立花宗茂、同じく筑後に一万八千石の筑紫《ちくし》広門《ひろかど》と西国勢一万五千。京極高次は十五日には降伏開城するものの、真田が秀忠を足止めしたように、西国勢一万五千を足止めすることに成功したのだった。

十四日昼、金吾中納言こと小早川秀秋が八千の大軍を率いて近江から到着。これまた遠く離れた松尾山に陣を張る。西軍の中にはこの布陣を見て小早川秀秋の裏切りを予期した者もいる。大谷吉継はそれを警戒して松尾山の麓に布陣している。

●家康到着

同じ頃、とうとう家康軍三万七千が到着。美濃赤坂の岡山に陣を敷く。家康の進行具合を把握しきれていなかった西軍は慌てふためき、逆に東軍の士気は高まった。夕刻、石田三成の軍師であり「三成に過ぎたるものが二つあり。島の左近と佐和山の城」と謳わしめた島左近こと島清興が東軍に奇襲をかけることになる。島清興は大垣城と美濃赤坂の中間点を流れる杭瀬《くいせ》川付近で、東軍の中村一栄《かずしげ》、有馬豊氏隊と戦う。宇喜多秀家の側近**明石全《たけ》**

進撃する東軍と後退する西軍

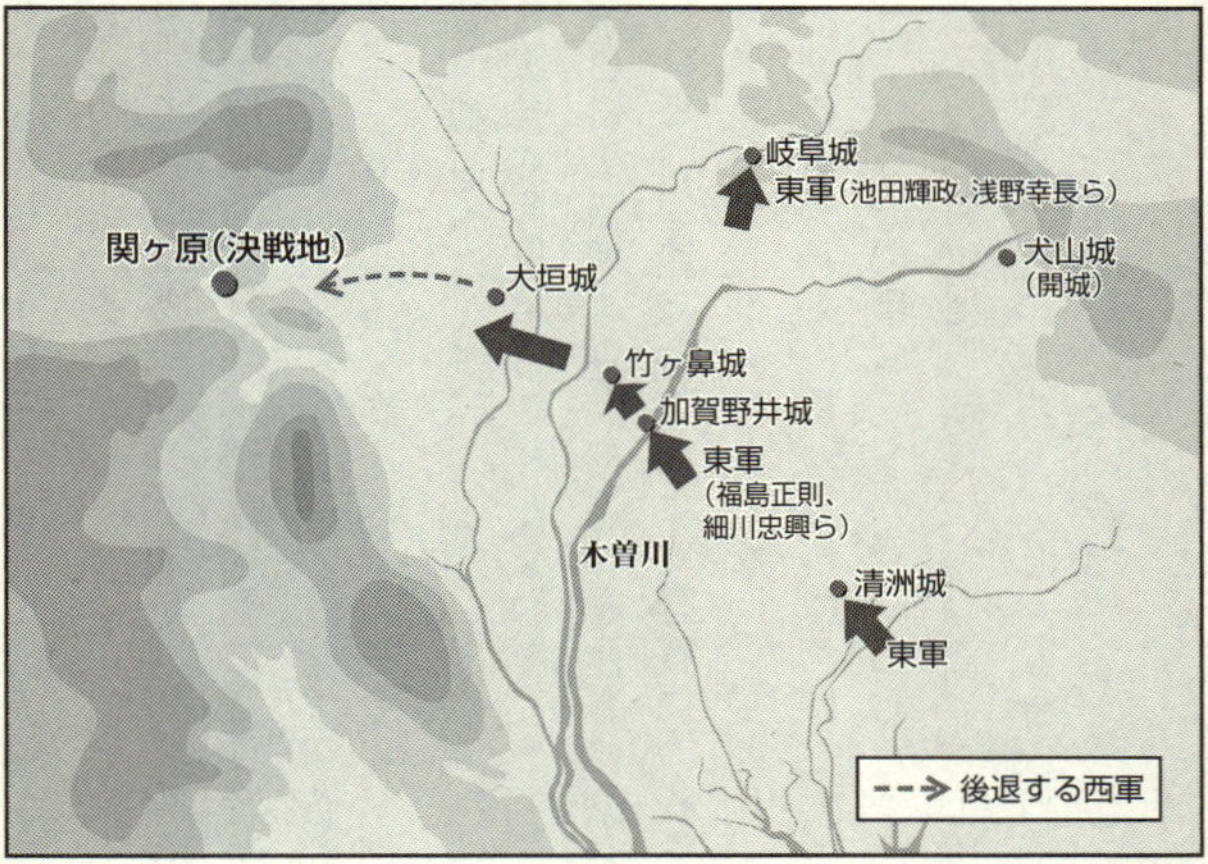
岐阜城
東軍（池田輝政、浅野幸長ら）
関ヶ原（決戦地）
大垣城
犬山城
（開城）
竹ヶ鼻城
加賀野井城
東軍
（福島正則、
細川忠興ら）
木曽川
清洲城
東軍
後退する西軍

登《のり》隊の助けもあり、この戦いは西軍が勝利を得るが、あくまでも小競り合いであった。もっとも西軍の士気は高まり兵の気持ちは高揚し、宇喜多秀家、島津義弘らは続けて夜襲を仕掛ける提案をする。だが、場の空気を読まない三成はあっさりこれを却下。三成はまたもや味方の反感を買い、布陣すれども動かぬ部隊を作ってしまったのだった。

夜半、各々の陣で参戦諸侯による軍議がなされる。美濃赤坂に布陣の東軍。当初攻撃目標は三成のいる大垣城であった。が、家康はこれを嫌う。本多忠勝らから代わって出されたのが、大垣城は素通りし、主なき三成の居城佐和山を落とし、さらに大津城を救出（この時点で大津城は落ちていない）、そのまま敵の本拠地である大坂城に駆け込み、諸将の人質を救出し、毛利から幼君秀頼をお救い申し上げる、というものであった。諸侯はこれに合意、東軍は大坂城に向かうべく進軍の支度にとりかかった。

対して大垣城の西軍の軍議では夜襲の提案は却下され、毛利輝元の到着を待つしかないのかと消極的な気分が漂う。そこに諜者からの一報が。なんと、東軍はこの大垣城には見向きもせず、大坂城を目指し、まずは佐和山へ向かうというではないか。これには三成も仰天。佐和山は己の城である。佐和山―大津―大坂のルートを確保されたら、自分たちは美濃に孤立してしまう。西軍諸将合意のもと、大坂に向けて発つ東軍に先回りして布陣し待ち伏せて迎撃することとなった。

実はこの東軍の進路の情報を西軍に漏らしたのは、誰あろう家康の指示によるものだったという。家康は城攻めより野戦に一長あった。また大垣城は落とせないわけではないが籠城されれば長期化は免れない。長期化すれば大坂の毛利本隊が動き出さぬ保証はない。万が一にも秀頼の出馬が実現すれば、太閤恩顧の大名の中には寝返る者がいるやもしれぬ。すべては家康による三成の誘い出しだったのだ。三成は家康にまんまとおびき寄せられたのだった。家康にも誤算はあった。秀忠率いる徳川の中核軍の不在である。これが三成ならその到着を待つだろう。しかし家康は違う。これ以上焦らせば諸将の士気にも影響が出る。ここで動くしかないのだ。

●いざ決戦の地へ

十四日夜半、大垣城から西軍の軍勢およそ三万が、関ヶ原に向かって移動を開始した。一方、東軍もまた十五日未明、西軍の動きを察知し、七万の大軍がやはり関ヶ原方面へ進軍を開始した。遡ることおよそ千年の西暦６７２年、この地で日本を二分する戦いがあった。世に言う壬申《じんしん》の乱。その壬申の乱以来、千年余りの時を経て再び関ヶ原の地で、日本の行方を左右する合戦が始まるのだった。

岐阜県と滋賀県の県境、新幹線や名神高速の雪の難所とされていた関ヶ原。その地は東西に中山道が貫き、北から北国街道、南から伊勢街道が交わる交通の要所である。周囲を山に囲まれた盆地状の地形。北西は島津義弘が陣を敷いた天満山。その隣に三成が陣を敷いた笹尾山。関ヶ原を挟んで南東には家康が本陣を置いた桃配山。その背後に毛利秀元、吉川広家ら毛利勢が陣を敷く南宮山。南西には一層小高い松尾山があり、そこには小早川秀秋が布陣した。

１６００（慶長五）年、九月十五日、東西の命運と徳川・豊臣両家の行く末、そして参加した諸将の運命と日本の将来をかけた天下分け目の戦いがついに幕を開けた。決戦の地は関ヶ原。家康五十五年の辛苦が報われるか、三成の亡き太閤への忠誠心に天は応えてくれるか。早朝霧に覆われた関ヶ原を舞台に男たちの熱き戦いが始まる。

なにせスケールの大きな戦であり参陣した主な諸侯の数だけでも双方合わせて五十名近くに及ぶため、各陣の正確な兵の動員数は明らかではない。おおまかに言えば各々八万前後というところ。しかし、同じ数字でも東と西では決定的な違いがあった。なんとなれば西の動員兵数のうち、まともに機能するのは宇喜多隊の約一万五千、三成隊の七千、小西行長隊の四千くらいのものなのだ。毛利・吉川の毛利勢は東軍に内通していることもあって様子見。勝手もわからぬままついてきた長宗我部盛親の六千の大軍は後方に陣を敷かされ内通している長束正家隊に前を塞がれて動けず。これまた黒田長政を通じて内通の確約をして目付まで派遣されている小早川秀秋。やる気のない松尾山への布陣だったが、各陣営の配置が終わってみると結果的に東軍諸将の横を突ける絶好のポジションになった。無論それでも動く気はなし。最近になって司馬遼太郎氏の創作ではないかと言われている面白い話がある。明治政府に乞われて軍事指南にやってきたドイツの少佐メッケル、歴史上名高いあのモルトケの弟子でもあるメッケルは、関ヶ原の布陣図を見て即座に西軍の勝ちと述べたと。これが史実か創作かは気にする人だけが気にすればいい。肝心なのは多くの人が「さもありなん」と信じるほど布陣図限定では西軍が優位だったということ。改めて十五日早朝の布陣図（三七一頁参照）を奸計《かんけい》謀略なくして眺めてみれば、確かに西軍が圧倒的に有利に見える。家康の大軍と毛利の離れすぎた布陣が気にはなるものの、東軍はいわゆる袋の鼠状態にある。この布陣を以てしても西軍は大敗を喫した。それもその日のうちに。関ヶ原は武勇の戦ではなく知略と人望の戦であったのだ。

霧が晴れ、午前八時、松尾山の麓で西軍の最前線宇喜多秀家隊に向けて東軍の最前線福島正則隊が一斉射撃、文字通り戦いの火蓋が切って落とされた。福島隊と宇喜多隊が激しく激突。石田三成隊には黒田長政・細川忠興の両隊があたり、所々で火花が散った。言うまでもなく松尾山の小早川秀秋、南宮山の毛利勢は動いておらず、三成の隣に陣を敷いたため小競り合いに巻き込まれた島津勢も本格的な戦闘には至っていない。西軍の宇喜多隊・小西隊は屈強に戦い、西軍有利で合戦は進むが、多勢に無勢で徐々に引き気味となる。

この頃、三成は盛んに島津義弘とその甥の**島津豊久**に戦闘への積極的な参加を要請するが、島津は首を縦に振らない。島津の度重なる提案を無下にしてきた三成はここで痛いしっぺ返しを喰らうこととなった。同じ頃、家康は膠着《こうちゃく》状態を脱するために陣を前方に移動、現在関ヶ原町立民俗資料館のあるあたり馬野まで進める。三成はさらに南宮山の毛利勢および長束正家に伝令を派遣、「今、背後から敵を突いてくれれば味方の勝利は間違いなし」と督促するが、この望みが叶えられることはなかった。勝敗の行方は未だ動かざる西の小早川軍と東の毛利勢の動き如何にかかっていた。これがまっとうに機能すれば西軍の勝利は間違いない。事情を知らぬ三成は眼前の勝利を瞼の裏に描いたが、それは絵に描いた餅であった。毛利勢は「兵に昼食を取らせているために動けない」と言い訳をしている。これが俗に言う毛利の空弁当。空鉄砲だの空弁当だのがあっては、西軍が勝てる道理などなかったのである。

●金吾中綱言寝返る

内応の密約がありながら煮え切らぬ小早川秀秋に家康は勝負に出る。南宮山に向けて鉄砲を放ったのだ。もちろんそんなところから小早川陣中に届くはずもない。だが、その爆音と煙は秀秋を威嚇するには十分だった。これを受けて秀秋がようやく動く。ここに東西の均衡状態が破れることとなった。秀秋は無能でも臆病でもない。朝鮮の戦役では最前線に駆け込んでさえいる。だが、それが太閤の叱りを受けた。将たる者の行動として軽率だと。秀秋の優柔不断とも言える慎重さはこの辺りに由来するのではないか。褒められると思って為した行為が咎められる原因となる。そんな経験は人を大いに臆病かつ慎重にするものだ。

松尾山から一気に駆け下る小早川秀秋の大軍。しかし三成の盟友大谷吉継は少勢でそれを果敢に防ぎ止めた。だが、ここに吉継ですら予期せぬ波紋が広がっていた。小早川軍の寝返りを受けて、それまで積極的に動くことのなかった松尾山手前に配置されていた**赤座直保**、**小川祐忠**、朽木元綱、**脇坂安治**の各小隊が側面から一斉に大谷隊を襲ったのだ。いずれも秀吉の下で手柄を立ててはいるものの、加藤清正、福島正則、石田三成らのように秀吉によって取り立てられ武将となったわけではなく、豊臣恩顧の気持ちは弱い。寝返り

関ヶ原合戦図

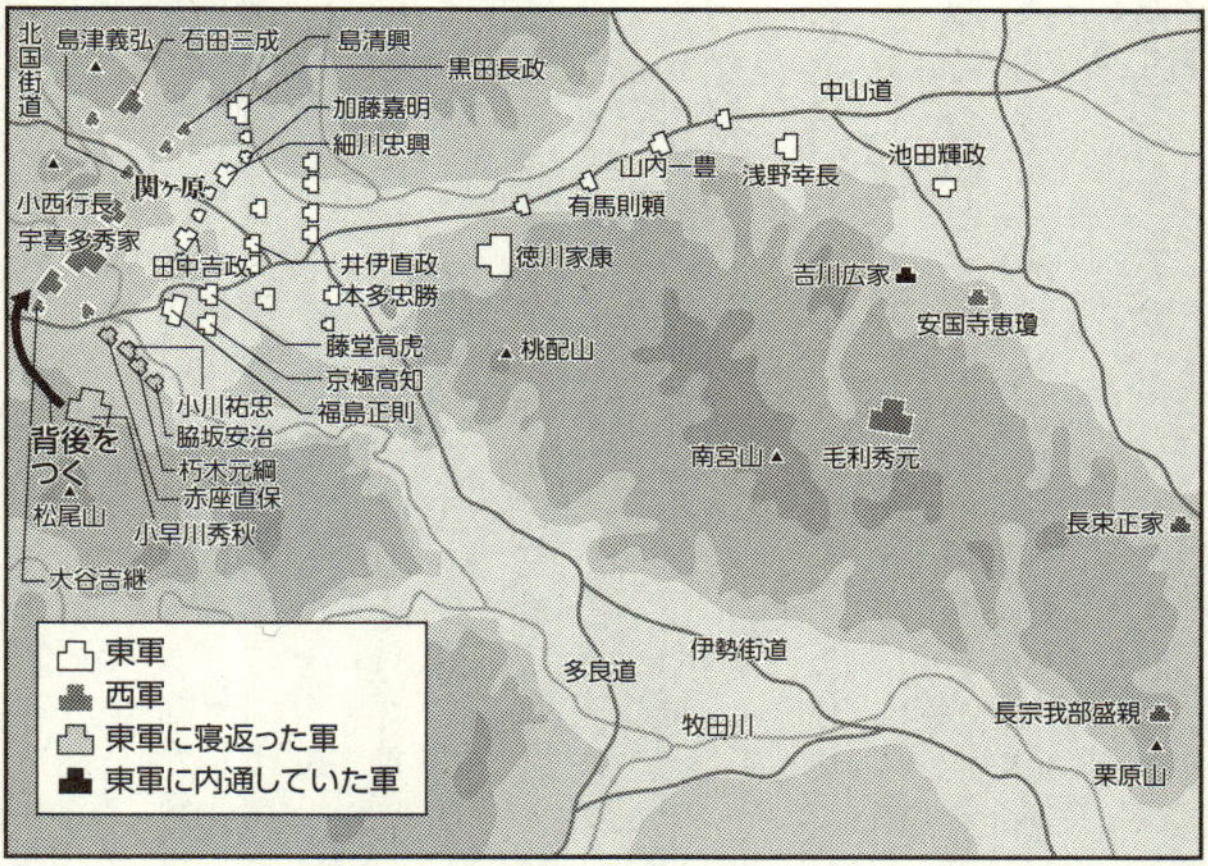
北国街道
島津義弘
石田三成
島清興
黒田長政
加藤嘉明
細川忠興
関ヶ原
小西行長
宇喜多秀家
田中吉政
井伊直政
本多忠勝
藤堂高虎
京極高知
福島正則
小川祐忠
脇坂安治
朽木元綱
赤座直保
小早川秀秋
背後をつく
松尾山
大谷吉継
中山道
山内一豊
浅野幸長
池田輝政
有馬則頼
徳川家康
吉川広家
安国寺恵瓊
桃配山
南宮山
毛利秀元
長束正家
伊勢街道
多良道
牧田川
長宗我部盛親
栗原山
東軍
西軍
東軍に寝返った軍
東軍に内通していた軍

も頷けることだった。しかし、これにはさすがの大谷吉継もひとたまりもない。かくして大谷隊は壊滅。三成の友情に十分報いた末での最期だった。吉継は腹心湯浅五助の介錯で命を絶ったと言われているが、その首は未だに発見されていない。なお吉継の娘婿は後の大坂の陣で名をあげる真田幸村こと信繁であり、一族の大谷吉治も大坂の陣では大坂方で奮戦し最期を遂げている。

●島津の退き口、そして終わり

大谷隊が崩れると、西軍の士気は一気に萎《しぼ》み、それまでどうにか耐えていた宇喜多・小西両隊も圧《お》され、ついに西軍は壊滅状態になった。午後二時、上杉討伐から数えて四ヶ月、伏見城攻めから数えても一ヶ月の長きにわたる戦だったが、直接対決はわずか半日で決した。東軍の圧勝である。宇喜多秀家、小西行長、石田三成は再起を信じ落ち延びた。何もせぬまま戦場に取り残された島津は、なんと家康本陣を敵中突破し強硬に戦線離脱。俗に島津の退《の》き口と呼ばれている。東軍が無傷で島津の逃げを許すわけもなく、退却中に島津豊久を初め多くの者が討ち死にしている。後に海路から薩摩に戻るも、無事に帰国できたのは島津義弘含め数十人であった。同じく全く動こうとしなかった南宮山の毛利、吉川、安国寺、長宗我部、長束隊もそれぞれ退散。こちらは初めから主戦場と離れた地に陣を敷いていたこともあり無事退却に成功している。

東軍諸将は家康の陣中において戦勝を祝う。翌日から本格的に追撃が開始され、十八日には石田三成の父正継と兄正澄が守っていた佐和山城が落城。その三日後には三成の旧領であり母の故郷でもある現滋賀県長浜市木之本町の古橋村で、潜伏中の三成が捕らえられた。三成は大津城門前で家康の元に集う東軍諸将の前に晒し者にされ、家康との対面後、前後して捕獲された小西行長、安国寺恵瓊と共に大坂に護送される。

二十七日、何もできぬまま数日前に西の丸を辞去した毛利輝元に代わり、家康が堂々の入城。秀頼と淀殿への戦勝報告という茶番を終えての入居だった。戦のきっかけとなった会津上杉家に西軍敗戦の報が届いたのはこれからさらに数日後のことである。

●官兵衛の無念

一方で、西国にも、この機会に領地の拡大を図った男がいた。かつて秀吉の名軍師として一世を風靡《ふうび》した黒田官兵衛こと黒田孝高。以前はキリシタンであったが、秀吉の伴天連《ばてれん》追放令のために棄教し、入道して如水と号していた男である。如水は上方での動きを察知すると、すぐさま兵を組織。九州を舞台に最初は東軍方の諸城を、続いて西軍方の諸城を次々と攻め落とす。その勢いときたら関ヶ原の敗戦から帰国途中の島津の船さえ攻撃する始末。如水は、家康に警戒され自身の体調の問題もあって九州に留め置かれていた加藤清正と合流し、ついには島津攻めへ。しかし、熊本で島津の前線を攻撃中、家康と島津に和議が成立したという知らせを受け、進撃の継続を断念した。これ以上戦闘を続ければ、今度は自分が家康の標的になってしまう。如水は、小早川秀秋の寝返りを実現し、福島正則に東軍参加を働きかけ、東軍を勝利に導いた息子の黒田長政と共に、戦後家康から大きな加増を受ける。だが嬉々としてこれを受けた長政に対し、如水は隠居している。如水の無念の程はある逸話に描かれている。息子長政が父如水に、「あまりの働きに内府（家康）は歓喜のあまりに、それがしの右手を持たれ……」と報告したところ、如水は喜びもせず「そのときおまえの左手は何をしていたのだ？（あいた左手でなぜ家康を刺さなかった）」と述べたという。史実とは考え難いが、二人の性格の違いをうまく表現した逸話である。

東北の、北陸の、九州の、それぞれの関ヶ原も終わった。

●まつりのあと

十月一日、小西行長、安国寺恵瓊と共に石田三成は市中引き回しの上、京の六条河原で斬首されている。引き回しの際、喉が渇いたからと水を所望する三成に、兵が水はないが柿ならあると、柿を与えようとしたところ、「柿は痰の毒ゆえ」と拒絶したという三成。すぐに首をはねられるにもかかわらず、一縷《いちる》の望みを信じ自らの体を気遣ったとされる三成。だがその淡い期待が叶えられることはなかった。

人は言う、悪人石田三成と。またある人は言う、狸親父は家康の方ではないかと。それはそれぞれもっとも。だが、一つだけはっきり言えるのは、同時代の人の中で家康の恐ろしさをもっとも警戒した男は三成であり、三成の忠義を誰よりも信じその力をもっとも恐れたのは家康だったろう。だからこそこれだけのスケールの戦いに発展したのだ。繰り返すが、これほど不思議な戦いはない。天下分け目の戦いと言いながら、実態は豊臣家の内紛であり内ゲバでしかないのだから。家康はそれを煽《あお》って果実を掠《かす》め取っただけのことである。一方の総大将がまるで動かないまま終わった戦、対陣した兵の半数近くが積極的に動こうとせず動静を見守っただけの戦。何から何まで不思議な戦いなのだが、極めつけはやはり家康の敵としては三成があまりにも不釣り合いな存在だったことだろう。普通なら対戦カード自体が成り立たない。義に生き理に従い死んでいった三成を哀れだという人がいる。それはそうかもしれない。だが、この時代の武士の本懐は歴史に名を残すことにある。三成は人物の大きさに不釣り合いなほどの名声を手にしているとも言える。関八州を治める二百五十万石の大大名に敵対する一方の将として堂々と渡り合い、何度も勝利に近づいたのだから。本来ならば、三成にそんな機会が与えられようはずもなかった。仮にその機会を待とうとすれば三成は少なくともあと二十年は待つ必要があったろう。しかしその頃には家康は間違いなく天命を全うしている。三成が歴史に名を残すことはなかっただろう。

　一方の家康も冷酷非道で謀略の限りを尽くしたように言われる。確かにそれは事実である。が、彼の年齢を考えた時、そして人質から父の死、望まぬ妻との婚姻、さらに自らの手で妻子に自害を言い渡さねばならなかった青年期、粗相までして命からがら逃げた三《み》方原《かたがはら》、秀吉とともに死を覚悟して殿《しんがり》を務めた朝倉攻め、ただひたすらに伊賀の山中を駆けた本能寺の変直後の伊賀越えなど、家康のそれまでの人生を振り返ると、無理はないとも思わされる。「人の一生は重き荷を背負い坂道を登りたるが如し」とは家康自身の言葉だが、まさに彼の人生は艱難辛苦《かんなんしんく》との戦いだった。いや家康の場合戦ってはいない。ただひたすらに耐えたのだ、時の過ぎるのを待ったのだ。片や、三成は長浜の地で秀吉に見込まれてからは順風満帆の人生。それを思えば三成の不憫《ふびん》さにも家康の狡猾さにも嘆き憤る必要はない。

石田三成、四十年の至福の歳月を経て、歴史にその名を残し最期を遂げた。
徳川家康、五十五年の雌伏の時を経て、ようやく報われる時が到来した。
天下分け目の戦い、関ヶ原の戦いが終わった。

第九章

兵どもが夢の跡
大坂の陣
元和偃武

●家康最後の敵

1603（慶長八）年、関ヶ原の戦いに勝利した**徳川家康は征夷《せいい》大将軍に就任、江戸に幕府を開いた。**江戸幕府または徳川幕府である。現代人の歴史観では、開幕イコール武家の統一であるが、現実にはこの時点の家康は限りなく統一に近い位置にいたものの、まだ完全に統一を果たしたわけではなかった。幕府が東国の江戸にあったことから、その支配権が東日本限定と見られる向きもあったのだ。では、西日本の支配者は誰か。それは形式的には朝廷であり、実質的には大坂城で権勢を誇っていた豊臣家であった。「豊臣は関ヶ原で負けたではないか」と思う向きもあるかもしれない。確かに関ヶ原で西軍は敗退した。だが、豊臣家の当主、幼君秀頼は関ヶ原には出陣していない。それどころか名目上の総大将も毛利輝元であり、形の上では関ヶ原においては東軍も西軍も豊臣家のために行動を起こしたことになっている。豊臣家にとって関ヶ原の戦いというのは、かつて配下の官僚だった石田三成が中心となって、同じく配下の大物である徳川家康に牙を剥いたという家中での派閥闘争でしかなかったのだ。この認識は東軍にもあった。その証拠に家康は関ヶ原の戦いの直後、大坂城に馳せ参じ秀頼に謁見し戦勝報告をしている。これに対して、幼少の秀頼も「大儀であった」と言葉をかけ褒美も授けている。もちろん両者の腹の中では「小賢《こざか》しい、何をいけしゃあしゃあと」という思いはあったろう。が、本音と建前はいつの時代も異なるもの。まして日本では形や大義名分を踏みにじることは許されない。こうして一時的に日本には東と西に二つの巨大勢力が誕生することとなった。

命運を分けたのは時間だった。豊臣家の戦略、それは時が過ぎるのを待つことだった。秀頼が幼少である以上、その成長を待つしかないのだ。逆に徳川は、家康が高齢である以上、待つことはできなかった。家康の寿命と秀頼の成長、どちらが先か。これが東西の運命を分けた。

豊臣家の実質的なリーダーは秀頼の生母淀殿だった。淀殿は、この期に及んでもまだ、時が経てば秀頼が関白に就任できると考えていた。既に家康が征夷大将軍に就任しているのだが、それは関白という政治的権威の後ろ盾となるべく、家康が武家の統率を引き受けてくれたという認識、それも秀頼成長までの暫定的な政策だろうと。実に楽観的で自分本位の考えである。だが信長の血を引く淀殿である。そのプライドは極めて高い。プライドの高い者は、自分が格下に見ている者の野心を見誤る。わがまま故に万事において自分に都合の良い見方をしてしまうのだ。

呑気な淀殿と対照的に家康は着々と既成事実を積み重ねていった。幕府が江戸という京大坂から離れた地にあったことも幸いしている。七歳になる孫の**千姫**を秀頼の元に嫁がせて豊臣家を安心させると、関ヶ原で敵と味方に分かれた九州の島津氏の本領を安堵《あんど》して徳川と島津の対立を回避する。憂いをなくしたところで、１６０５（慶長十）年に家康三男だが嫡男であった**秀忠に征夷大将軍を譲位**。将軍職は徳川家が世襲することを公にした。
淀殿がこれに怒ったのは言うまでもない。将軍に就任した秀忠は秀頼の正室千姫の実父、つまり秀頼の義父にあたる。義父が将軍に就任したのだから秀頼は当然祝賀の使者を送らねばならないのだがそれをしない。将軍宣下の儀式にあたって上洛した秀忠は十万の大軍を引き連れ堂々の入京。大坂からは目と鼻の先である京に徳川の大軍がやってきたものだから、大坂城はもう大騒ぎ。この事態を収めたのは意外にも家康だった。六男**松平忠輝**を使者として大坂に派遣する。忠輝は淀殿の怒りを鎮め、両家の緊張を解くことに成功した。実は関ヶ原直後の家康は必ずしも豊臣家を滅亡させる考えには固執していなかった。もちろん徳川と並び立つ地位を認めるわけには行かなかったが、臣下の礼さえ取ってくれれば、一大名や高家（徳川家に仕える旗本で身分や家格が高く、朝廷への対応や儀式を担う家柄）として残してもよいと考えていたのだ。家康の名門好きは有名で、仇敵武田の家臣を厚遇で召し抱えたことはよく知られている。豊臣家の出自は徳川よりずっと低いが摂関家となった家柄ではある。まして秀頼は母方で織田と浅井の血を引いている。反徳川の旗印となる恐れさえ絶てれば、豊臣家を残してもよかったのだ。

余談だが、この時使者となった松平忠輝、一説にはそのルックスが理由と言われるが、何故か父家康には嫌われた。桜の名所である越後高田で七十五万石の大名にはなるものの、後の家康の死に際しては枕元に呼ばれることもなく、兄である秀忠からは改易《かいえき》を受け、領地も役職も召し上げられ、挙句の果てに流罪の憂き目にあっている。天下を取った一族にあっても幸せになれるとは限らない。

●天下普請

1606（慶長十一）年、家康は本拠地**江戸城の大増築**を行う。江戸城は戦国時代の端緒を開いた八代将軍足利義政と同時代の人、関東の名門扇谷《おおぎがやつ》上杉家の家宰で戦乱期の関東で大活躍した太田道灌《どうかん》こと太田資長《すけなが》の築城。地の利はよいもののさすがにこの時期には古くなっていた。また征夷大将軍にはそれに相応《ふさわ》しい城がいる。かくして家康は大増築にとりかかるのだが、重要なのはその普請《ふしん》に日本中の大名が駆けつけたということ。こういう普請を**天下普請**と呼ぶ。これ即ち諸大名が幕府の号令で動く存在に成り下がったということに他ならない。そして天下普請で動くということは「いざ鎌倉」ならぬ「いざ大坂」においても動くということになる。家康は四年後には西への睨みを利かせるため、名古屋城の天下普請にも乗り出す。こうして着々と対大坂の準備は進められた。なお江戸城はもちろん現在の皇居であり、名古屋城は「尾張名古屋は城で持つ」と謳われた城。どちらも名城である。江戸城には天守がなく、名古屋城は戦前に国宝指定された天守があったものの空襲で焼失してしまったため、どちらの城も現存天守があるわけではない。しかし双方ともに、かつてあった場所そのままに城址が存在しており、櫓《やぐら》や壮大な堀、見事な石垣だけでも十分な価値がある。機会があったらぜひ足を運んでみて欲しい。

城の普請といえば、この時期、加藤清正もあのゆるキャラで有名な熊本城を築いている。築城の名手と呼ばれた清正の熊本城。熊本城は明治期に西南戦争の戦場となり、大天守など多くの建物が焼失してしまったが、当時の姿を元に再建されており、他の城なら大天守と言っても通じるような小天守、五階櫓、三階櫓は実に見事。清正は豊臣恩顧の大名でありながら、関ヶ原の戦いでは石田三成憎しの気持ちから家康に味方してしまった（九州在国で関ヶ原には出陣していない）。だが、三成が討たれ、冷静になってみると家康に加担したことの間違いに気がつく。豊臣家への忠誠心は消えておらず、秀頼の行く末を案じない日はなかった。熊本城には昭君之間と呼ばれる部屋がある。一説には清正は有事の際は秀頼をここに匿《かくま》うつもりだったらしい。残念ながら清正は大坂の陣を前に亡くなってしまい、昭君之間がその役目を果たすことはなかった。しかし、清正の男気が感じられる逸話である。

●老将と青年君主、対面実現

ここに至っては脳天気な淀殿といえども現実に目を向けざるをえない。既に軍事力において豊臣家は徳川家の後塵を拝してしまったのだ。１６１１（慶長十六）年、**秀頼と家康の面会**が実現する。この年、後陽成《ごようぜい》天皇が院政を敷くため**後水尾天皇**に譲位。この譲位自体にも政治を縦にする家康への牽制があった。しかし家康はそんなことは意にも介さない。どうせ上洛するのならこの機会を利用しなければもったいない。家康は秀頼との会見の実現を図った。家康は織田長益、高台院、千姫と様々なルートを駆使して淀殿に呼びかける。有楽町の語源にもなった織田有楽斎こと織田長益は、信長の弟で淀殿の叔父、この時期は淀殿と秀頼の御意見番であり後見役でもあった。高台院は亡き秀吉の正室だった「ねね」（おね）のこと。千姫は家康の孫で秀頼の正室。プライドの高い淀殿は、家康が大坂城に伺候《しこう》することを要求し、秀頼が二条城まで足を運ぶことに最後まで難色を示したが、さすがにこれだけのルートから説得されては折れるしかなかった。何より秀頼本人が乗り気になった。かくして二条城において秀頼と家康の頂上会見が実現する。秀頼は十七になっていたが、これが物心ついて初の大坂城からの外出だった。過保護な淀殿は心配するが随伴はできない。大坂の重臣である**片桐且元《かつもと》**、淀殿の乳母の息子大野修理《しゅり》こと大野治長らが付き従った。道中、関ヶ原の戦いで東軍に付いた秀吉恩顧の大名である加藤清正や池田輝政らが合流し、二条城で家康との邂逅《かいこう》が実現した。会見は円満な雰囲気に終始、秀頼は無事大坂に戻り、戦乱を嫌った京大坂の人々も大いにこれを喜んだ。だが当の家康は焦っていた。対面した秀頼は、巷間噂されたような過保護でヒステリックな母に育てられたひ弱な少年ではなかった。立ち居振る舞いも礼儀も兼ね備えた堂々とした偉丈夫だったのだ。また秀頼の長身は父とされる秀吉の小男ぶりとは似ても似つかぬものだった。

秀頼について、当時も今も「本当の父親は秀吉ではない」という説が根強く存在する。子供に恵まれなかった秀吉に晩年急に子ができたことと並んで、よく根拠とされるのがこの父子の身長差だ。ちなみに実の父親候補としてよく名前が挙がるのは石田三成と大野治長。だが秀吉には夭折したとはいえ石松、鶴松という男児があったし、身長に関しても母方の織田や浅井の血統は長身で有名だ。ほんとうのところは淀殿にしかわからないが、秀吉の実子でも不自然ではないことはここで確認しておこう。

豊臣家は公家《くげ》として存続させることに気持ちが傾いていたとされる家康が、どの時点で征伐に心を転じたのかはわからない。が、この対面が大きなきっかけとなったのは間違いないだろう。徳川・豊臣両家の宥和《ゆうわ》のための二条城会見は、皮肉なことに豊臣家滅亡への流れを加速させたのだった。

●豊臣恩顧の諸将、相次いで世を去る

秀頼と家康の会見の実現で、豊臣家はもう安泰だと胸をなでおろしたのか、加藤清正がこの世を去った。大坂にとって痛かったのは、このタイミングで他の多くの豊臣恩顧の諸将がこの世を後にしていること。清正ほど秀頼の身を案じていたわけではなかったが豊臣家とは親戚であった浅野長政。三成嫌いから結果として豊臣家を危機に陥れてしまったが豊臣家への忠誠心は消えていなかった長政の息子の浅野幸長。晩年の秀吉がもっとも頼り

にした前田利家の息子で、関ヶ原前夜には家康に罠を仕掛けられ領国へ戻っていた前田利長。世界遺産であり国宝の姫路城を今ある形に増築し、清正と並んで大坂方からいざという時の頼みと考えられていた池田輝政。若い時から秀吉と共に戦った堀尾吉晴。豊臣恩顧の大名ではないが、秀吉から豊臣姓を許され、関ヶ原では居城上田城にて徳川秀忠の大軍を足止めし、西軍を有利に導いて、戦後高野山に監禁されていた真田昌幸。驚くべきことに、彼らは揃いも揃って家康より年下なのだ。それどころか、ほぼ家康と同世代の堀尾吉晴と真田昌幸を除けば、ここに挙げた諸将は家康より一世代若い。浅野幸長に至っては二世代違うと言ってもいい。家康が健康に異常に気を遣っていたことは有名で、自分自身で漢方薬を処方していたほどだが、それにしても見事な長命ぶり。まさに「生きてさえいれば、いつかはきっと……」を地で行った人生と言えよう。裏を返せば、関ヶ原以降は既定路線であったかのように思われがちな徳川の一極支配だが、実は運の要素も大きかったということがわかる。その運を手繰り寄せたのも家康の日頃の節制だったのだが。

●国家安康、君臣豊楽

１６１４（慶長十九）年、京である建物が完成した。**方広寺大仏殿**である。元々は秀吉が存命中に建立したものだった。松永久秀によって破壊された東大寺大仏殿、その大仏に代わる新たな大仏を、と刀狩りで徴収した刀なども用いて建立したのが方広寺の大仏である。しかし、その後地震で大仏が倒壊、秀頼の時代になって大仏再建事業が行われるも、その際の失火で大仏殿も焼失してしまっていた。亡き秀吉の供養にと大仏殿及び大仏の再建を秀頼に勧めたのは他ならぬ家康である。もちろんその真の目的は豊臣家の資産を減らさせることにあった。四年の歳月と莫大な費用をかけて大仏殿はようやく完成。あとは開眼の儀式を待つばかりであった。ところが、である。ここに家康が「待ってました」と難癖をつけた。家康が目をつけたのは、寺に備え付けられる梵鐘《ぼんしょう》に刻まれた鐘銘文の文言だった。長い銘文の中に次のような文言があったのだ。「国家安康」と「君臣豊楽」。国家安康は文字通り解釈すれば、国家が安んじるようという願いである。また君臣豊楽は、君主である朝廷も臣である公家や武士たちも共に豊かに楽になれるようというありふれた祈願でしかない。が、家康はこれを徳川家を呪ったものだと言い張った。国家安康の四文字は家康の二文字を途中で真っ二つにぶった切っている。家康への呪詛《じゅそ》であると。君臣豊楽の四文字は豊臣を君主とした国家を実現するという祈願であると。そう言われればそう取れなくもないが、やはりこれはイチャモンだった。その証拠にそこまでこだわったはずの鐘銘文が刻まれた鐘は幕府によって接収・破壊されることもなくそのまま残されている。それどころか、なんと現在も方広寺に存在しており、重要文化財の指定を受けているのだ。

　この一大事に、大坂は家康が隠居していた駿府《すんぷ》へ使者を出す。使者は片桐且元。大坂方の武将の多くが裏では家康と通じていたが、この片桐且元は表でも親家康として知られていた。だからこそ使者にもふさわしかったのであるが、家康はこの片桐且元との面会を拒絶した。一方で別途大坂から派遣された淀殿の乳母であり大野治長の実母である大蔵卿《おおくらきょうの》局《つぼね》を非常に丁重にもてなした。半ば自分の部下である片桐且元は冷たくあしらい、傲慢な淀殿をつけあがらせている大蔵卿局は大切に扱う。このわけのわからない対応の差別化こそが家康の狙いだった。

政治を知っている片桐且元は家康の怒りと本気を知る。そしてそれをそのまま大坂で報告する。一方、大蔵卿局は、家康に手厚くもてなされたものだから、それをそのまま伝える。片桐且元の言うような強硬的な姿勢はなかった、家康は親切だったと。さらに片桐且元は、家康を恐れるあまりに、家康の気を鎮めるために国替えに応じよとか、淀殿を江戸に人質に差し出してはなどと提案する。大蔵卿局から、家康には豊臣家を潰すつもりはないと聞かされていた大坂方の面々は、片桐且元を裏切り者でありスパイだろうと爪弾きにしてしまった。居場所を失った片桐且元は大坂城を去ることになった。これこそ家康お得意の分断策。もっともこの手の手法は本来秀吉の十八番だったのだから文句も言えない。

大坂が片桐且元を追い出したことは、家康にさらなる口実を与えた。片桐且元は家康との伝令役だった。その且元を追い出すということは、大坂方は家康とのやりとりを不要と考えているのではないかと、家康の言うことに耳を傾ける気はないのだなと。家康は大いに怒った向きを装う。もはや大坂と江戸の一戦は避けられぬものとなった。

●浪人衆、大坂に集う

十月、大坂方は豊臣恩顧の諸大名に号令する。大恩ある豊臣家のため、秀吉の遺児秀頼のために大坂城に集え、大坂に馳せ参じよと。しかしこれに応じる大名はいなかった。これをやるなら関ヶ原の時点だった。家康が上杉討伐に向かったあの時だった。何もかも遅すぎたのだ。しかし大名は来なかったが、浪人たちは集まった。豊臣家の持つ莫大な金、現状から這い上がる最後のチャンス、そして死に花を咲かせ歴史に名を残す機会を目当てに多くの浪人が大坂に集ったのだ。その数十万余。その中には禄高や動員は惨憺《さんたん》たるものの高名な者が何人かいた。ここで彼らを紹介しよう。まずは大坂浪人五人衆と呼ばれた面々。一人目は講談の世界では猿飛佐助や霧隠才蔵ら真田十勇士を率いる真田幸村として知られる男、秀忠を足止めした真田昌幸の次男真田信繁。二人目は大河ドラマの主人公にもなった秀吉の軍師黒田官兵衛の懐刀として勇猛と知略を世に認められながら、官兵衛の息子黒田長政との不仲から黒田家を逐電《ちくでん》していた後藤又兵衛こと**後藤基次**。名声から彼を欲しがる大名家は多かったものの、長政は諸大名に基次を雇い入れぬよう伝達し再就職の妨害までしていた。不遇の身であった基次に大坂の呼びかけは最後の希望となった。三人目は秀吉古参の武将で豊前小倉の大名だった毛利勝信の子、**毛利勝永**（中国の毛利家と血縁関係はない。森姓だったところを秀吉に勧められ毛利姓を名乗るようになった）。関ヶ原では父と伏見城攻めに功を挙げたのだが、西軍が敗退したため、それが仇となり改易《かいえき》の憂き目に遭った。勝永は山内一豊の元に預けられ、一豊からは厚遇を受けていたが、大坂の呼びかけにいてもたってもいられなくなり、安定した生活を捨てての土佐出奔、大坂入城を果たした。四人目は、関ヶ原の戦いで勇猛果敢に戦いつつも敗れ八丈島に流され天寿を全うした宇喜多秀家の高名な軍師でありキリシタンとしても有名だった明石全登《たけのり》。さらに五人目は元土佐二十二万石の大名、長宗我部盛親。東軍に付くつもりだった関ヶ原で成り行き上西軍に付いて全てを失った盛親は、他家に仕官した旧臣の援助を受けつつ京で寺子屋の教授をして糊口《ここう》をしのいでいた。大大名が寺子屋の先生とは切なくて泣けてくる。いずれ劣らぬ個性的な面々。彼らは決してにっちもさっちもいかないから大坂に参戦したわけではない。真田信繁は他家からの引き合いもあったし、毛利勝永は山内家では千石取りで山内姓まで許されていた。金と名誉とチャンスに賭ける思いの他に、明石全登の場合はキリスト教の禁教を選択した幕府に相容れるわけにいかなかったという事情が、長宗我部盛親には行き場を失った旧長宗我部家の家臣たちの働き場所を確保するという目的があった。大坂に集った浪人には五人衆の他にも多彩な顔ぶれが揃っていた。三成の盟友大谷刑部小輔《ぎょうぶのしょうゆう》吉継の子で真田信繁の義理の兄にあたる大谷大学こと**大谷吉治**。信長―秀吉に仕え、斎藤道三の家臣として高名な氏家卜全を父に持つ**氏家行広**。塙《ばん》団右衛門の名で知られる勇猛果敢な**塙直之**。この中で氏家行広などは伊勢に所領を持つ大名で、関ヶ原では当初東軍合流のために進軍したが、三成挙兵の報を聞き途中で引き返し、領地防衛のため西軍に属してしまい改易に遭ったもので、長宗我部盛親と同じような不運に見舞われた男だった。

●圧巻の幕府軍

大河ドラマや歴史小説の主役になれそうな男たちなのだが、いかんせん小物揃いだった。人間として男としては大物なのだ。だが、官位・官職、石高や禄高、動員できる人数、配下の武将の数。どれをとってみても「知る人ぞ知る」レベルに留まる。対する江戸方は極端な話、大坂城に集った浪人を除く全武将が属するといってもよい。したがって名前を列挙したらキリがないので著名なところだけ挙げる。将軍家からは徳川家康・秀忠親子。徳川親戚筋からは尾張の初代藩主で家康九男の**徳川義直**、その弟で後に紀伊徳川家初代藩主となる**徳川頼宣**、越後からはあの松平忠輝、越前からは忠輝と同じようになぜか父家康に邪険にされた次男結城秀康の子の**松平忠直**。徳川譜代からは井伊直政の次男**井伊直勝**、榊原康政の三男**榊原康勝**、本多忠勝の次男**本多忠朝**、酒井忠勝の次男**酒井家次**、ここまでは徳川四天王の各後継者。外様となると途方もなく、関ヶ原の敗戦で会津百二十万石から米沢三十万石に移封された上杉景勝が陪臣《ばいしん》直江兼続とともに参陣。仙台六十二万石独眼竜伊達政宗も腹心の部下、**片倉小十郎**を引き連れ参加。豊臣恩顧の大名たちも当然のように徳川方。加賀・越中・能登百二十万石を継いだ前田利家の子で利長の弟にあたる**前田利常**。関ヶ原では反三成の中心人物の一人だった豊前小倉四十万石細川忠興。筑前福岡五十二万石、黒田官兵衛こと孝高の子、後藤基次を追い出した黒田長政。妹と妻のおかげで戦国の世を生き永らえた築城の名手にして風見鶏武将の藤堂高虎。最後まで豊臣方に付こうとした父蜂須賀家政を説得し徳川方となった阿波十八万石蜂須賀《はちすか》至鎮《よししげ》。功名が辻でお馴染みの山内一豊の養子で甥の土佐高知二十万石**山内忠義**。他にも面白いところでは、あの信長の次男で小牧・長久手の戦いでは家康に協力を要請し秀吉と戦った織田信雄《のぶかつ》や、大坂五人衆の一人真田信繁の兄で家名を残すため関ヶ原では東軍に付いた真田信之（元信幸）もいた。

●大坂方最大の武器

錚々《そうそう》たる顔ぶれにめまいがしそうだが（しかもここに挙げた顔ぶれはごく一部）、大坂方にも勝ち目はなかったわけではない。大坂方には数百万の兵に匹敵するとんでもない武器があったのだ。それが大坂城だった。難攻不落と謳われた城。あの信長でさえ落とせなかった石山本願寺城を前身に持つ城。大坂城には豊臣家の莫大な資産と諸大名の蔵屋敷から接収した兵糧米もある。うまく使えば家康とて相当攻めあぐねるはず。そして時が経てば経つほど家康には寿命という名の限界が近づいてくる。あの武田軍団も陣中の信玄病死に際し、その死を秘匿して領国へ戻ることを余儀なくされた。家康に圧勝した直後だったにもかかわらずだ。秀忠には家康ほどのカリスマ性はない。家康さえこの世を去れば豊臣恩顧の大名から寝返る者もあるかもしれぬ。不承不承幕府に従っている外様の中にはまだ野心を抱いた者もいるはず。

なまじ強力な武器を持つと判断は鈍る。いや、鈍ったと言っては気の毒だろう。これはこれで正しい選択だったのかもしれない。大坂方において軍議が重ねられた。徳川の大軍を迎え撃つにあたって、野戦に打って出るか、はたまた籠城を決め込むか。浪人衆は打って出るべしと主張した。敵に地の利はない。地形を熟知した大坂方が各個撃破し敵の戦力を削れば、趨勢《すうせい》はわからなくなる。籠城は否定しないが、籠城するにせよ野戦で敵戦力を削ってからでよいと。実戦で腕を磨き戦場を生き抜いてきた者達の意見だった。見せ場や出世の緒を欲していたこともあるだろう。一方で淀殿を中心とする女性たちやその取り巻きの官僚らの意見は籠城一本だった。太閤殿下の忘れ形見のこの難攻不落の城は必ずやあの大軍の攻撃にも耐えぬいてくれるはず。こちらも如何にも女性や文治派の官僚が考えそうな意見といえる。そして大坂での身分が上なのはもちろん後者だった。前者は雇われ、それも臨時の雇われにすぎない。後藤基次などは秀頼からも大層頼りにされ畏敬の念を抱かれてはいたが、浪人は浪人である。真田信繁に至っては、父と違いその実力は未知数であるとされ、会議への参加も許されなかった。真田が大坂に入ったという報を受け、家康が「それは父（昌幸）か息子（信繁）か？」と問い、息子の信繁の方であると聞いた途端に安堵したという逸話は有名である。今でこそ勇猛果敢でありながら天才軍略家として名高い信繁だが、当時の名声は父に集中していた。信繁には父から授けられた秘策があったのだが、もちろん不採用。そもそもその秘策も父自身、自らが存命であることを前提に授けたもので、昌幸は信繁の名で提案しても諸将は動いてくれないことを見抜いていた。大坂は籠城を選択した。そしてその選択が運命を大きく左右する。家康は野戦に比べ城攻めが苦手であるという風評はあった。が、それも規模の問題。立錐《りっすい》の余地もない程の大軍で城を取り囲んでしまえば、どんなに強固な城でもいつかは落ちるということを証明したのは秀吉の小田原攻め。そう、他ならぬ秀頼の父自らがそれを証明していたというのに。

●真田丸、大坂方の奮戦

籠城が効果的なのは援軍が期待できる場合に限る。援軍が期待できる場合ならば、籠城を続け敵の兵糧を削り士気を落としたところに援軍が到着すれば、外と内からの挟撃も可能になる。が、今回は援軍などどこにも期待できない。愚かな選択であり、味方から足を引っ張られたような形であるが、それでも最後の見せ場を与えられた浪人たちは果敢に戦った。特に真田信繁の真田丸は見事だった。真田出丸と呼ばれるこの半円形の出城は、北は淀川、東は大和川、西は海という天然の堀に取り囲まれた大坂城唯一の泣き所である南に配置され、もっとも弱い箇所を効果的に補強したものだった。しかも、真田丸から勇猛

大坂城（真田丸）とその周辺

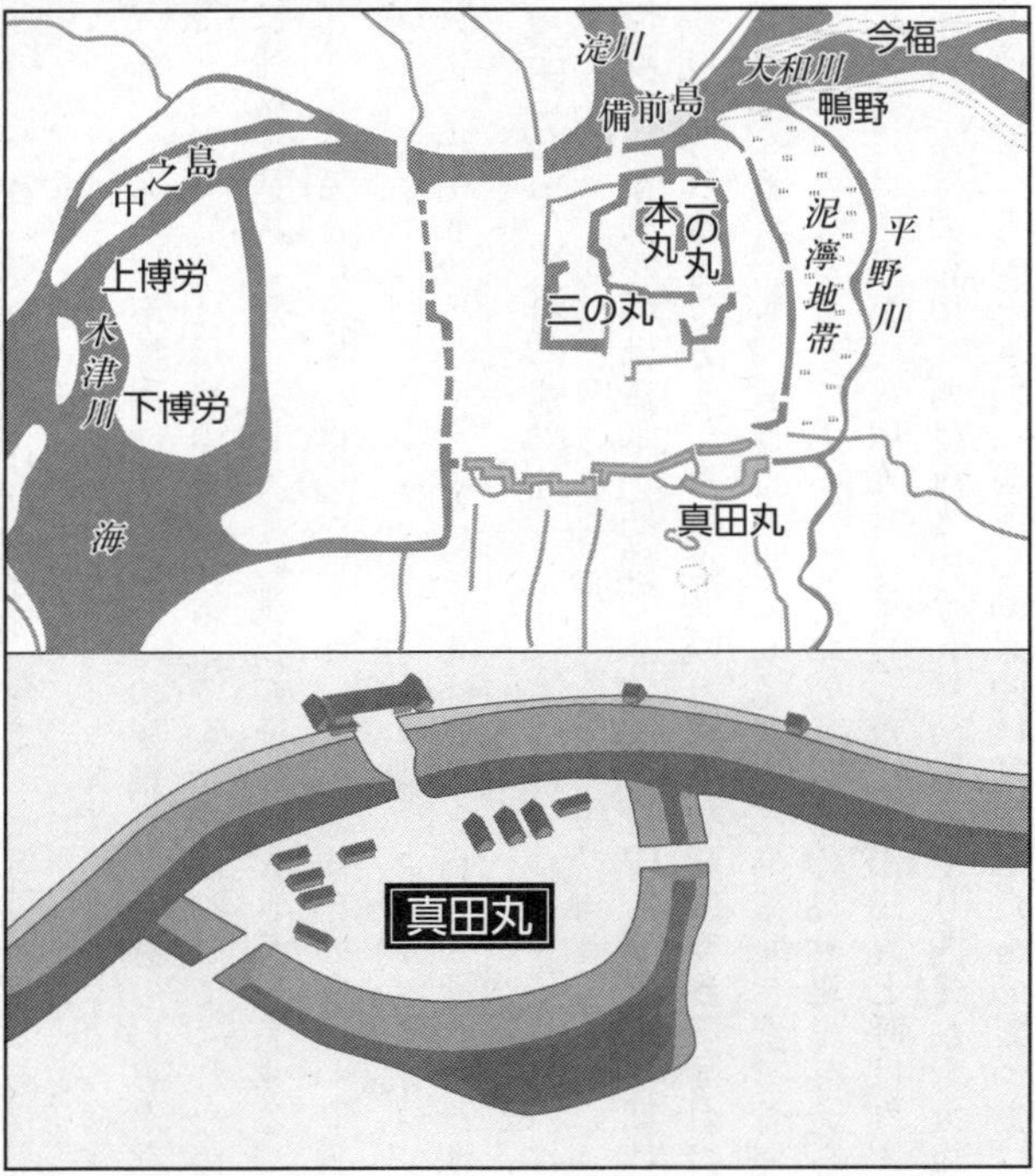

な真田軍が時に相手を挑発し、時にあえて引き寄せと寄せ手を攪乱《かくらん》するため、本来敵が集中する南から、敵を拡散させる役目も果たした。さすがに上田城で徳川秀忠の大軍を翻弄した真田軍である。だが、この真田丸にさえ大野治長らは難癖をつける。兄が徳川方にいるのだから内通しているのではないか。出丸から兵を招き寄せるのではないかなどと。上が愚かだと下は浮かば

れない。

十一月十九日、南西の木津川口でついに戦闘の火蓋が切って落とされる。徳川方の蜂須賀至鎮は手柄欲しさの抜け駆けであっさり砦を占拠した。情けないことにこのとき砦の守将であった明石全登は不在だった。軍議に参加していたのだ。既に取り囲まれているというのに軍議という泥縄ぶりが如何にも大坂方らしい。

次の大きな戦いは二十六日の鴫野《しぎの》・今福の戦い。舞台は大坂城の東、大和川による泥湿地帯。まず大和川を挟んで大坂城側の鴫野で戦火が開かれた。ここを襲撃したのは上杉景勝隊。関ヶ原の戦いのきっかけを作った上杉景勝、しかもそのときは反家康。直接対決はしていないものの、敗軍の将であり家康に睨まれていることに変わりはない。なんとしてもここで手柄を立てないわけには行かなかった。家康もそうした事情を利用して、外様の武将に目付をつけた上で最前線に配置し戦闘の口火を切らせている。なんとしても手柄をと考える彼らはモチベーションが高い。戦果が期待できる。その一方で負けても家康にとって外様なので惜しくもなんともない。どう転んでも家康に損はない。心憎いまでの完璧さだ。上杉軍は家康の期待に応え鴫野を占拠、ここに砦を築いた。一方、対岸の今福では同じく豊臣家への義によって関ヶ原の折は消極的西軍支持の行動をとった佐竹義宣隊が戦っていた。佐竹義宣はあの七将による三成襲撃の際に彼を脱出させたとも言われている。上杉同様、御家を残すにはここで奮闘せねばならない。士気も動機も十分高かった。佐竹隊は快調に進撃。ところが、この情勢に大坂城から援軍がやってくる。援軍の第一陣は**木村重成**。秀頼の乳母だった宮内卿局《くないきょうのつぼね》の子であり秀頼の小姓の一人である。なんと戦はこれが初めて。坊っちゃん育ちの男には二種類あって、イメージそのままの甘ったれで使えないタイプと、自分が運良く与えられた待遇に見合うだけの姿を見せようと懸命に行動するタイプ。木村重成は後者であった。初陣でありながら百戦錬磨の佐竹軍を圧倒。その名を世に轟かせた。しかし対岸の上杉軍が援護射撃。木村隊は進退できぬ状態となる。窮地の木村隊を救ったのが後藤基次だった。後藤隊が到着すると木村隊も息を吹き返し、佐竹軍を追い詰める。だが上杉軍が救援に向かうと、多勢に無勢となった木村・後藤隊は大坂城に撤収した。こうして大坂の砦は次々に徳川方に落とされ、当初の計画通り、大坂方は大坂城での籠城戦を余儀なくされた。

　大坂城の攻防戦の主役となったのはもちろん真田丸である。徳川と真田と言えば思い出されるのは関ヶ原での秀忠の失態。さらに家康自身もそれを遡ること十五年前に第一次上田合戦で痛い目にあっている。武田亡き後の信州を刈り取ろうとし、先鋒に鳥居元忠や大久保忠世らを派遣。しかし彼らが信繁の父昌幸に翻弄され、大軍を以て少数の真田軍に敗退した過去があった。それゆえ家康は安易な行動を咎《とが》め、大局的な作戦行動を取る。大砲による砲撃とそれを実現するための砲台および砦の設営だ。だが、それを任されたこれまた外様の前田利常軍は真田隊の挑発に乗ってしまう。射撃で設営を妨害された前田軍。敵に向かって矢を射かけることもなく死んでいった同僚たちを思えば、この挑発に乗ってしまったのも無理はなかった。真田丸に押し寄せる前田軍に対し、待ってましたと真田丸から集中砲火。この騒動に血気盛んな井伊直孝隊や松平忠直隊もここぞとばかりに大坂城の南に押し寄せ、木村重成隊や後藤基次隊と激しい戦闘になった。この時、思わぬアクシデントが起きる。大坂城内で誤って火薬が爆発してしまったのだ。これを内通者の裏切りの合図と勘違いした藤堂高虎隊も押し寄せ、大坂城の南は大混乱と化した。数には劣る大坂方が圧勝。大坂方がほとんど無傷に対して徳川方は数千人の戦死者を出し撤退する羽目となった。

●奮戦虚し和議締結

これ以降、家康は諸将に軽率な行動を禁じ、完全な物量作戦と土木作戦に切り替える。天然の堀となっている淀川の流れを変えて水かさを下げ、人夫に坑道を掘らせ大坂城の真下に爆薬を仕掛けようというとんでもないスケールの作戦にもとりかかる。これらの策を秘密にはせず噂を流すことで、城内の権力を握る女性たちへプレッシャーを掛け続け、大坂方に厭戦《えんせん》気分を促し、和議に持ち込もうとした。なにせ家康のやること。とにかく徹底している。大筒は夜昼なく轟音を発し、城内の女たちは恐怖に怯え眠れぬ日々が続いた。極めつけはたまたま本丸に命中した一弾だった。この一弾はあろうことか淀殿の侍女たちの命を奪う。これに淀殿は衝撃を受け、十二月十六日、一気に事態は和議への締結に動いた。ヒステリックになった女性、しかも権力を握る女性に勝てる男はいない。家康お気に入りの側室で既に還暦に達していた阿《あ》茶局《ちゃのつぼね》と京極高次未亡人であり淀殿の妹で秀忠正室お江《ごう》の姉でもある常高院がそれぞれ使者に立ち和議を締結。その結果、豊臣家は廃絶と移封は免れ本領安堵《あんど》を得たものの、大坂城を難攻不落の城とせしめていた堀は埋め立てられることとなってしまった。

時は真冬。徳川方も兵糧的にも体調的にもかなり深刻な状況だった。さすがの家康といえども高齢に寒さは堪えた。和議を締結するにせよ、なぜもう少しのらりくらりと引き延ばさなかったのか。もちろんそもそも和議など締結しないに越したことはないのだが。この堀については逸話がある。埋め立てるのは惣堀（外堀）とされていたのだが、徳川方はこれを総掘（すべての堀）の意として埋め立ててしまったという。この逸話は史実ではないという説もあるが、実際にも徳川方の堀の埋め立てへのとりかかりは素早く、年内には大坂城をほとんど丸裸にしてしまった。外堀以外は大坂方が埋め立てる約束で、大坂方は引き延ばそうとしていたのだが、作業にとりかかる余裕がないようだからこちらでやってあげますよと、あっという間に工事を終わらせてしまった。

●再びの難癖

再び兵が動ける春がくると、すかさず大坂への難癖がつけられた。曰く、未だに浪人を召し抱えているのは一戦交える心づもりなのではないか、せっかく埋め立てた堀を再び掘り起こしているというがそれは徳川への敵対行為ではないのかと。これに対し大野治長は家康のいる駿府《すんぷ》に弁明の使者を送ったが、家康からの返答はにべもないものだった。そもそも大坂方が浪人を召し抱えていることが世間を不安にさせている。この際だから浪人を解き放つか、もしくは大和郡山または伊勢への国替えに応ぜよと。

ここで国替えに応じるくらいなら、そもそも冬の陣には至っていない。淀殿の答えはもちろんＮＯだった。もっとも、冬の陣前ならいざしらず、この時点で国替えに応じていても、結局は豊臣家は取り潰しを受けていただろう。既に高家や加賀百万石前田家のように家を残してやれるような状況ではなくなっていた。関ヶ原では徳川に敵対した大名は一人ではなかった。また当時の家康は征夷大将軍でもなかった。敵対した大名を潰すことは他の敵対した大名の反乱を招く恐れもあった。が、今回は違う。散々与えた警告を無視した末のことであり、何より豊臣家は単独で徳川に歯向かってしまったのだ。これを許しては示しがつかない。冬の陣の開戦に至った段階で豊臣家の運命は決まっていた。一分の勝利か九分の滅亡か。そして唯一の武器であった難攻不落の大坂城への信頼を捨てた時、もはや事は決していたのだ。

四月二十四日、二条城での最後の交渉が決裂。再び大坂城を舞台に戦いが始まる。世に言う大坂・夏の陣。そしてこれが戦国最後の戦となった。もはや結果は明らかである。数に劣る大坂方に許された戦いは野戦のみ。冬の陣と異なり大坂城が丸裸になってしまっている今、籠城は無理な話だった。それでも、それでもまだ一縷の望みは実はあった。それは秀頼の出陣である。秀頼自らが亡き太閤の旗印のもと、堂々と出陣すれば……、いや、この時点ではそれでもどうにもならなかったか。既に諸大名も代替わりし太閤直々に恩顧や寵愛を受けた世代ではなかったのだから。それでも味方の士気は大いに高めたはず。が、この期に及んで淀殿は自らも出陣を希望する秀頼を城内に押しとどめている。戦う気がないのなら初めから臣従すればよかったのに。

●大坂・夏の陣

四月二十六日、大坂・夏の陣が始まった。緒戦は大野治長の弟である**大野治房**による大和郡山城の攻略。大和郡山は伊勢方面や奈良方面への備えにはなるが、ただでさえ数において圧倒的に劣る豊臣軍が今更こんな場所を攻略してどうなるというのか。案の定、治房隊は徳川方の大軍襲来の報を受けるととっとと逃げ出している。始末の悪いことに大和郡山襲撃では町に火を放ってもいる。心情的に大坂びいきだった町人や村人まで敵に回して何がしたいのか。さらに大坂方は和歌山に程近い樫井で**浅野長晟**《ながあきら》軍と戦ったり（この戦いで塙直之らが討ち死に）、徳川方の直轄地となっていた堺を火の海にしたりしている。

戦略に一貫性がない。野戦はやむを得ないとしてただでさえ戦力の多寡があるのに戦線を拡大してどうしようというのか。兵力を分散して何ができるというのか。このあたりはフォローのしようもない。

さて大坂五人衆に目を向けたい。まず秀頼の覚えも目出度くなっていた後藤基次。彼は大和路で徳川軍を迎え撃つことを提唱した。第一陣に基次隊が、第二陣に真田信繁隊と毛利勝永隊が大坂城を発った。ところが濃霧のせいか、第一陣と第二陣の進軍に大きな差が生じた。基次隊は後続の到着を待つが一向にやってこない。痺れを切らし基次隊は単独で道明寺まで移動。するともはや敵はすっかり陣形を整えてしまっている。基次はこれに果敢に戦いを挑むが、伊達政宗隊の鉄砲に被弾し憤死。五月六日のこの戦いが**道明寺の戦い**と呼ばれる一戦。毛利隊や真田隊が到着する前に後藤隊は壊滅した。ただでさえ少ない戦力、ただでさえ少ない智将を大坂方は無駄に失った。

一方、八尾方面ではあの木村重成が家康譜代井伊直孝隊と激突。勇猛に戦ったが討てども討てども押し寄せる敵についに敗れ、木村は討ち死にした。長宗我部盛親隊も藤堂高虎軍を追い込むが、やはり後詰めがなく消耗の末、敗れ果てている。盛親は大坂城に逃げ延びたが部隊は壊滅。土佐の奪還は浪速《なにわ》の夢と消えた。

五月七日、大坂の陣の最後を飾る戦い、そして同時に戦国最後の戦いとなる天王寺・岡山の戦いが開始された。ここでいう岡山とは大坂城の南にあった小高い丘を言う。冬の陣

大坂・夏の陣戦図

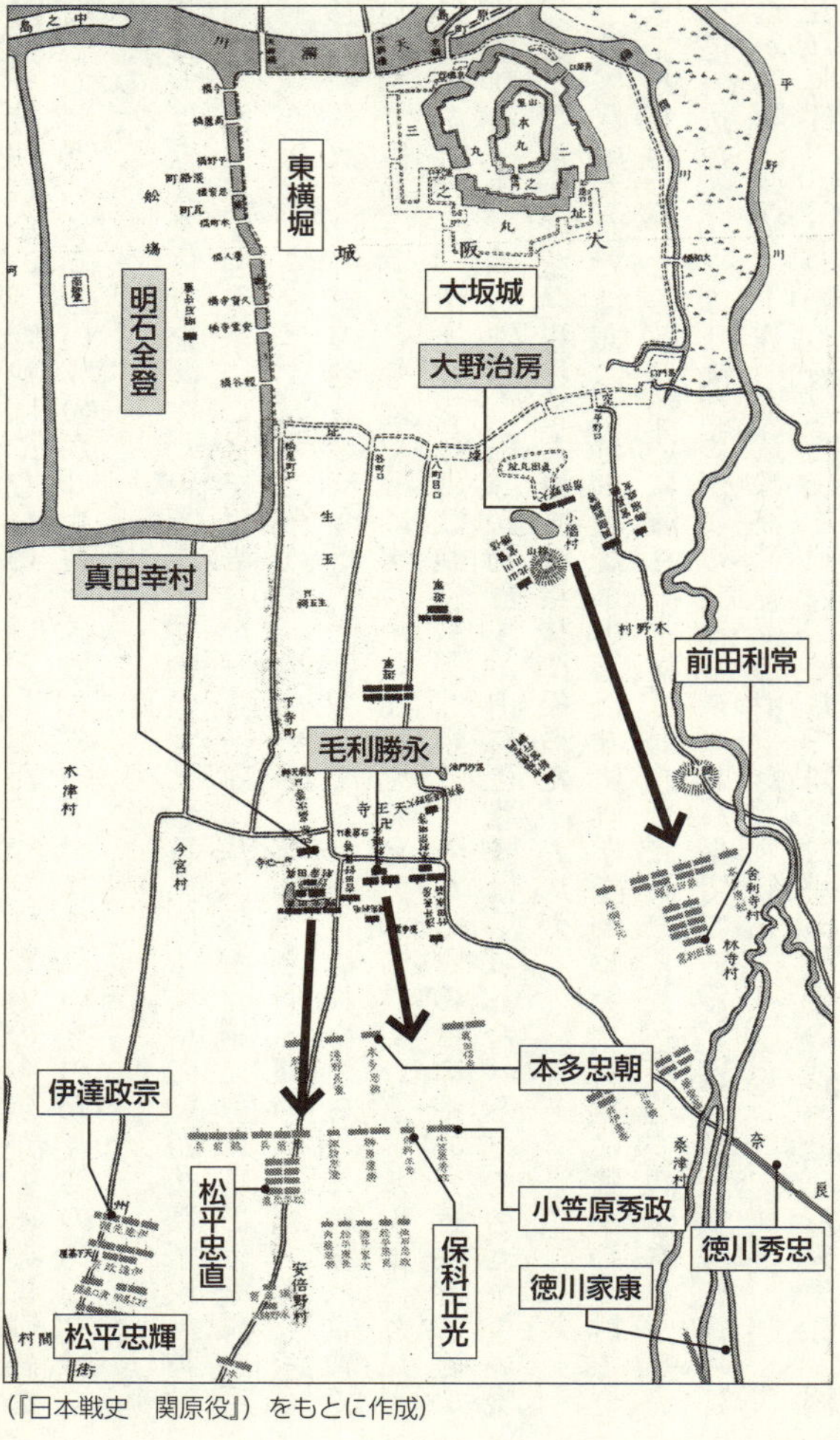

（『日本戦史　関原役』）をもとに作成）

では西隣の茶臼山に家康が、そしてこの岡山には秀忠が陣を敷いた。大坂方にしてみればもはや残る手段は家康・秀忠の首を取ることしかない。冷静に考えればそれでも勝利は難しいだろう。シングルマッチやタッグマッチレベルの戦ならいざしらず、これだけ大規模な戦では、総大将が討ち取られてもその情報が末端に行き渡るまでに相当の時間を要する。まして徳川方の諸大名は形の上では味方同士だが、普段から仲の良い者同士ばかりではない。血気と手柄に逸《はや》った諸大名や兵士たちが名声と財宝と女たちを目の前にしてすんなり気持ちを切り替えられるとも思えない。やはりこの時点で仮に家康と秀忠が首を取られたとしても大坂城の落城は免れなかっただろう。だが、それでも大坂にはそれしか残っていなかった。アクシデント中のアクシデントを起こしてみて奇跡に期待するしかなかった。そして何より生き残った浪人たちにとって、それこそが自らはおろか一族の命と引き換えに家名と後世に残る名誉を得るための最後の手段だったのだ。

既に後藤基次は討ち死に、冬の陣で華々しいデビューを飾った木村重成もあの世へ旅立っていた。長宗我部盛親は大坂城内で存命とはいえ戦える気力も体力もゼロに等しい。残された真田信繁、毛利勝永、明石全登、大野治房らは最後の意地に賭ける。この期に及んでも大将秀頼と大野治長の名は出てこない。やはり大坂方は負けるべくして負けたのだ。

家康の陣は茶臼山の後方にあった。ここだけを目指し、まず毛利勝永隊が出撃する。譜代の本多忠朝《ただとも》隊を打ち破り、小笠原秀政・保科《ほしな》正光の両隊を、大将に手傷を負わせるほどの猛撃で潰走させ、酒井家次ら家康本陣手前の軍勢に切り込む。それに並行して真田信繁隊は越前結城秀康の子で家康の孫に当たる松平忠直軍と正面で激突。一万五千の大軍の土手っ腹を掻っ切って、三千少々の赤備《あかぞな》えの精鋭たちと六文銭の旗印が前進する。ちょうどこの頃、徳川方後方では紀伊の浅野長晟が大坂方に寝返ったという誤報が飛び交っていた。徳川方の陣形に混乱が生じる。その隙を突き、真田隊は一気呵成に家康本陣へ攻め込んだ。

　大野治房も負けてはいなかった。無能の誹《そし》りを免れない大野治長の弟であり、前哨戦の大和郡山では無意味な戦いでお茶を濁したが、最後の一戦において男を見せる。家康陣の東、岡山の後方に陣を張る秀忠の本陣を目指してひたすら進撃。前に詰める前田利常軍を蹴散らし、ついには秀忠本陣に到達した。

　真田信繁、毛利勝永、大野治房、三人とも奇跡と呼べる快進撃だった。窮鼠《きゅうそ》猫を噛むの喩えではないが、後のない者、進むしかない者の凄みと言える。だが、それもここまでだった。真田信繁は都合三度も家康本陣を襲う。家康は「もはやこれまで」と自害さえ覚悟した。家康本陣では逃げ惑う男たちのあまりの混乱についに家康の馬印が地に伏す。あの三方原で武田信玄に大敗した時以来の大事件だった。だが大軍の中では人の選別も容易ではない。なにせ真田隊には家康の顔を見たことがある者すらいなかったのだ。家康を見つけられぬまま、ある者は討ち死に、ある者は消耗し、一方で敵は次々に新手を投入してくる。敗走しようにも茶臼山を押さえられ、どうすることもできなくなった。もはや頼りにできるのは無傷の秀頼の出馬のみ。「秀頼君のご出陣はまだか」「亡き太閤殿下の馬印はまだ上がらぬか」。だがその望みが叶えられることはなかった。何度督促の使者を派遣しても秀頼は動かなかった。いや動けなかったのだ。生母淀殿や大野治長らに軽挙妄動を慎むよう諭され、最後の最後まで秀頼は大坂城の外に出られなかった。自らのために死んでいった多くの侍たちに太刀の一振りも軍扇の一閃も見せてやることはできなかった。精も根も尽き果てた真田隊は安居天満宮で文字通り最後の休息を取っていたところを忠直軍に反撃される。稀代の名将真田信繁は命を絶たれた。真田隊は全滅した。

真田隊が全滅すると徳川勢は息を吹き返し、毛利隊に左右から挑む。もはや本陣を突くなど到底叶わぬと毛利隊は大坂城に撤退した。東で秀忠本陣を襲った大野治房隊もやはり秀忠の首を上げるには至らず退却した。真田・毛利が活路を開いている隙に別働隊として横から背後から家康に切り込むはずだった明石全登隊は、秀頼の出馬を待つうちに攻め時を逸してしまい、戦うことなく、関ヶ原の島津軍のように血路を開いて戦場から離脱した。なお、明石全登の消息はこの時を境に不明である。

●大坂城落城

戦闘開始からわずか四時間後、夕暮れ迫る午後四時、ついに徳川軍は大坂城内に攻め込んだ。松平忠直軍が一番乗りを果たすと次々に城内に乱入。内通者や徳川方があちこちに火を点ける。城内にあった火薬に引火。天守は炎に包まれた。その火は大坂の夜空を真っ赤に染め上げた。一説には京からもその火を見ることができたという。

阿鼻叫喚《あびきょうかん》の大坂城で、淀殿と秀頼、そして千姫らは糒櫓《ほしいやぐら》に逃げ込む。まだこの時点でも淀殿には切り札があった。千姫の存在である。彼女を無事に徳川方に引き渡し、彼女に命乞いをしてもらう。誇り高き淀殿のプライドを捨てた最後の賭けだった。無事家康の元まで辿り着いた千姫（自力脱出説もあり）だったが、その助命嘆願は入れられず。五月八日、大坂城内にて淀殿と秀頼は自害して果てた。ここに豊臣家わずか二代の栄華が終わった。大野治長は自害、治房は脱出を図るも捕縛され処刑された。毛利勝永は秀頼の介錯をした後に自害。長宗我部盛親は逃亡潜伏先で捕縛され六条河原で処刑されている。秀頼の遺児国松もやはり潜伏していたが発見され処刑される。一方で千姫は徳川譜代の本多忠刻《ただとき》の元に再嫁、後に未亡人となり江戸に戻るが、七十の天寿を全うしている。

戦国最後にして最大の戦いが終わった。知恵と力と運があれば誰もが這い上がれる時代が幕を閉じた。以後二百五十年弱、この国の階級は固定する。それは同時に平和の到来でもあった。太平の世とされる江戸時代に、立身出世が許されたのは権力者のお眼鏡に適《かな》った女性とその一族もしくは小姓上がりの男のみ。しかし権力の転換が必然的に戦いを伴うものである以上、それが平和であり太平であった。これを称して**元和偃武**《げんなえんぶ》と呼ぶ。

大坂方があれほど待ち望んだ家康の往生は大坂・夏の陣のわずか一年後のことだった。

たった一年くらい、交渉を長引かせてどうにかできなかったのかとも思うが、執念深い家康のこと。一年が二年になろうと三年になろうと豊臣家の滅亡を見るまでは死ななかったことだろう。夏の陣の直後、幕府は**武家諸法度《はっと》**と**禁中並公家諸法度**を制定、これにより徳川幕府による日本の統一と支配が名実ともに確定した。

それにしても歴史というのは皮肉なものだ。豊臣家が大坂でやられたことは、そのまま秀吉が小田原でやったことでもある。家康を関八州に追いやったのもその時のことだった。さらに言えば二百五十年後、この大坂城で徳川最後の将軍慶喜《よしのぶ》が敗北を悟り政治の第一線から退くことを決意する。大坂城で天下を決した徳川家が大坂城で天下を手放す。なんとロマンティックなことか。関ヶ原でもそれ以降でも冬の陣においてでさえも、ほんのちょっとした間違いさえあれば勝敗はどちらに転ぶかわからなかった。もっとも同時代の人々には俯瞰《ふかん》的にそれを眺めることはできないのだから、運命に翻弄されるしかないのだが。

夏草や　兵どもが　夢の跡

ご存知、松尾芭蕉の句である。大坂の陣からは時間的にも空間的にも遥か彼方の奥州平泉で兄源頼朝の軍勢に滅ぼされた源義経と奥州藤原氏の兵士たちを偲んで詠んだもの。だが、この句に詠まれた心には、この大坂の陣にも、戦国期の数多《あまた》ある合戦場や城址にも通じるものがある。

諸行無常

ここに一つの時代が終わった。男達が己と妻と子と家のために命をかけて戦う時代が終わった。戦国時代、それは太平の世にこそ人々を惹きつけてならぬ時代と言えよう。

あとがき

我々はなぜ戦を嫌いながら戦国の世を好むのだろう。これは日本人に関する永遠の謎でもある。戦いへの本能、それもある。人間が生物である以上、それは必ず持ち合わせているはず。自由への憧憬、それもまた正しい。著者を含め、多くの日本人は秩序を愛し、敬意を払う。だが、その一方で、その枠から解き放たれ、己の可能性に挑んでみたいという思いは少なからずある。死と隣合わせの時代ゆえの生の実感、これもあるだろう。人は持っているものの尊さには気づきにくい。あるものの尊さはそのもののない環境に置かれて初めて実感できる。

戦国の世とはおよそかけ離れたように思われる平成の御代《みよ》だが、実は戦国時代との共通点は驚くほど多い。従来の権威の否定、パラダイム・シフト、アンシャン・レジームの崩壊。戦国との違いは、現代の日本は少なくとも建前においては法によって保護されている法治国家の体をなしていること。だが、年功序列も終身雇用も過去の制度となり、学歴社会が世襲社会に移行し、勤勉と努力と組織への忠誠を評価したお約束社会が、自己責任による契約を重視した約束社会へ変貌を遂げつつある今日は、さしづめ静かなる激動の時代、静かなる戦国時代の序章と言えるかもしれない。

ならば戦国時代から学べることは少なくない。戦国武将の生き様から教えられることは数多い。凡百のビジネス書にあるような時代と出自を無視したような比較ではなく、普遍的に通じる法則。一例だけ挙げるなら、想定外の危機に直面した折の行動。「嘆かぬ、詰らぬ、迷わぬ、考える、そして動く」。これだけでも己のものにできたならば、人生は自ずと違ったものとなっていくことだろう。

　時間と紙面の制約と戦いつつ、己の心身と対話を続けながら、どうにかこうして本書をお届けできたことを重ねて感謝したい。執筆中何度も、多くの人生を生きたような、それを天上から眺めていたような、そんな妙な感覚を覚えた。恥ずかしい話だが、校正に際しての再読において、自らが執筆した文章に自ら涙した。人間五十年、人生は長いようで短く、短いようで長い。機会が許せば、本書を元に、ビジュアル化や講談化、ゲーム化やツアー化に挑んでみたい。いや、まずは休息か。いたずらに連戦しても士気は下がる。十分に静養し英気を養い、次なる戦ならぬ仕事に備えよう。

　人を活かすのは人である。何事にも運はある。が、その運を手繰り寄せることは不可能ではない。読者諸氏にも著者にも、よき人との出会い、よき舞台との邂逅《かいこう》のあらんことを。

戦国終焉から三百九十九回目の夏に　　後藤武士

●後藤武士（ごとう・たけし）

１９６７（昭和四十二）年、岐阜県生まれ。青山学院大学法学部卒。著書の執筆や講演活動に勤しむほか、教育評論家、平成研究家、世相評論家として活躍。著書の「読むだけですっきりわかるシリーズ」は累計三〇〇万部を突破。特に宝島社文庫『読むだけですっきりわかる日本史』は百二〇万部を突破するミリオンセラーとなっている。

●参考図書

『戦国大名と一揆（日本中世の歴史6）』池 享／吉川弘文館、『日本の歴史〈11〉戦国大名（中公文庫）』杉山 博、『一揆と戦国大名 日本の歴史13（講談社学術文庫）』久留島 典子、『逆説の日本史 8』『逆説の日本史 9』共に井沢元彦／小学館、『読むだけですっきりわかる日本史（宝島社文庫）』『読むだけですっきりわかる直江兼続（宝島ＳＵＧＯＩ文庫）』共に後藤武士、『戦国１５０年ニュース―戦国時代をフォーカス！（別冊歴史読本 23）』、『格付け戦国１００大名』オフィス五稜郭、『日本１００名城公式ガイドブック―日本の文化遺産「城」を見に行こう（歴史群像シリーズ）』福代徹、『日本１００名城に行こう 公式スタンプ帳つき』日本城郭協会、『一冊でわかるイラストでわかる図解戦国史（ＳＥＩＢＩＤＯ ＭＯＯＫ）』成美堂出版編集部、『日本全史 ジャパン・クロニック』講談社。【図版作成資料―上記以外】『真実の日本戦史（宝島ＳＵＧＯＩ文庫）』『真実の日本戦史 戦国武将編（宝島ＳＵＧＯＩ文庫）』共に家村和幸、『別冊宝島２１６０ 完全図解日本戦国史』、『ビジュアルワイド 図説日本史』東京書籍、『総合資料 日本史』浜島書店

宝島
SUGOI
文庫

読むだけですっきりわかる戦国史
（よむだけですっきりわかるせんごくし）

2014年8月14日　第1刷発行

著　者　後藤武士
発行人　蓮見清一
発行所　株式会社 宝島社
〒102-8388　東京都千代田区一番町25番地
電話：営業 03(3234)4621／編集 03(3239)7058
http://tkj.jp
振替：00170-1-170829（株）宝島社
印刷・製本　中央精版印刷株式会社

ISBN 978-4-8002-2473-6

「読むだけですっきりわかる」シリーズ

宝島SUGOI文庫

読むだけですっきりわかる 日本史

大人から子どもまで読まれてる大ベストセラー！
マンガみたいにすらすら読める、おもしろい日本史

なんと123万部突破！

宝島社文庫

定価: 本体476円+税

読むだけですっきりわかる 日本地理

知っているようで知らない日本列島を完全網羅
これを読めば、もっと日本が好きになる！

定価: 本体457円+税

読むだけですっきりわかる 最短 勉強法

スムーズな勉強法で、どんどん実力が身につく！
試験、資格勉強に使える最強学習法

定価: 本体600円+税

宝島社　検索

好評発売中！

サクサク読めて、マンガみたいにおもしろい！ 後藤武士の

クレオパトラから始皇帝まで、さあ会いに行こう！
ピラミッドから「**三国志**」まで
読むだけですっきりわかる
世界史 古代編

ヴァイキング、マホメット、チンギス＝ハンが待ってるぞ！
イスラーム教の誕生から**ジャンヌ＝ダルク**まで
読むだけですっきりわかる
世界史 中世編

ヴァスコ＝ダ＝ガマ、ナポレオン、リンカンなど続々！
コロンブスから**南北戦争**まで
読むだけですっきりわかる
世界史 近代編

定価: 本体476円 +税
定価: 本体457円 +税
定価: 本体457円 +税

宝島社　お求めは書店、インターネットで。

サクサク読めて、マンガみたいにおもしろい！

後藤武士の「読むだけですっきりわかる」シリーズ

宝島SUGOI文庫

レーニン、孫文、ヒトラー…激動の時代へ突入！

読むだけですっきりわかる オスマン帝国の終焉からポツダム宣言まで 世界史 現代編

ベトナム戦争、キューバ危機、ニクソン・ショック、中ソ対立…冷戦を中心とした戦後史を、歴史の伝道師が超カンタン解説

読むだけですっきりわかる 国連成立から冷戦の終りまで 現代史

プリクラ、冬彦さん、ツイン・ピークス、オヤジギャル…バブル期からアベノミクスまで、四半世紀をいっき読み！

読むだけですっきりわかる 平成史

定価: 本体570円＋税
定価: 本体562円＋税
定価: 本体476円＋税

宝島社　お求めは書店、インターネットで。　[宝島社] [検索]　好評発売中！

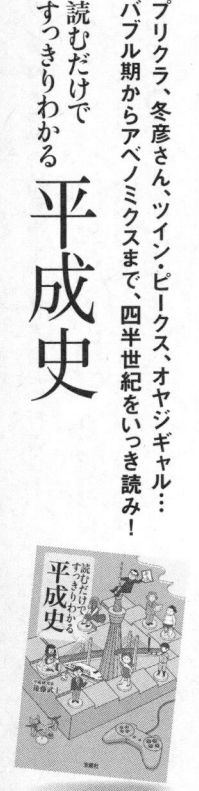

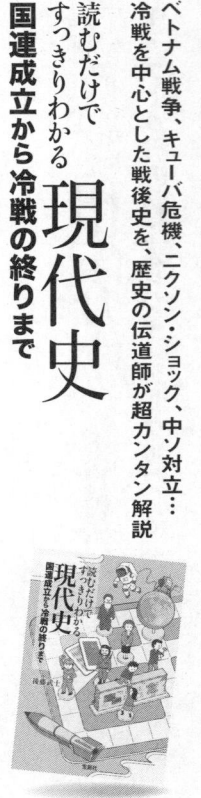